兩岸和平發展研究系列

兩岸政治定位探索

張亞中／主編

臺灣大學政治學系兩岸暨區域統合研究中心

兩岸統合學會
Chinese Integration Association

出版

尋路探索是我們的責任

張亞中

　　兩岸自 1949 年起分治，在冷戰結束以前，兩岸幾乎從來沒有認真的面對相互政治定位問題。在「漢賊不兩立」的時代，彼此均視自己為中國的正統，兩岸爭論的是彼此間的「正偽」關係。

　　1987 年台北開放人民到大陸探親，衍生很多法律問題，再隨著兩岸經貿互動的往來，兩岸到了必須重新認識與接受彼此的階段。

　　1991 年台北通過了「國家統一綱領」，強調中華民國是中國，但是也接受了北京在中國大陸的治權。1992 年海基會與海協會對於「一個中國各自表述」（一中各表）的「九二共識」，讓兩會得以在 1993 年展開辜汪會談並達成協議。這一個時期，台北將兩岸定位為「一國兩區」，強調「主權屬我、治權分立」。

　　兩岸在國際上的競逐並沒有因為事務性協商的開展而有所停頓。1993 年起台北積極推動加入聯合國。由於聯合國是一個高度主權象徵的國際組織，兩岸關係再起波濤。1994 年台北公佈《臺海兩岸關係說明書》，將「一個中國」界定為「歷史、地理、文化、血緣」上的概念，開始偏離國統綱領的「一個中國就是中華民國」的立場，走向「不表一中、治權分立」

的道路。

1999 年李登輝發表兩岸為「特殊國與國」的主張，兩岸關係再降低點。2000 年，以台獨為終極目標的民進黨執政。2002 年陳水扁公開宣示「一邊一國」。「主權分立」雖然是民進黨的終極目標，但是在執政的八年期間，「台獨」仍是口號，「一邊一國」主張並沒有落實為法律文件。

大陸方面，1995 年元月江澤民發表「江八點」提出「在一個中國的前提下，什麼問題都可以談」，清楚彰顯「一個中國」是北京方面對於兩岸政治定位的底線。2000 年 8 月北京首次公開提出「一個中國原則」的「新三句」詮釋，即「世界上只有一個中國、大陸與台灣同屬一個中國、中國的主權與領土不容分割」，雖然改變了以往「世界上只有一個中國，台灣是中國的一部分，中華人民共和國是中國的唯一合法政府」的表達方式，但是本質並沒有改變。「一中新三句」表達出「兩岸同屬一中」的立場，但是並沒有明確指出兩岸是否為平等關係，依理推論，北京的立場還是以「一國兩制」為基礎，北京與台北的政治定位為「一中」內的主從關係。北京的看法可以「主權屬我、兩岸差序治權」為意涵。

2002 年中共的「十六大」在政治報告中提出「也可以談台灣當局的政治定位問題」。2007 年中共的「十七大」在政治報告中提出「我們都願意同他們交流對話、協商談判，什麼問題都可以談。我們鄭重呼籲，在一個中國原則的基礎上，協商正式結束兩岸敵對狀態，達成和平協定，構建兩岸關係和平發展框架，開創兩岸關係和平發展新局面」。2008 年底，「胡六點」中提出「兩岸可以就在國家尚未統一的特殊情況下的政治關係展開務實探討」。北京仍然堅持「一個中國」是底線，

但是也承認未來兩岸政治定位的性質是屬於統一前的特殊關係。

2008 年 5 月馬英九總統上任後，兩岸關係快速發展，兩會陸續舉行多次事務性會談，並達成十餘性協議。在「先經濟、後政治」的原則下，兩岸並沒有就政治定位或和平協議進行對話。馬英九的「不統、不獨」主張，顯示台北並沒有意願就兩岸未來走向展開政治協商。

台北的立場很清楚，任何政治性的對話，不可能忽視中華民國存在的事實。北京的立場也很明白，任何政治協議都必須在「一個中國」原則或框架下達成。

兩岸關係雖然千絲萬縷，但是其本質仍是政治問題。兩岸政治定位問題如果不能處理，兩岸關係必然是在「不信任」的沙丘上發展。兩岸目前不對話並不表示這個問題可以忽視。

做為關係兩岸關係的一份子，深感有必要為兩岸政治定位多加思索，以為未來兩岸政治互動提供知識基礎。

雖然兩岸政府迄今還沒有對兩岸政治定位問題展開協商，但是學術界在 2008 年秋起就開始了討論。2008 年 10 月我在《中國評論》所發表〈兩岸和平發展基礎協定芻議〉一文，開啟了兩岸和平協定（議）的討論。一個人的力量自是有限，我與黃光國、謝大寧等昔日的「民主行動聯盟」朋友們，再組「兩岸統合學會」，用發表文章、舉辦研討會、出版專書等方式共同推動兩岸和平發展的論述與建構工作。

2009 年起，兩岸統合學會的朋友們與大陸及台灣的學術菁英展開對話。2009 年 6 月與清華大學法學院、中美關係研究中心合辦「兩岸高級論壇：兩岸和平協議」研討會。9 月與

中國社會科學院台灣研究所合辦「兩岸和平發展路徑」研討會，12 月在成功大學舉辦「兩岸關係發展路徑研討會」。12月下旬在台灣大學與世界領袖教育基金會、徐元智基金會合辦「兩岸政治定位研討會」。2010 年 1 月底與聯電榮譽董事長曹興誠先生、民進黨林濁水先生在電視上就曹興誠所主張的「和平共處法是否可行」進行公開辯論。1-2 月間在與聯合報就「一中同表或一中各表才是兩岸和平發展的基石」進行文字辯論。3 月間與政治大學歐盟暨兩岸統合研究中心、台灣民意學會合辦「如何面對一個中國與兩岸定位」研討會。4 月與中國社會科學院台灣研究所、亞太和平研究基金會、中國評論在佛光山日本本栖寺合辦「本栖會談」。5 月與台灣歐盟中心、世界領袖教育基金會、台灣大學兩岸暨區域統合研究中心、政治大學歐盟暨兩岸統合研究中心合辦「從歐盟經驗看兩岸ECFA」等研討會。

以上一連串的研討會，均圍繞在一個主題，即甚麼樣的兩岸定位才能確保兩岸關係的和平發展？而決定兩岸關係能否和平發展的最重要因素，在於能否有一個為兩岸共同接受的政治定位。

為了提供學術界更深入的研究，兩岸統合學會與中國評論學術出版社、台灣大學政治學系暨區域統合研究中心合作，將近一年多來，兩岸統合學會與學術界的研究成果共同集結成書，以《兩岸政治定位探索》為名出版。本書蒐集近年來兩岸學者對於兩岸政治定位的思考結晶，提供兩岸政府、學者、智庫、關心兩岸前途的朋友參考。另外，有關本人對於兩岸政治定位的研究，請參考另一本同時出版的專書《統合方略》。

知識份子本應有「先天下之憂而憂」的心境，為中華民

族的共同發展，尋路探索應是我們的責任。深信我們這一代人，應該有足夠的智慧與能力為兩岸政治定位提供建言。本書所有作品應該都是在拋磚引玉，期盼有更多學術先進投入研究，俾為兩岸和平發展奠定堅實的基石。

謹誌於台灣大學社會科學院研究大樓 311 室

2010 年 5 月 20 日

另記：《統合方略》、《兩岸政治定位探索》與《一中同表或一中各表》等三書均已納入台灣大學圖書館數位典藏，讀者如有需要，亦可自行進入先費下載 PDF 全文。

目　錄

兩岸統合與和平發展
一條互利雙贏的穩健道路

撰寫人：張亞中
總召集人：孫震
共同召集人：戴瑞明、黃光國

編者按：

　　為慶祝遠東企業集團六十週年，徐元智先生紀念基金會特邀集學者專家，以《開創新猷：預約大未來》為名發表政策白皮書，為政府提供建言。該白皮書共分為十二個領域，由前台灣大學校長孫震擔任總召集人，其中「兩岸關係與國際關係」領域由曾任教廷大使、總統府副秘書長的戴瑞明大使與國策顧問暨台灣大學心理學系黃光國教授擔任共同召集人，由台灣大學政治學系教授張亞中負責撰寫。本白皮書於 2010 年 5 月中旬出版。

　　此一領域報告以「兩岸統合與和平發展」為題，旨在強調要和平就必須要合作，要合作就必須建立互信，要互信則必須在兩岸政治定位與未來發展方向上取得共識。本報告希望為我朝野及社會大眾就如何凝聚台灣內部共識及促進兩岸關係和平發展提出建言。本報告建議以「一中三憲」做為兩岸政治定位的基石，以「兩岸統合」做為兩岸互動的架構；在實踐上，

透過兩岸和平協定的簽署、共同承諾不分裂整個中國,並相互尊重彼此為平等的憲政秩序主體,且在此基礎上建立多重共同體,推動兩岸和平發展,如此才能雙贏,為中華民族開創光明之前景。

前言

　　兩岸關係的良窳對於台灣未來的生存發展,關係重大。舉凡國內政治、經濟、社會與涉外事務無一不受影響。如果兩岸關係良好,則台灣內部穩定,必當有助經濟發展,而台灣的國際空間亦必較寬廣,更可為兩岸帶來長久的和平發展。本文希望對政府及社會大眾就如何凝聚台灣內部共識及促進兩岸關係和平發展提出建言,這一部分由中華民國前駐教廷大使戴瑞明先生與國立台灣大學理學院心理系黃光國教授兩人擔任共同召集人,台灣大學政治學系張亞中教授負責撰寫,全文分為:現狀檢討、問題分析、目標設定、策略與辦法等四個部分。在徵求眾多學者專家的意見後,此一部分選擇以「兩岸統合與和平發展」為題,寓意在兩岸統合之「合中有分、分中求合」的現狀,主張兩岸要和平就必須合作,希望連結兩岸目前各有的兩岸論述,提出具體的和平發展方案。本報告建議以「一中三憲」做為兩岸政治定位的基石,以「兩岸統合」做為兩岸互動的架構;在實踐上,透過兩岸和平協定的簽署、兩岸共同承諾不分裂整個中國,並相互尊重彼此為平等的憲政秩序主體,且在此基礎上建立「多重共同體」,無分大小,不分主從,以

平等的夥伴關係一起推動兩岸關係的和平發展,如此才能雙贏,為中華民族創造美好的未來。本報告最後也提及,如何凝聚全民共識已是刻不容緩,為此朝野必須摒除一黨之見,共同為謀求族群和諧、藍綠和解、政黨合作而努力,並使兩岸關係能朝著團結合作、和平繁榮的大方向發展。

一、現狀檢討

1. 2008 年 5 月馬英九總統上任以來,兩岸關係已有改善,外交業已「休兵」,惟兩岸基本互信仍然無法建立,致使兩岸關係無法朝正常化方向穩定發展。

2. 隨著經濟快速發展,中共近年逐漸和平崛起,在國際間的政治、金融、經濟權力地位快速提升,致使兩岸間產生權力高度「不對稱」的現象。

3. 由於兩岸關係沒有正常化,致我方無法參與東亞經濟整合機制。

4. 在國際參與層面,兩岸政治權力不對稱,使得我國有關主權的主張一直無法受到國際的承認,我國也一直難以國家的名義走入國際社會。

5. 兩岸認同快速折裂,導致台灣內部虛耗、阻滯進步。台灣主體意識已成為台灣主流,中國大陸隨著經濟發展,對追求「國家統一」有更多的籌碼與自信。兩岸對於未來選項看法的不同,民進黨堅持尋求「台獨」、中國國民黨「不統不獨」,中共堅持「統一」,使得兩岸與國際關係存在根本矛盾。

（一）兩岸有形實力不對稱

兩岸關係的一項重要特徵，便是中華民國（以下使用中華民國、中華民國政府、台灣、台灣方面、台北、我國、我方交叉使用）與中華人民共和國（以下使用中華人民共和國、中華民人民共和國政府、中國、中國大陸、大陸方面、中共、北京交叉使用）兩者之間權力地位的不對稱（power asymmetry）。這個特徵在地圖上一眼看去便可清楚顯現，因為雙方所控制的領土範圍相差 266 倍，而在這兩塊領土上生活的人口則是相差了 58 倍。這樣的懸殊比例在過去並沒有充分地顯露在兩岸間的實力對比上。

在大陸推動改革開放之前，兩岸間呈現了大陸在量上壓倒台灣、而台灣在質上則遠勝大陸的局面。由於對外封閉，大陸的對外貿易總額與累積的外匯存底長期都落於台灣之後。在改革開放政策推動之前，由於在質上面的懸殊差距，大陸對台灣還顯露不出壓倒性的優勢。

1979 年起，鄧小平主席推動改革開放，不但彈性地採取了適合國情的發展策略，更以鄰近的東亞國家成功的經濟發展經驗為師，甩脫意識型態的包袱，走上了高速發展的道路，成為世界上成長速度最快的「經濟體」。這樣的格局從 1970 年代末迄今已經不間斷地進行了三十年，生產力與質量大幅提昇。經濟既然起飛，國力自然迅速積累，台灣的優勢逐漸消失。

面對一個在數量上絕對優勢、在質量上又快步趕上的中國大陸，兩岸間的權力不對稱便充分地顯現出來。舉例言，往昔台灣曾經自傲於世界上數一數二的外匯存底，然而中國大陸

藉著成功的出口擴張很快便在 1996 年超越台灣，又在 2005
年超越日本，坐上世界龍頭，在 2008 年底領先日本已達一倍，
更是台灣的 6.7 倍，而此一趨勢至今仍未稍歇。在國內生產毛
額（GDP）方面，中國大陸現為台灣的 11 倍，而差距還在迅
速拉開當中。2008 年大陸的國內生產毛額增長了 9%，而台灣
僅有 1.9%，大陸經濟成長的速度是台灣的 4.8 倍。經濟上雙
方的實力有如此的差距，軍事上兩岸間的差距也是向大陸方面
傾斜。其他在 1970 年代便已分出勝負的外交戰場上，北京的
優勢也是不動如山。今天任誰觀察兩岸之間的態勢，均不可忽
略兩岸有形權力不對稱的事實。由於兩岸的有形權力不對稱，
使得雙方關係的正常化更增添了複雜性。

（二）無法參與區域經濟整合機制

無可置疑，中國大陸對世界經濟發展越來越重要。首先是
世界各國對大陸的貿易額度不斷上升，並且人民幣匯率也成為
影響世界經濟穩定的關鍵角色，隨著中國大陸在世界經濟地位
的上升，也逐漸在世界金融經濟組織中扮演領導角色。

經由經濟與政治力量的增長，中國大陸也開始憑藉其政經
力量而想要積極主導東亞經濟整合，「東協加一」已自今（2010）
年啟動。2009 年 9 月台灣第 1 大出口市場仍為中國大陸（含
香港），對其出口 82.2 億美元，占我出口比重亦增至 43.1%；
東協（ASEAN）占我出口比重 14.9%。

值得注意的是，經濟整合已經成為全球經濟發展的重要趨
勢。2007 年底，全球協商中的區域貿易協定共有 205 個，亞
洲國家便有 109 個，佔了全球一半以上。東亞成員如日本、東

協、新加坡與中國大陸都非常積極提倡區域貿易協定，並希望
主導東亞自由貿易體制的成形。

在 2006 年舉辦之「亞太經濟合作」（APEC）會議中，
參與的國家元首及代表都對推動「亞太自由貿易區」（FTAAP,
Free Trade Area of the Asia-Pacific）表示認同與支持。然而，
台灣卻因爲兩岸問題，始終被排除在區域經濟整合協商之外。

迄今爲止，我國只在 2003 年 8 月與巴拿馬、2005 年 7 月
與瓜地馬拉、2006 年 6 月以及 2007 年 5 月尼加拉瓜、薩爾瓦
多和宏都拉斯分別簽訂自由貿易協定。

馬英九總統在 2009 年 12 月 11 日接受訪問時稱，「從 2000
年到 2008 年，亞太地區簽了 56 個自由貿易協定，只有兩個國
家不在裡面，這兩個國家，一個叫做朝鮮人民民主共和國，一
個叫做中華民國」。

在「地緣經濟時代」，亦即全球化的「地球村時代」，任
何國家或地區都不可能單打獨鬥，包括大陸和台灣在內。相對
於東亞國家積極推動整合，我政府由於兩岸關係無法正常化因
素，被迫排除於東亞經濟整合之外。此一情勢對台灣固然極端
不利；事實上，對大陸也談不上有多大好處。

（三）國際組織參與受限

冷戰初期，由於依靠美國的支持，以及我政府的努力，1971
年以前，我政府在聯合國代表「整個中國」，爲「中國的唯一
合法政府」。不過，隨著國際冷戰結構的變遷與國家利益的考
量，美國儘管仍然關切台灣人民，卻也基於自身利益的需要而
不斷調整對中華人民共和國政府的政策。最後，在種種因素的
影響下，我政府被迫於 1971 年退出聯合國。

　　然而，兩岸零合競賽（Zero-Sum Game）並未隨著中國大陸進入聯合國而結束，反而持續激烈，在所有國際場合間仍廝殺不已，而我方在國際社會的正式參與空間也日益受到壓縮。

　　就政治上的發展而言，儘管後來 1980 年代末期、1990 年代初台灣海峽兩岸雙方關係曾有些許舒緩，但 1990 年代末期後雙方政治關係再次陷入持續不穩的狀態；然而在經濟上兩岸之間的交流卻日趨緊密。雙方的開啟接觸後並未增進雙方的政治關係，反而與中國大陸之「他」、「我」之間的區隔性越顯越大，而大陸方面對我方在國際間的孤立、敵對更加深了這個區隔。兩岸在對「中國」這個名稱的多年競爭過程中，也進一步影響到我方民心對「中國」概念的疏離。

中華民國目前的 23 個邦交國	
亞東太平洋	帛琉共和國 Republic of Palau；吐瓦魯 Tuvalu；馬紹爾群島 Republic of the Marshall Islands；索羅門群島 Solomon Islands；吉里巴斯共和國 Republic of Kiribati；諾魯 Republic of Nauru
中南美洲	瓜地馬拉共和國 Republic of Guatemala；巴拉圭共和國 Republic of Paraguay；聖文森 St. Vincent and the Grenadines；貝里斯 Belize；薩爾瓦多共和國 Republic of El Salvador；海地共和國 Republic of Haiti；尼加拉瓜共和國 Republic of Nicaragua；多明尼加共和國 Dominican Republic；宏都拉斯共和國 Republic of Honduras；巴拿馬共和國 Republic of Panama；聖克里斯多福及尼維斯 Saint Christopher and Nevis；聖露西亞 Saint Lucia
非洲	布吉納法索 Burkina Faso；聖多美普林西比民主共和國 Democratic Republic of Sao Tome and Principe；史瓦濟蘭王國 Kingdom of Swaziland；甘比亞共和國 Republic of The Gambia
歐洲	教廷 The Holy See

　　截至 2010 年 4 月，與我方有外交關係的國家有 23 個，
與大陸方面有外交關係的國家達 171 個。目前我政府參與的政
府間國際組織總共有 51 個，遠不及中國大陸參加的數目，目
前我政府正式參加的 51 個政府間國際組織中，有 30 個擁有正
式會員，其它 21 個分別是觀察員（15 個）、仲會員（3 個）、
準會員（1 個）、合作非會員（2 個）等地位參與。

　　在參與名稱上，我以正式會員參與政府間組織者包括「中
華民國」（Republic of China）、「中華民國台灣」（Taiwan,
Republic of China）、「台澎金馬個別關稅區」（Separate
Customs Territory of Taiwan, Penghu, Kinmen & Matsu）、「台
澎金馬」（Taiwan, Penghu, Kinmen & Matsu）「中華台北」
（Chinese Taipei）、「中國（台灣）」（China (Taiwan)）、
「台灣」（Taiwan）、「中國台北」（Taipei, China）（我政
府未接受、持續抗議中）、「台灣艾格蒙」（AMLD, Taiwan）、
「國際電信發展公司」（International Telecommunication
Development Company, ITDC）者。我以觀察員、仲會員、準
會員、合作非會員等地位參與之政府間國際組織的名稱包括
「中華民國」、「台灣」、「台北中國」（Taipei China）、
「中華台北」、「中華台北個別關稅區」（Chinese Taipei
Separate Customs Territory）、「台澎金馬」等。有關內容詳
如下表「我國參與政府間國際組織現況」。從該表中，可以看
到我參與政府間國際組織充滿艱難。

中華民國政府參與政府間國際組織現況

為正式會員（Full Member）之政府間國際組織（30個）			
	中文名稱及簡稱	組織名稱（原文）	中國大陸參與情形
1	亞洲選舉官署協會（AAEA）	Association of Asian Election Authorities	未參與
2	亞非農村發展組織（AARDO）	Afro-Asian Rural Development Organization	未參與
3	世界貿易組織法律諮詢中心（ACWL）	Advisory Centre of WTO Laws	未參與
4	亞洲開發銀行（ADB）	Asian Development Bank	會員
5	國際貿易資訊及合作機構（AITIC）	Agency for International Trade Information and Cooperation	未參與
6	亞太農業研究機構聯盟（APAARI）	Asia-Pacific Association of Agricultural Research Institutions	未參與
7	亞太經濟合作（APEC）	Asia-Pacific Economic Cooperation	會員
8	亞太防制洗錢組織（APG）	Asia/Pacific Group on Money Laundering	會員
9	亞太法定計量論壇（APLMF）	Asia-Pacific Legal Metrology Forum	會員
10	亞洲生產力組織（APO）	Asian Productivity Organization	未參與
11	亞洲科技合作協會（ASCA）	Association for Science Cooperation in Asia	未參與
12	亞蔬-世界蔬菜中心（AVRDC）	AVRDC-The World Vegetable Center	未參與
13	中美洲銀行（CABEI）	Central American Bank for Economic Integration	未參與
14	南方黑鮪保育委員會（CCSBT）延伸委員會	Extended Commission, Commission for the Conservation of Southern Bluefin Tuna	未參與
15	國際衛星輔助搜救組織（Cospas-Sarsat）	International Satellite System for Search & Rescue	會員

16	「艾格蒙聯盟」國際防制洗錢組織（Egmont Group）	Egmont Group	未參與
17	亞太糧食肥料技術中心（FFTC/ASPAC）	Food and Fertilizer Technology Center for the Asian and Pacific Region	未參與
18	國際保險監理官協會（IAIS）	International Association of Insurance Supervisors	會員
19	國際棉業諮詢委員會（ICAC）	International Cotton Advisory Committee	未參與
20	國際競爭網路（ICN）	International Competition Network	未參與
21	國際證券管理機構組織（IOSCO）	International Organization of Securities Commissions	會員
22	北太平洋鮪魚國際科學委員會（ISC）	The International Scientific Committee for Tuna and Tunalike Species in the North Pacific Ocean	會員
23	國際種子檢查協會（ISTA）	International Seed Testing Association	會員
24	世界動物衛生組織（OIE）	World Organization for Animal Health	會員
25	東南亞國家中央銀行總裁聯合會（SEACEN）	Conference of Governors of South-East Asian Central Banks	未參與
26	亞洲稅務行政暨研究組織（SGATAR）	Study Group on Asian Tax Administration and Research	會員
27	世界關務組織（WCO）下屬之「關稅估價技術委員會」	Technical Committee on Customs Valuation, World Customs Organization (WCO)	會員
28	世界關務組織（WCO)下屬之「原產地規則技術委員會」	Technical Committee on Rules of Origin, World Customs Organization (WCO)	會員
29	中西太平洋漁業委員會（WCPFC）	Western and Central Pacific Fisheries Commission	會員
30	世界貿易組織（WTO）	World Trade Organization	會員

以觀察員、仲會員及準會員等地位參與之政府間國際組織（21個）

(一)觀察員（Observer）（15 個）

	中文名稱及簡稱	原文名稱	中國大陸參與情形
1	南方黑鮪保育委員會（CCSBT）	Commission for the Conservation of Southern Bluefin Tuna	未參與
2	歐洲復興開發銀行（EBRD）	European Bank for Reconstruction and Development	未參與
3	糧食援助委員會（FAC）	Food Aid Committee	未參與
4	中美洲暨加勒比海盆地國會議長論壇（FOPREL）	Foro de Presidentes de Poderes Legislativos de Centroamerica y la Cuenca del Caribe	未參與
5	美洲開發銀行（IDB）	Inter-American Development Bank	會員
6	國際穀物理事會（IGC）	International Grains Council	未參與
7	國際間鑽石原石進出口認證標準機制（KP）	Kimberley Process	會員
8	經濟合作暨發展組織（OECD）下屬「競爭委員會」	Competition Committee, Organization for Economic Cooperation and Development (OECD)	觀察員
9	經濟合作暨發展組織（OECD）下屬「漁業委員會」	Fisheries Committee, Organization for Economic Cooperation and Development (OECD)	未參與
10	經濟合作暨發展組織（OECD）下屬「鋼鐵委員會」	Steel Committee, Organization for Economic Cooperation and Development (OECD)	未參與
11	中美洲議會（PARLACEN）	Central American Parliament	未參與

12	中美洲統合體（SICA）	Sistema de la Integracion Centroamericana	未參與
13	世界關務組織（WCO）下屬之「修正版京都公約管理委員會」	Revised Kyoto Convention Management Committee, World Customs Organization (WCO)	會員
14	世界衛生大會（WHA）	World Health Assembly of the World Health Organization	會員
15	中美洲軍事會議（CFAC）	Conferencia de las Fuerzas Armadas Centroamericanas	未參與

(二)仲會員（Associate Member）（3個）

	中文名稱及簡稱	英文名稱	中國大陸參與情形
1	國際度量衡大會（CGPM）	Conférence Générale des Poids et Mesures (CGPM)	會員
2	全球生物多樣性資訊機構（GBIF）	Global Biodiversity Information Facility	未參與
3	國際政府資訊科技理事會（ICA）	International Council for Information Technology in Government Administration	未參與

(三)準會員（Corresponding Member）（1個）

	中文名稱及簡稱	英文名稱	中國大陸參與情形
1	國際法定計量組織（OIML）	International Organization of Legal Metrology	會員

(四)合作非會員（Cooperating Non-Member）（2個）

	中文名稱及簡稱	英文名稱	中國大陸參與情形
1	美洲熱帶鮪魚委員會（IATTC）	Inter-American Tropical Tuna Commission	合作非會員
2	國際大西洋鮪類資源保育委員會（ICCAT）	International Commission for the Conservation of Atlantic Tunas	會員

資料來源：張亞中整理，資料更新時間：2010 年 4 月 20 日

　　隨著兩岸關係的改善，以及在大陸政策思維上的改變，我政府在 2009 年 5 月 11 日得以「觀察員」身分參與「世界衛生大會」（WHA），並在爭取多國免簽證方面的成果頗有成效。綜合兩岸關係現況、「活路外交」政策各層面的考量，現階段我政府放棄自 1993 年起直接申請「參與」、「重返」、「加入」聯合國等政策，而改以爭取「有意義參與」聯合國附屬專門機構，並以「聯合國氣候變化綱要公約」（UNFCCC）及「國際民航組織」（ICAO）為優先推動目標。

　　整體而言，我政府意圖在外交上擴大國際空間，與兩岸關係密不可分。基於國際權力政治的現實，每一個國家均是以自己國家利益為考量，國際組織也無法脫離國際政治現實的權力運作。由於中共目前為聯合國「常任理事國」，國際政治權力運作，不可能沒有中華人民共和國政府的參與，世界各國在處理外交與國際組織參與上，亦多考慮中華人民共和國政府的態度或立場，致使我政府在雙邊外交或國際多邊組織上受到相當的限制。

　　事實上，為了促進兩岸關係的正常化，北京方面應考慮適時展現善意，在聯合國內若干非政治性國際組織主動促成台北以特別身分加入為「觀察員」。

（四）兩岸認同折裂

　　所以稱兩岸認同折裂，而非斷裂，表示兩岸仍有重疊認同，只是比率已經降低，惟尚未完全斷裂。認同折裂的根源在於近十餘年來台灣認同的重塑，這表現在兩個方面：對於自我認同的矛盾以及統獨意識形態的衝突，根據「遠見雜誌」民調

中心在 2008 年 10 月的調查（圖 1），認同自己是「台灣人」
的高達 95.9%，而認為自己屬於「中華民族」的亦有 75.4%，
但是認為自己是「中國人」的只有 46.6%，甚至低於認同「亞
洲人」的 73.5% 與「華人」的 67.3%。

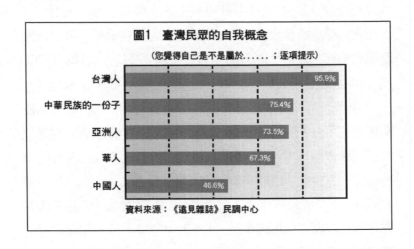

圖1　臺灣民眾的自我概念

（您覺得自己是不是屬於……；逐項提示）

資料來源：《遠見雜誌》民調中心

　　由數據可知，台灣民眾不但對於「台灣」有高度的認同，
同時在建立「台灣認同」時，對「中國」產生了排斥效應。換
言之，現在所謂的「台灣人」已經不是屬於「中國人」底下的
一個次族群概念或地域性概念，而是相對於「中國人」的另一
族群概念，或者說，台灣的「國族認同」已經形成與逐漸鞏固。
正如同在民國初年「中華民族」的型塑係建立在漢、滿、蒙、
回、藏等族融合的基礎上，現在的「台灣民族」已經型塑成為
閩南人、客家人、外省人與原住民四大族群的生命共同體，與
中國大陸的關係愈來愈淡薄。
　　另外，政大選舉研究中心也有類似的研究（圖2），從中
可以更容易看出台灣民眾自我認同建立的時序性。2009 年 6

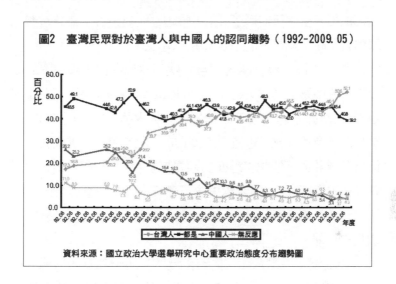

圖2　臺灣民眾對於臺灣人與中國人的認同趨勢（1992-2009. 05）

資料來源：國立政治大學選舉研究中心重要政治態度分布趨勢圖

月的調查，台灣民眾的自我認同，其中有 52.1%認爲自己是「台灣人」、39.2%認爲自己既是「台灣人」又是「中國人」，只有 4.3%認爲自己是「中國人」。相對於 1992 年 6 月，認爲自己是「台灣人」的僅有 17.3%，而認爲自己是「中國人」的尚有 26.2%。經過十七年，台灣民眾已經在台灣建立了主體意識，在面對中國大陸時顯得冷漠而陌生，甚至帶有幾分戒愼恐懼，而在面對「中國」這個話語時，更是充滿了猜忌、懷疑、不安與排斥。

　　台灣民眾在兩岸認同上，寧願接受在文化上同爲「中華民族」、在地理上皆屬於「亞洲人」、在血緣上都是「華人」，也不願意接受帶有政治色彩的「中國人」。因此，當中共領導人高呼「統一中國」是每個中國人的使命、「和平統一」是兩岸人民最大的利益時，台灣民眾自然是反應冷淡，甚至感到排

斥而抗拒。在這種情形下，當「中國」一詞失去了部分台灣民眾的認同時，兩岸的互信自然難以建立。

對「中國」沒有認同，自然就不會想參與中國大陸的改變或促成中國大陸的「善治」（Good Governance）。在認同逐漸折裂的情形下，台灣方面只願意與大陸方面有經貿往來。文化與社會的往來，也僅帶有商業的「物質性」。這樣的立場使得台灣社會不能認真地面對兩岸真實存在的問題，避政治而就經濟的心態，不僅讓台灣失去了參與中國大陸社會變遷的影響力，也增加了因為中國大陸經濟日益強大而感到可能被吸納消化的恐懼。

與台灣「主體意識」同時茁壯的是「台獨意識形態」的滋長，在這方面行政院大陸委員會的民調（圖3），由於變項過多，無法準確的突顯台灣民眾「統獨意識形態」的偏好，但是卻也表現出台灣民眾對於台灣前途看法的分歧與茫然。統計上，支持廣義「維持現狀」者（包含維持現狀以後再決定、維

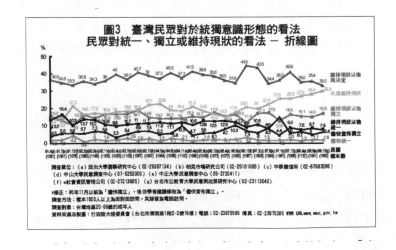

持現狀走向統一、維持現狀走向獨立、永久維持現狀四類）為絕大多數（佔 87.5%）。其中以主張「維持現狀，看情形再決定獨立或統一」是六種意見裡的最大多數（33%），而主張「永遠維持現狀」者占 29.8%。然而，值得注意的是，自 1997 年底以後，「儘快獨立」的選項已經改為「儘快**宣布**獨立」，如果依陸委會這個邏輯下，台灣已經「事實獨立」，差別僅在有無正式的宣佈獨立，成為「法理台獨」而已。

　　我們再看一份由國立政治大學選舉研究中心發表的報告，「台灣民眾統獨立場趨勢圖」（圖 4），可以看出在 2009年底，支持「維持現狀」者達 61.7%，「偏獨立」者為 20.1%，「偏統一」者為 9.9%，「無反應」的為 8.2%。

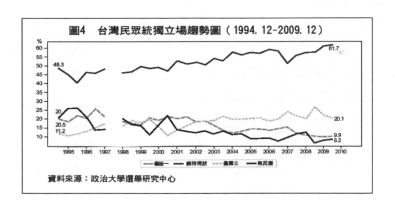

圖4　台灣民眾統獨立場趨勢圖（1994. 12-2009. 12）

資料來源：政治大學選舉研究中心

　　自是，如果想要觀察兩岸認同折裂最好的方法，就是在於體會台灣民眾對於中共「和平統一」的想法。在這個控制變項上（如圖5），民調顯示，2004 年總統大選為台灣民眾認知的黃金交叉點。近年來呈現趨於「反對統一」的趨勢。由於此

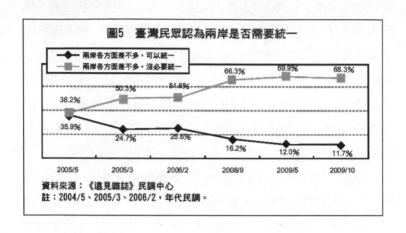

圖5　臺灣民眾認為兩岸是否需要統一

民調嘗試排除了兩岸在政治、經濟、社會、文化等方面的歧異，試着在「兩岸各方面都差不多」的前提下，詢問受訪者是否希望兩岸統一。換句話說，此研究反應了民眾對於中國大陸的認同傾向，而從 2004 年到 2009 年的五年間，認為沒必要統一的比例增加了三成左右，顯然有越來越多的民眾對於大陸失去了所謂的「祖國情懷」。與此同時，中共寄望台灣民眾支持「和平統一」的期望似乎顯得越來越渺茫。

　　然而，在同一份報告中，「遠見雜誌」民調中心另外進行了一項民調，針對台灣民眾對於台灣未來走向之看法。其中，贊成兩岸「走向統一」的僅有 15.7%，而反對者則高達 69%；另一方面，支持台灣「走向獨立」的占 47.2%，而「反對台獨」的卻占了 34.1%（圖 6）。

　　這份報告的第一部分並不令人意外，贊成與反對統一的與前項民調比例相近，同時也與「中國人」認同降低的情勢成正比。但是，對於台灣應否獨立，卻是呈現一種拉鋸的狀態。

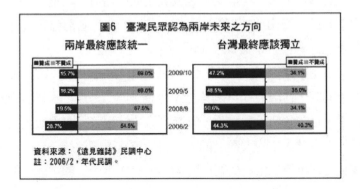

資料來源：《遠見雜誌》民調中心
註：2006/2，年代民調。

若果比對圖 3 這兩份民意調查，可以發現有超過兩成的人，雖然反對兩岸統一，但卻也不贊成「台灣獨立」，意即在台灣有超過兩成是「反統而不主獨」，也就是馬英九總統所謂的「不統不獨」。

　　民意調查顯示，雖然絕大部分台灣民眾具有「反統一」的傾向，更突顯出台灣民眾對於台灣未來前途的茫然與不知所措，即便反對統一，卻也不知道獨立是否是個更好之選項。「不統不獨」本應是一種在台灣內部民意缺乏共識下，所呈現出一種進退兩難的局面，只能算是一種過渡的想法，如果我政府的兩岸政策只是企圖維持現狀，而不給予正確方向引導，則將會使得台灣在兩岸政治性談判中進退失據，終至失去談判的籌碼。民意調查的結果可作為施政參考，但政府不可被民調起落牽著鼻子走，失去維護並增進大多數民眾利益大方向的機會。

　　在台灣內部本身便充滿了歧見與矛盾，在紛雜的選項中本來便無法理智地做出判斷之時，我政治菁英如果不能提出具

有「前瞻性」的「兩岸政治定位與走向」論述,只是主張「將台灣的前途交由 2300 萬人民來決定」,美其名為尊重民意,其實也是一種「不負責任」的說詞。

民主的本質必然是多元,人民缺乏共識,而政府又沒有大方向時,台灣便徒然陷落於「台獨」與「獨台」的意識形態之爭,而在內部矛盾重重、尚無共識的情況下,被政治人物召喚於「台灣人」的大纛之前,與對岸追求「國家統一」的「中國人」相抗衡。相較於對岸的中共,揚起了「民族主義」的大旗,以洗刷「甲午戰爭」被迫割讓台灣、澎湖的國恥為名,追求統一的聲勢與能力隨其在國際間政經地位的提升而水漲船高;台灣流於意識形態的內耗惡鬥,不但使得我方與大陸方面互動的籌碼逐漸流失,更是置台灣民眾的身家安全於危如累卵之境。

二、問題分析

1. 在政治人物的主導下,兩岸認同有著高度折裂情形。

2. 兩岸認同的折裂,致使兩岸互信難以建立,使兩岸關係存在根本性的矛盾。我國各政黨缺乏「前瞻性」的兩岸關係定位與走向論述,而執政黨亦未「引導民意」,致使全民共識無法有效建立,我方陷於內耗,而漸失競爭力。

3. 在政治與經濟實力上,我方處於不利地位。在敵視的心態下,我方所引以為傲的民主,表現出僵化、自我的心態,也漸不為大陸民間肯定,使得我方的優勢逐漸喪失。在恐懼的

心態下，台灣有些人更不願與大陸方面有所妥協合作。

4.基於國際強權政治的現實，我方沒能力突破國際參與，而必須仰賴於北京的善意，可是北京的善意又容易被解釋為「統戰」，致使「外交休兵」的成果充滿不確定性。台灣既無法以中華民國的國名參與國際組織，對於北京的善意也不敢接受，使得兩岸認同折裂與恐懼產生交互循環、互為因果的現象。

（一）政治因素導致兩岸認同折裂

兩岸認同的折裂，導致兩岸互信難以建立，使得兩岸關係的發展存在著根本性的矛盾。我方的中國國民黨祇求維持現狀，缺乏「前瞻性」的兩岸政治定位與走向論述；民主進步黨又主張「一邊一國」/「台灣獨立」，在美國採取「一個中國政策，不支持台灣獨立」的形勢下，缺乏外來有力的奧援，以致毫無可行性可言。台灣兩個主要政黨的國家認同目標南轅北轍，嚴重內耗。面對相對「團結的大陸」，使得「分裂的台灣」處於較不利的地位。我們先來看看，台灣內部認同是如何分裂的。

兩岸認同分裂的重要分歧點在 1993-1994 年。是年，李前總統開始推動重返聯合國，他充分了解，重返聯合國不可能成功，但是這項政策必然會引起大陸方面的反應。北京反應愈強烈，台灣民眾愈容易感受到北京是一個「打壓」台灣的「他者」，如此有助於建構台灣屬於悲情或被威脅的「我群主體性」；另一方面李前總統着手推動「教改」，開始了他建構台灣文化國

族認同的十年工程。李前總統採用了前教育部長杜正勝的「同心圓史觀」，在教改上進行了新國族建構工程。

　　首先，正如李前總統所說的「經營大台灣、建立新中原」，李前總統將台灣定位成一個新的「中原」，也就是文化源流的核心。在這個時間點上，所有生長在台灣這塊土地上的人民，都是「新台灣人」，這就是李前總統建構的「我群」概念，將「台灣人」與「外省人」皆統合在「新台灣人」之中。

　　在身份重新定位之後，「同心圓史觀」所帶來的是斷裂的台灣史，以台灣爲核心的史觀，將荷蘭、鄭成功、清朝、日本，乃至於中華民國，皆以平列式的陳述方式，營造了一種台灣這塊地方數百年殖民的悲情史，台灣與中國千絲萬縷的關係被刻意的淡化，自此，新一代的「台灣人」喪失了中國數千年歷史的傳承，在不知不覺間，被蓄意的割斷了中國文化的臍帶，兩岸的認同漸行漸遠。

　　兩岸政治上的敵對與疏離，肇因於大陸方面無視中華民國政府存在於中國領土台、澎、金、馬之上的事實。兼之，李、陳兩位前總統刻意操弄民粹，採取分裂路線，加速了認同的折裂。1994 年起，李前總統爲其個人選舉造勢，多次故意挑動中共敏感的神經，並且非常巧妙地將中共對台灣的「文攻武嚇」轉而爲強化對於「新台灣人」的我群認同所需要的養分。李前總統成功的「異化」了中國，將「中國人」異化成爲屬於「他群」的「異己關係」。簡言之，李前總統建構「新台灣人」此一國族認同係建立在一個相對性「他群」（也就是中共）對台灣人「打壓」的敵意上，於是，台灣人的國族認同被有意的建構在對於中共的敵意上，此一「異己關係」間接的妖魔化了「一個中國」、增強了對於「統一」的反感。

　　自此，台灣民眾的自我認同中，顯示了對於中國的排斥，有將近三成的台灣民眾認同自己是「亞洲人」還多過於認同自己是「中國人」。雖然在重複認同的數據中，仍然有四成至五成的人同時認同自己是「台灣人」也是「中國人」，但是在實際上，應該是原本認同「中國人」的轉而變成重疊認同，而本來重疊認同的人完全放棄了「中國人」認同，而轉向認為自己僅是「台灣人」。在這種認同的轉換移動中，一旦「中國人」認同的水源枯竭，則重疊認同勢必因為逐漸流向台灣人認同而減少。因此，由於台灣教育的方針尚未有任何更動的跡象，故就長期而言，台灣民眾的「台灣主體意識」將會越來越被強化，而對於中國大陸的疏離感也會愈趨明顯，兩岸認同的裂痕亦將隨之擴大。從 21 世紀邁向地球村的大趨勢看，此種反常的逆向發展對台灣民眾並非有利。

（二）兩岸處於政治不信任狀態

　　如就國際關係來探究「台灣認同」，則可以從美、中、台三角關係中看出「台灣認同」係建立在一種不安全感與不信任感之上，根據「遠見雜誌」民調中心在 2009 年 12 月的最新民調（圖 7）顯示，在歐巴馬總統東亞行結束後，探查台灣民眾對於美、中、台三地的領導人之信任度評價，發現歐巴馬總統以 46.1%成為美中台三地中，台灣民眾信任度最高的領導人，而身為總統的馬英九尚以 38.6%居次，在野黨黨主席蔡英文以 35.4%緊追在後，而對岸的胡錦濤主席卻以 17.5%遠遠落後。

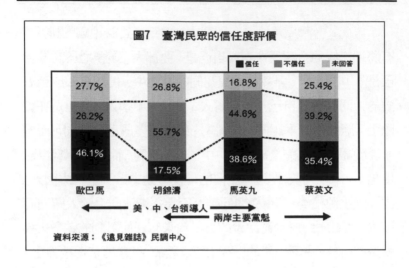

圖7　臺灣民眾的信任度評價

資料來源：《遠見雜誌》民調中心

　　從這份民調中，我們可以看出三個訊息：首先，就我方內部情勢而言，藍綠之間的對立顯得壁壘分明且有勢均力敵的傾向，彼此水火不容，互相傾軋，致使馬英九總統雖然信任度略高於在野的民進黨蔡英文主席，但是其不信任度亦高於蔡主席；其次，就兩岸交往互動而言，台灣對於對岸的領導人仍然強烈地缺乏信任感，至少有過半數的台灣民眾仍然懷疑中共領導人的政治動機，而忘了兩岸友好合作的益處，不管是針對中國共產黨還是胡錦濤主席個人，信任度都低於兩成，與支持兩岸重新統一的比例不相上下。

　　其三，這份民調最重要的反常警訊在於其顯示出台灣民眾對於美國與歐巴馬總統的信任度極高，甚至還高於台灣絕大多數民眾自己選出的總統。就國族建構的角度而言，此係因在台灣民眾進行對於「我群」的定位時，中共由於對台灣不友善的舉動，而被針對性地視為是「他群」，而同一時間，美國卻因為以「台灣關係法」關切台灣安全，使台灣免受「他群」的

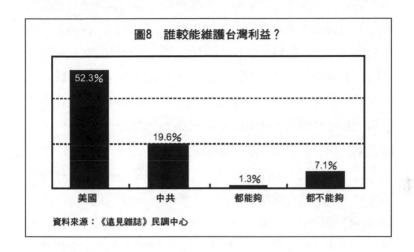

圖8　誰較能維護台灣利益？

美國　52.3%
中共　19.6%
都能夠　1.3%
都不能夠　7.1%

資料來源：《遠見雜誌》民調中心

侵害，而且售我高性能武器抵抗「他群」的進犯，使得台灣民眾反而將美國認同爲「我群」的一部分，致使在對中國的異化過程中，產生同文同種的「中國人」屬於「他群」，而毫無血緣文化關係，但卻在同一陣線的美國人成爲「我群」的矛盾現象。在此一邏輯之下，上任後尋求兩岸和解，增進台灣競爭力的馬英九總統，反而被民進黨咬定爲「傾中」，因而其在信任度上受到很多民眾質疑，也就在預料之中了。

(三)認同折裂與恐懼的交互循環

事實上，李前總統與陳前總統淡化的不只是台灣與中國之間的關係，同時，他們也在努力讓中華民國的法律地位進行轉型。首先是把中華民國政府1950年播遷到台灣，故意歪曲爲「中華民國到台灣」，刻意地模糊了「國家」與「政府」兩者在意義上的差別，中華民國政府所在地曾多次播遷不同城

市,但中華民國這個國家卻不可能搬動。李、陳兩位前總統又將中華民國對大陸地區的「主權主張」去除,把「在台灣的中華民國政府」歪曲為「中華民國在台灣」,接著便直接將兩者之間劃上等號成為「中華民國是台灣」,如果再強調台灣的「主體性」,就可以變成「台灣是中華民國」,最後,再淡化中華民國、強化台灣後,就可以完全成為「台灣國」。李、陳的論述嚴重誤導一般台灣民眾,貽害甚深。

這一系列的「柔性台獨」或「穩健台獨」路線,已經完成了大半,所以現今政壇言必稱「台灣」,很少聽到政治人物、甚至媒體使用中華民國,也很少提「中華民國主權」,反而強調不存在的「台灣主權」,而在我駐邦交國的大使館還繼續使用令人費解的「中華民國(台灣)」字樣,這不是坐實了「中華民國就是台灣」的說法嗎?這種置中華民國憲法於不顧,不但避談「一個中國」,更企圖淡化「一中」。完全忽視了中華民國憲法的規範,也自動放棄了和中共爭奪與共享「中國」的「話語權」。馬英九政府以「九二共識」取代「一中各表」,到儘量少談「一中」,於就職一週年中文記者會時,雖然針對教科書中的台灣歸屬問題做出回應,明確地揚棄了「台灣主權(歸屬)未定論」,但是卻還是在最後加了一句「中華民國的主權屬於國民全體,台灣是中華民國,這點非常的清楚」,他使用「台灣是中華民國」,而非「台灣屬於中華民國」,這其中不乏偏安一隅的消極心態,中華民國主權及於中國大陸的論述已遭塵封,不但治權僅侷限於台、澎、金、馬等地,連思維格局也一併自我限制在這幾個島上。

兩岸的認同所以能夠被政治人物有效切割,有兩個重要的基礎,一是兩岸長期分隔。二是台灣有操弄所需要的恐懼。

在兩岸長期分隔方面：1895 年中日甲午戰爭是中國近代史上沉痛的一頁，台灣被迫割讓日本，離開了祖國的懷抱，日本開始殖民 50 年，直到 1945 年台灣光復重回中國，但是台灣與中國政治連結在一起只有短短的四年，1949 年以後，中華民國政府被迫播遷來台，兩岸又開始斷裂。由於蔣介石的「大中國」情結與堅守中華文化的教育，讓台灣民眾在心理上仍然與中國連在一起，但是兩岸的人民畢竟生活在不同的政治體制之下。1980 年代末，兩岸民間開始有了接觸，但是這種接觸並沒有強化彼此的認同，反而在接觸後，感受到彼此已有很大的差距。從 1895 年到 2010 年間，兩岸在長達 115 年的分隔期間內，僅有短短四年共有「中央政府」，其餘都是各自為政。111 年是一個甚麼意義的數字？如果以 30 年為一個世代計算，兩岸分開已經是將近四代了，即使是 1949 年到台灣的外省族群，也已經 60 年，整整兩代過去了。如果我們同意，時間與距離總會在人與民族的記憶中扮演若干角色，它們可以讓彼此更加團結，例如猶太民族的經驗；也可以讓彼此分道揚鑣，英、美就是個例子。長達百年的兩岸分離，在蔣經國總統過世以後，我方的領導人選擇了傾向「分裂主義」的路線，而長達百年的分隔事實，給了他們可以訴諸恐懼的足夠土壤。

另一個深化兩岸認同歧異的因素在於兩岸 1949 年內戰的延續。由於兩岸處於政治對峙，「仇共」成為絕大多數人民的共同認識，兩岸透過長期歷史文化傳播教育，台灣民眾對於中國大陸在心靈深處變得愈來愈陌生，也愈來愈疏離。當兩岸還沒有接觸時，台灣還可以區分「中國」與「中共」的不同想像，但是隨著兩岸交流開始，台灣民眾開始了解兩岸的制度與價值

有不小差距,「中國」與「中共」也變得很難區分。隨著時間的拉長,以及中國大陸政治經濟力量的崛起,中共在國際間愈來愈代表「中國」,在台灣的人民已經失去了再擁有「中國」話語權的力量,也就自然而然地選擇遠離中國,從此,不僅是兩岸政治認同繼續折裂,兩岸的「文化認同」都快速發生變化。

在台灣有政治勢力操弄所需要的恐懼方面:1949 年起兩岸處於分治,初期台灣仍有「光復大陸」的雄心大志,但是從 1954 年與美國簽訂《中美共同防禦條約》開始,台灣已經完全依賴美國的安全保護,簡單地說,台北對於北京有安全上的恐懼。即使在美國與我國斷交後,台北仍然期盼美國能夠繼續維護台灣的安全,《台灣關係法》給了台灣民眾一些安全的感覺。即使東、西冷戰結束,兩岸開始民間交流,台灣朝野在安全的思維上,仍然將美國當成是虛擬的安全同盟者,或是安全的依賴者。對美軍購就是一個顯著的例子,台灣軍購的真實意義不是為了安全的實質防衛,因為中共的「反分裂國家法」明定除了台灣搞「法理台獨」,它不會用武,軍購只是一種為了滿足安全感而願意付出的「保護費」心理。

在兩岸和解的時代,我政府宜有健康的國防觀念,應該以維護中華民國國土安全及海線航行自由為主要考量,不宜有針對性,以大陸為「唯一假想敵」,製造「飛彈恐懼症」。兩岸想和平相處,避免戰爭,共同維護亞太地區的安全,我維持適度的國防實力雖有必要,但如果只是以大陸為對抗的規劃,不僅不可行,亦會拖垮我經濟,因此,兩岸「對話」絕對比「對抗」更有必要。

無論在人口、土地面積,台灣較之中國大陸都小很多。1990 年代起,中國大陸經濟快速起飛,政治力量亦相對重要。

由於北京方面迄今仍然不願意正視中華民國政府的存在，而欲以「一國兩制」做為「和平統一」後的政治安排。在這項安排中，台灣將只是中國大陸憲法中的一個「特別行政區」。因此，中國大陸經濟與政治力量愈大，台灣民眾愈感受到可能被統一的恐懼。在台獨眼中，北京任何的「惠台措施」，都被故意醜化為「賄台措施」，而歸結為「經濟統戰」，其目的在「吞併」台灣。「兩岸經濟合作架構協議」（ECFA，以下簡稱「兩岸經濟合作協議」）在台灣遭到質疑與反對，正是這種恐懼心理的反射。

在兩岸政治與經濟實力上，我方處於相當不利的地位。在兩岸相互敵視的情勢下，我方所引以為傲的民主，表現出僵化、自我的心態，也漸不為大陸方面肯定，致使台灣的優勢逐漸喪失。在恐懼的心態下，台灣有些人更不願與大陸方面妥協、合作。

在國際參與上，自從我國在一九七一年被迫退出聯合國以後，我政府在參與國際組織上率多受阻，即使參與政府間組織，也無法用中華民國的國名參與。如此便產生兩難的困境，為確保人民利益與善盡國際義務，我政府有必要參與國際組織，但是礙於國際政治現實，又無法以國家名稱參與，因而每參與一次國際組織，就面臨被「去國名化」的結果。另一方面，北京為了鞏固其「中國代表權」的正當地位，在國際間經常以「中國」來取代「中華人民共和國」，這使得台北也無法再享有「中國」的話語權。以上兩股相互交錯的趨勢，使得台灣民眾對於「中國」的認同愈來愈淡，對於中華民國可以在國際間存在的正當性也產生懷疑。這些反應，都使得中華民國在國際

間的參與已經從一個「國際政治問題」，衍生爲台灣內部對於國家的「認同問題」，也成爲分化兩岸認同問題的因素。

　　基於國際政治的現實，台北沒有能力突破國際參與，而必須仰賴於北京的「善意」，可是北京的善意又容易被解釋爲「統戰」，致使「外交休兵」的成果充滿不確定性。台北既無法以中華民國的國名參與國際組織，也對於北京的善意不願完全領情。由於兩岸認同折裂產生的恐懼圍繞著我政府與民間的思維，致使台灣無法放開大步，有信心面對現實，處理兩岸關係。

三、目標設定

1. 強化人民對於中華民國憲法規範與使命的認同，以鞏固依據憲法與北京進行政治性協商的基礎。
2. 建立有關兩岸政治定位的論述。以此基礎與北京簽署和平協定，促使兩岸關係與國際參與的正常化。
3. 現階段我國的首要目標應是務實累積實力，而非務虛凸顯主權意義。
4. 在兩岸經貿互動中，我方應以爭取「絕對收益」，而非一定要高於對方的「相對收益」為首要考量。
5. 建立有關兩岸共同和平發展的願景，以結合海內外華人共同推動：在尋求與中國大陸在政治上和解、經濟上以共同體方式追求互利、社會上引導中國大陸走向開放與自由。
6. 兩岸經貿以「共同體式的統合」互動優於自由貿易。
7. 我政府大陸政策的絕對目標應為贏得大陸民心。

（一）透過兩岸政治協商，建立兩岸基本互信

兩岸能夠在1993年進行財團法人海峽交流基金會與海峽兩岸關係協會的會談，其原因在於有1992年的「一中各表」共識，如果兩岸沒有對於「堅持一個中國原則」的共識，兩岸根本沒有基本互信，兩會之間也就沒有基礎進行「事務性事項」的協商了。

1999年李前總統提出兩岸為「特殊國與國關係」以後，兩會的交流隨即中斷。2002年陳前總統提出「一邊一國」，在2004年連任後，中共在2005年仿照美國在南北內戰期間制訂「反分裂法案」方式，亦推出《反分裂國家法》以為回應。2007年民進黨推出「入聯公投」，主張以台灣名義加入聯合國，也引發了兩岸高度緊張的情勢。這些過程均反應出一個事實，即我政府可以對「一個中國」與大陸有不同的詮釋，但是如果在「法理上或行動上」背離一個中國，兩岸關係即會處於緊張狀態。

經過十餘年來李、陳兩位前總統在政治、文化、教育等方面「去中國化」後，已使得很多台灣民眾對於憲法的神聖性不再尊重。舉例而言，在沒有修憲或制憲以前，中華民國的憲法仍然是「一中」憲法，在法理上除非經由革命或制憲去除「一中」，否則沒有所謂的「台獨」選項問題。但是不僅是李前總統提出兩岸為「特殊國與國」、陳前總統界定兩岸為「一邊一國」，馬英九總統也提出「台獨也是一個選項」的「台灣前途由2300萬人決定」主張。從憲法角度來看，他們都已經「違

憲」了，但是，沒有人會在乎是否違憲，只要能贏得選舉就好。

　　台灣內部在認同方面的混淆，不僅造成內耗、阻滯進步，在面對中國大陸時，也缺少了更大的氣魄。我政府必須明瞭，堅守中華民國的憲法，並在此基礎上凝聚全民的共識，強化人民對於中華民國憲法規範與使命的認同，並依據憲法立場與精神與北京進行政治性協商，才能夠站穩腳跟，取得不敗的平等地位，爭取雙贏的結果。

　　在討論如何促進兩岸政治關係發展時，馬英九政府的兩岸關係發展路線圖為「先經後政」、「先易後難」，這樣的路徑有其邏輯盲點。

　　兩岸分治是內戰的產物，基本上它是一個政治問題，而非經濟問題。做為權力不對稱的一方，如果不能主動透過政治協商與北京就兩岸政治定位進行討論，而只是放任兩岸經貿「物質化」的交流，其結果有可能是台灣愈來愈依賴大陸，而終究喪失協商的籌碼。因此，如何與北京進行政治性協商與簽署和平協定，應該是政府要積極面對、以及處理的大事。

　　一般人有個錯誤的觀念，以為透過經濟性的交流，可以逐漸建立彼此的互信，然後再來處理兩岸核心的政治問題。

　　事實上，互信可以分為「核心互信」與「一般互信」兩種。通常來說，「一般互信」可以透過雙方的利益交往逐漸建立，但是「核心互信」則牽涉到雙方所堅持的「核心立場」與「核心利益」，是不容易透過利益交換而達成，而是需要彼此對核心問題有「核心共識」。甚麼是兩岸的「核心利益」？對中國大陸來說是「一個中國」以「國家統一」，為目標對於台灣而言，是兩岸在國家統一之前必須尊重彼此為平等的憲政秩序主體。前者重視「目的」，後者重視「過程」。

　　冷戰時期，東西方兩大陣營在處理互信問題時，他們的經驗反而是「先政後經、先難後易」。東、西德如果沒有在1972年簽署《基礎條約》，不會有後來一百多項經濟、文化、社會交流協定。沒有1975年相當於歐洲和平條約的《赫爾辛基最終議定書》，東、西歐不會開啟「信心建立措施」（CBMs）的互信機制。

　　東西德在《基礎條約》中，接受了「核心共識」，也接受了「核心歧見」。在這樣的基礎下，東、西德才可能推動日後一連串的政策互動。《赫爾辛基最終議定書》確立了二次大戰後各國的主權與領土，在這些高難度的政治問題得到解決後，東德與東歐國家才願意與西德及西歐國家建立互信。

　　兩岸問題自然不同於東西德與東西歐的問題，但是東、西德與東、西歐的經驗告訴我們，雙方沒有政治性的共識（即使是對歧見的共識），互信措施是不容易啟動的，即使啟動，壽命也不會太長。

　　兩岸不同於東、西德與東、西歐。由於兩岸目前憲法仍為「一中憲法」，因此在法律的意涵下，兩岸處於「一個中國內的分治」狀態。基於冷戰後國際情勢的演變、全球化時代所帶來的經濟相互依存、同為中華民族的文化情感等三項因素，使得兩岸在即使沒有政治性協定達成以前，還可以保持高度的經貿互動與人員往來。

　　不過，兩岸有高度的經貿與人員互動往來並不表示兩岸的政治關係就可以改善。政治關係還是需要政治性的解決。兩岸應抓住目前經濟互動良好的機會，開啟政治性協商。把經濟互動成果做為推動政治性協商的基礎，「政經並行」、「難易

並進」才是負責的態度。兩岸問題是整個中國的內部問題,「政經分離」不可能,而「先經後政」也只是拖延問題而已。

從「兩岸經濟合作協議」在台灣受到質疑可以看出,如果兩岸政治協定無法達成,任何一個經貿協定都有可能受到政治上的質疑;從我方目前可以「觀察員」的身分參與「世界衛生大會」(WHA),但是還是有人對北京是否會持續接受「外交休兵」的立場表示懷疑;從兩岸目前已簽署十餘項協議、大陸各省亦相繼來台採購,北京的動機仍然不被信任,可以看出,如果兩岸不能夠在「兩岸政治定位」上取得共識,兩岸關係很難有正常化的發展,我政府在國際間的參與也很難有結構性的突破。北京如能體認當年鄧小平先生的心意,早些主動釋出善意,在「兩岸和平協定」簽訂後,認真考慮協助台北在「國際空間」方面的需求,包括在聯合國取得適當的參與身分,當有助於兩岸進一步和解氣氛的培養。

(二)以累積實力為首要目標

有兩種不同的思考。一種認為「主權」是所有「權力」的基礎,如果沒有了主權,甚麼都是虛幻泡影;另一種認為「主權」只是代表一種狹義的「政治代表性權力」,它只是眾多權力中的一種而已,一個國家的權力包括政治、經濟、社會、科技、文化...等各方面的組合。

狹義來說,所謂「主權」的權力即政治代表性的權力,指的是,是否可以參加聯合國,或參加由國家組成的國際組織?是否可以與其它國家建立外交關係?⋯⋯等等。

毫無疑問,從 1971 年我國被迫退出聯合國、1979 年美國與我國斷交開始,中華民國在國際間「主權國家」身分的正當

性就受到質疑，但是眾所週知，這不是中華民國本身的問題，而是國際現實所造成。如果國際現實不發生改變，在可見的未來，我政府要憑一己之力重建主權地位，似乎並不容易。

如果我們認為主權是一切權力的基礎，那麼就應該以追求主權為優先，傾全國之力，推動加入聯合國或以國家為組成的國際組織，或是推動與他國建交，累積邦交國數目，甚而來個「主權獨立公投」，證明自己是個主權獨立國家，但是問題是可能仍然「勞而無功」。

如果我們接受主權權力只是眾多權力中的一環，那麼就應該抓住任何機會，提升台灣的競爭力、影響力讓台灣擁有愈來愈多的實力與國際影響力。假如「兩岸經濟合作協議」的簽署能夠有助於增加台灣企業界的競爭力、影響力，也就等於提升台灣的經濟實力，那麼就應該積極推動，而且是愈快愈好。

再來看看，我們現階段應該在「主權」上尋求突破，還是容易在「權力」（實力）上增加累積。從現實的國際政治來看，尋求主權突破是「務虛」，追求經濟實力的增加是「務實」。

「務虛」與「務實」曾經給台灣帶來不同的結果。1970年代起，中華民國的國家主權正當性受到高度質疑，但是當時政府與人民咬緊牙關，全民「務實」積極推動經濟建設，國家發展，而不是「務虛」爭主權，才有 1980 年代末期台灣錢「淹腳目」的情景，受到國際尊重，那時向法國購買幻象戰機可以用現款支付，持中華民國護照照樣通行全世界。曾幾何時，台灣開始「務虛」，李登輝與陳水扁兩位前總統以追求台灣主體性或主權為名義操弄鬥爭，台灣進入類似「文化大革命」的時代，政客以「愛台灣」為口號。一方面主張「台灣已經是一個

獨立的主權國家」，而另方面又高喊「要爭取台灣主權」。這種矛盾心態背後就是對自己缺乏信心，以及對國際環境的恐懼。在「愛台灣」與「爭主權」的操弄下，又是「正名、制憲」；又是「烽火外交」；又是「入聯公投」，將台灣昔日累積的資產幾乎揮霍殆盡，也不見「台灣主權」這個假議題有任何進展，只有「破」而沒有「立」。總結這三、四十年的經驗，前半段，台灣「務實」地拚「權力」（實力），後半段，台灣「務虛」地玩「主權」。

為了台灣前途，沒有實力，如何能談自主？要先充實「國家實力」還是追求虛幻的「台灣主權」？要選擇「務實」還是繼續「務虛」？答案應該很清楚了。

(三)爭取「絕對收益」為首要考量

一方全贏一方全輸的買賣在商場上幾乎沒有企業家會做，同樣的，國際間也沒有穩得無失的交易。介於這種全贏全輸之間有兩種可能結果，一種是「我得到的要比對方多」，另一種是「我得到了利益就好」。在國際關係上，前者屬於有「相對收益」（relative gain），後者屬於「絕對收益」（absolute gain）兩種論述。

「相對收益」是指，如果與他方互動，我方的所得一定要大於對方的所得，否則不玩，這是標準現實主義的看法，也是只有大國才能夠有的想法。即他方所得必是我方所失，最典型的例子就是軍備競賽與對於國家安全的傳統思考。「絕對收益」是指，只要這項行為對己方有利，就會參與，而比較不會去比較他人獲利是否比自己多，這是除了大國以外其它國家，特別是小國的想法。這一類思考多用於國際合作或參加國際組

織。例如，每一個「經濟體」都希望參加「世界貿易組織」
（WTO），因為參加對自己有「絕對收益」，而不會去比較
他方是否會獲利比自己多。在全球相互依存的世界，特別是在
經貿領域，多從「絕對收益」做思考。原因很簡單，以「兩岸
經濟合作協議」為例，第一、不簽就喪失了自己的競爭力；第
二、是否能夠獲利比別人多，要看自己的努力。

　　以「兩岸經濟合作協議」為例，台灣內部對於是否要簽
署此項協議，其實就是這兩種思維的辯論。民進黨是用「相對
收益」做為思考，認為如果簽署「兩岸經濟合作協議」就掉進
了中國大陸「統戰」的陷阱，台灣將更快被掏空，也有些政府
官員以「這個可以，那個不可以」、「不會傷害台灣主權」做
為回應在野黨的質疑。這群官員雖然了解到「絕對收益」的重
要，但是骨子裡還是把自己看成是「大國」，用「相對收益」
來做比較，在本質上的思考其實與民進黨沒有多大差別，完全
沒有了解到追求「絕對收益」對於台灣發展的重要。

　　相對的，大多數台灣民眾看得很清楚，就像任何一個生
意人或找工作的人一樣，是持「絕對收益」的態度，即台灣或
自己應該抓緊任何機會，以尋求生機與發展。如果沒有「兩岸
經濟合作協議」，台灣如何面對今年東協加一的東亞區域整
合？如果簽署「兩岸經濟合作協議」能夠增加台灣的競爭力，
又能擴大台灣的影響力，何樂而不為？

　　持「相對收益」看法的人，看到的是短線、單向的利益，
即我現在（當下）要得的比對方多；持「絕對收益」看法的人，
看到的是現階段急欲突破困境的必要及未來利益的可能。兩岸
如果能夠簽署「兩岸經濟合作協議」，對於未來與其它國家簽

署類似互惠協定將有極大助益,對於台灣參與東亞區域整合將
有推波助瀾的效果。

自 2008 年 5 月迄今,兩岸已經進行了四次會談,共簽署
12 項協議,達成一項共識。兩岸經貿往來日益密切,透過兩
岸經貿交流,台灣可以累積相當實力,但是,如果只是停留在
自由貿易的互動,對於台灣仍然不夠,我政府應該思考更進一
步的發展戰略。

(四)共同體式的統合優於自由貿易的整合

在兩岸互動上,我們應該了解,透過「共同體」的統合
方式,才應該是台灣最好的選擇,因為它不是主、從關係,而
是平等、合作的關係,這也是台灣朝野少有的共識,因為民進
黨執政時,陳前總統也曾公開提倡統合觀念。

「兩岸經濟合作協議」是一個使貿易便捷化、自由化的
一項措施,在本質上,它是以自由制度主義為架構,可是在運
作時仍是以現實主義、資本主義弱肉強食的精神運作。在這樣
的架構中,小的「經濟體」固然可以獲利,但是大的「經濟體」
因為有買方的「市場」,也可以得到更多的發言權,這也是台
灣內部反對「兩岸經濟合作協議」最為擔心的理由。

擔心的下一步不應該是停滯或退縮,而應是進一步找尋
能夠化解擔心的方法。對於台灣來說,如何把「絕對收益極大
化」才是應該思考的問題,對於兩岸經濟合作,我們也應該秉
持這種態度面對。

不是只有台灣才有這種問題,我們用歐洲的歷史做一個
參考。荷蘭、比利時、盧森堡三小國對於德國都有著恐懼。但
是聰明的荷、比、盧三國首先並沒有拒絕與德國的經濟自由互

動，也沒有選擇與德、法、義等歐洲大國只是以自由貿易區的
方式來互動。他們曾有的擔心，與現在民進黨的擔心一樣，即
是否會被大國完全吸納，成為一個完全依附於德國與法國的國
家，但是他們處理的方式，既不同於民進黨，也不同於國民黨。
他們選擇以「歐洲經濟共同體」的方式與大國相處，透過共同
市場的共同體機制，小國的權力才得以確保，影響力得以擴大

　　另外一個例子是丹麥，丹麥對於德國是擔心受怕，因此
開始時不願意加入「歐洲經濟共同體」，只願意加入由英國組
成的「歐洲自由貿易協會」。可是十多年後，發現只有自由貿
易（即現在的 FTA）根本無法爭取到歐洲大陸經濟的發言權，
因此，跟隨著英國一起加入「歐洲共同體」。

　　「共同體」是一個相互合作的機制，在這個機制中彼此
是「互為主體、共有主體」、不是「誰吃掉誰」而是透過彼此
的互助合作，達到「優勢互補」的結果。

　　瑞士、丹麥、荷蘭、比利時、盧森堡的經驗應該可以提
供台灣參考。經濟全球化的基礎在於經濟的自由化與便捷化。
嚴格來說，東亞目前的區域整合仍是以全球化的精神推動，而
非類似「歐洲共同體」的共同治理方式推動區域統合。台灣今
日面對中國大陸，好像瑞士、丹麥、荷蘭、比利時、盧森堡…
等國面對歐洲大國一樣。這些小國可以了解，自由貿易固然需
要，但是歐洲「共同市場」比「自由貿易」來得好，台灣為甚
麼不會想到？也不願推動？可悲的是，不只不會想到，連與大
陸簽署個最基本的「兩岸經濟合作協議」都還要反對！

　　我們其實已經沒有太多猶豫的時間，更沒有對抗的本
錢，積極推動兩岸經濟合作的「兩岸經濟合作協議」是必要的

第一步，創造一個具有「共同體」性質的「兩岸共同市場」，才應該是台灣努力的目標。

(五)以贏得大陸民心為大陸政策的絕對目標

對於未來兩岸關係發展模式，有不同看法，例如北京方面主張「一國兩制」，台北方面則認為應該在「維持現狀」的基礎下循序漸進。知名文化評論者南方朔先生認為台灣如能從長遠角度看未來、台灣民眾如能懂得「以小事大」，從歷史的長河中找智慧，則或可考慮仿照 1707 年「蘇格蘭王國」自願與「英格蘭王國」合併成「大英聯合王國」（The United Kingdom of Great Britain）之先例，建立「統中有獨、獨中有統」的關係。如此，台灣可像弱小的蘇格蘭利用強大的英格蘭作為「載體」，使其本身在國際社會變得更具影響力，更有活動空間。蘇格蘭人常說：「我是英國人，更是蘇格蘭人。」而我們呢？！

我們認為，兩岸今日無法發展成和平的正常化關係、台灣內部無法建立共識，其核心問題就是台灣對於中國的認同已經割裂。當台灣民眾已經不認同自己也是中國的一份子，自然產生逃避心態、分離思想，放棄向中共與國際爭取中國的「話語權」，轉而以「偏安」為滿足，以「獨立」為選擇。如果政府不能拉開格局，以兩岸和平競賽、爭取大陸民心為主要戰略目標，我方將很容易在兩岸長期的競爭中敗下陣來。

目前，中國大陸以三個面貌出現在世人之前，分別是「政治的中國」、「經濟的中國」，與「社會的中國」。

在野的民進黨看到的「政治的中國」與「經濟的中國」是一張「威脅的面孔」，這個中國在聯合國擁有常任理事國的席位，與西方大國共同參與權力競逐，軍事力量強大，並有上

千顆飛彈對準台灣方向，因此，民進黨對於中國的反應是恐懼，選擇的方式是「逃避」。他們不僅希望從「地緣政治」上逃避中國，也希望在「地緣經濟」上不要與中國大陸「相互依存」（Interdependence）。

執政的國民黨看到的「政治的中國」與「經濟的中國」是一張既是機會，也是挑戰的面孔。他們希望從經濟崛起的中國找到商機，但是又擔心被消化，他們知道無法抗拒中國的政治壓力，於是轉而習慣性的求助於美國。不僅是在牛肉進口問題上不敢得罪美國，也將大量的經費投入購買美國已經被淘汰的各項武器。在整個國家戰略思維上，還是以「美、中、台三角關係」來思考台灣的安全。他們引以為傲的「和中、友日、親美」「平衡大戰略」有其先天性的困境。這三種方位的選擇均是被動而非操之在我。「親美」的展現就是繼續擔任美國的「扈從」，「友日」的心態反應是不得罪日本，「和中」只有經濟上的交往，而不去面對如何從政治層面建立兩岸持久的「和平發展」。「親美」、「友日」、「和中」都是站在台灣自己的角度，想當然耳的一種戰略規劃，而忘掉了美、日、中三方面的潛在矛盾與利益衝突。當美、日基於本身利益越來越傾向中國大陸時，我方的平衡戰略就會失衡。

我們應該看到另一張中國大陸的面貌，即「社會與文化的中國」。這個中國正在進行天翻地覆的轉變，人民希望大陸政府清廉、民眾期盼更多的自由與開放。我政府應該了解，中華文化是台灣的優勢，我們應該考慮與大陸方面共同經營海外數百所「孔子學院」。開放的社會更是我們的強項，我們應該鼓勵兩岸青年多多交流互動。

　　我們認為，如何爭取大陸的民心才是在兩岸和平競賽中，發揮自己優勢的不二法門。我政府不應該採取消極的守勢，處處設防，僅從商業的角度思考文化、社會、教育交流，而應該採取主動，設法使大陸人民感受到台灣社會不同的文明經驗，促使中國大陸社會更開放，更公義為目標。以大陸學生來台就學為例，我政府應該從提供大陸學生認識台灣這個開放社會機會的角度鼓勵大陸菁英來台。在面對中國大陸時，我政府不宜以國與國的「異己關係」來看待中國大陸，而應將大陸的人民視同自己的同胞來規劃、經營，協助中國大陸成為一個「善治」的社會。

　　透過兩岸合作建立共同的機制，讓兩岸人民可以共同治理「整個中國」事務，台灣處在弱小的一方，但可以透過共同機制來發揮影響力。當十三億人民感受到中華民國政府的存在對他們有益時，他們才會支持我政府與北京政府進行和平競賽，以讓全體兩岸人民雙贏。「爭取大陸民心」的戰略自然可以達到「和中」的目標，讓大陸走向更開放、自由也是國際的期望。「爭取大陸民心」的戰略目標，是「友日」與「親美」不可能達成的。「爭取大陸民心」的戰略目標必然獲得海外華人與大陸人民的支持，當大家共同參與為中國大陸走向開放與自由而努力時，台灣的地位與重要性自然提高。

四、策略與辦法

1. 在態度上要認清兩岸「合則兩利」的規律，要和平就要先合作。

2. 我政府應有兩岸關係大方向，包括兩岸政治定位與走向的論述。

3. 我政府宜以「一中三憲」為兩岸政治定位。

4. 我政府宜以「兩岸統合」做為兩岸互動的架構。

5. 我政府宜推動「兩岸和平發展基礎協定」的簽署。

6. 在協定簽署前，我政府可以積極推動聯合國附屬專門機構與非政府間組織的參與。

7. 我政府宜透過輿論引導民意，建立對於兩岸關係發展方向與步驟的全民共識。建議馬總統仿傚 1960 年艾森豪總統任命一由社會公正人士組成之「國家發展目標委員會」，提出建議，以為凝聚全民共識的基礎。

(一)態度：要和平就要先合作

　　國際關係在 1990 年之前的冷戰時期是「意識型態」的對峙，冷戰之後，國際經濟的重要性已超越國際政治或軍事。不論前共黨國家或非共國家之間的互動，交往越來越密切，「全球化」成為不可阻擋、不可逃避的大潮流。二戰之後以聯合國

爲中心的時代有逐漸向有「經貿聯合國」之稱的「世界貿易組織」（World Trade Organization）及區域性經貿組織滑動的趨勢。冷戰前的「兩極世界」，到冷戰後美國以超強姿態出現的「單極世界」，猶如曇花一現，不到二十年的光景，美國因先後發動阿富汗戰爭，伊拉克戰爭，國勢日漸衰微；2008 年源自華爾街的「世界金融危機」更是雪上加霜，國際秩序勢必逐漸滑向包括美國、歐盟、中國、俄國、日本在內的「多極世界」。

國際政治的鐵則是「大國制定政策，小國適應政策」。台灣與大陸大小與實力懸殊過大，台灣實無衝突、對抗的本錢。基於長期支持中華民國的美國早已與大陸的中華人民共和國結合成「利益相關者」、「戰略夥伴」的關係，且美國政府一再重申樂見兩岸對話、和解，發展關係。在此情勢下，台灣爲求生存、發展，必須「適應」美、中兩個強權的對台政策，亦即美國的「一個中國政策、不支持台灣獨立」以及中共的「一個中國原則」，「和平發展、和平統一」，我方必須有智慧設法從夾縫中尋求自身最大的利基。

(二)檢討：兩岸目前方案並不足以解決問題

兩岸目前的方案，可以從「兩岸政治定位」與「兩岸關係走向」上做分類。

在兩岸政治定位上，北京迄今發展出「一中新三句」論述，即「世界上只有一個中國，大陸和台灣同屬一個中國，中國的主權和領土完整不容分割」，但是在國際上仍然堅持「中華人民共和國是代表全中國的唯一合法代表」，在解決兩岸問題的方法上，北京提出「和平統一、一國兩制」，未來台灣可以享有特殊待遇，但是基本上仍是中華人民共和國的一部分。

依照港、澳的經驗，其基本法是源自於中華人民共和國憲法第31 條。如果我方接受這種「一國兩制」的安排，不是平等的「兩制」，無疑要求我方放棄中華民國憲法，失去政府存在的正當性，這不僅是目前我方朝野均不願接受的方案，且迫使我方重新「制憲」，對大陸有害無利。

在面對兩岸政治定位時，我方朝野在立場上有不同，中國國民黨主張「一中各表」，民進黨主張「台灣是一個主權獨立的國家，目前的國名是中華民國」。但是在現實政治上，中國國民黨對於「一中」的表述愈來愈弱，馬英九總統已公開強調「台灣的前途由 2300 萬人共同決定」。換言之，「統一」與「台獨」都是可能選項。在北京的眼中，這樣的論述並不能建立互信。

為了處理兩岸面對的憲政僵局，兩岸嘗試用功能性的途徑來處理兩岸關係走向。我政府在 1990 年代初期，李前總統為兩岸未來所設計的藍圖《國統綱領》，以近程、中程、遠程三個階段對邁向統一的構想，正是反映出「功能主義」的實踐路徑與理念。2008 年 5 月馬英九先生執政以後，雖然口頭上已經不再談論「國統綱領」，但是在兩岸關係的思路上，還是依循功能合作的路線，主張兩岸應該務實性的交流，先經濟後政治，循序漸進。北京雖然在立場上沒有放棄「一國兩制、和平統一」，但是在作法上也採取「和平發展」策略，也同意兩岸在各項議題上「先易後難」，換言之，北京在推動兩岸互動時，也不排除將功能性的合作做為追求統一的策略，亦即接受「過程論」。

以功能主義方式處理政治爭議，本身有其理論的困境。

有人認為經濟與政治是兩件事,經濟上的互賴並不必然帶來政治上的互信,功能合作固然會強化不同成員的共同利益,建立互惠互利的關係。但是在過程中也有可能出現利益衝突,仍有可能發生緊張情勢,反而引起高度的不信任。

這一點在兩岸關係上也顯得格外明顯。台灣民眾對於中國大陸的認同與兩岸互動頻繁增加並沒有正相關的關係,從陳雲林來台遭「獨派」民眾嗆聲事件,馬英九總統執政以後,認同自己是「中國人」的比率反而繼續降低,均可以為證。

其次,在人民心目中,「主權」與「國家」仍舊扮演著很重要的角色。從兩岸的交流也可以清楚的看出,台灣民眾對於國家的認知與忠誠並沒有消退,「台獨」力量也沒有消失而只是暫時蟄伏。在恐懼被經濟統一的心境下,對於中華民國的國家與憲政制度,儘管它的本質已經有了改變,認同反而更為堅持,對於「國家統一」卻更感疑慮。從民調支持「終極統一」的民眾只剩下 16.2%即可以證明。兩岸交流雖然日益頻繁,但是對於大多數台灣民眾而言,這與其它國家的互動並無不同,正如同中華民國與很多國家也有「大三通」,也有經貿協議。因此,他們支持兩岸經貿密切交流,但是不會願意改變自己的認同對象。

簡單地說,兩岸目前功能性合作與交流固然有助於改善兩岸關係,但是並不能夠有效地解決兩岸在認同上的分歧。其間變數太多,也不能確保兩岸未來的和平發展能夠長期持續下去。因此,兩岸都應再認真想想看,有沒有其它更好的方案可以促進雙方的友好、合作、共融。

(三)了解：如何結合兩岸目前的論述

目前兩岸在政治定位上面臨雙方基本立場有歧異的情形。對於如何深化兩岸關係和平發展，胡錦濤主席將「建立互信」放在首位，馬英九總統則是以「正視現實」做為基礎。他們兩人說的都沒有錯，為使兩岸政治關係能夠平穩良性發展，兩岸既要「建立互信」也要「正視現實」。

兩岸關係與其它社會議題一樣，必須將其當成一個有機體來看待。不論喜不喜歡，這個有機體有其事實存在的部分，如果我們忽視了事實，或是刻意忽略一些事實，那麼就很難找到真正的答案。

我們先來談談何謂「正視現實」。「正視現實」應包括三點，第一、「一中憲法」：兩岸目前的憲法均為「一中憲法」，因此「一個中國」是兩岸均不應迴避的問題，在沒有修憲以前，迴避一個中國，就是迴避憲法；否定「一個中國」就是否定憲法。第二、「兩岸平等」：兩岸目前存在著兩個憲政秩序主體。北京與台北這兩個憲政秩序主體分別治理其領域內的人民，彼此並沒有管轄或隸屬的關係。第三、「兩岸不對稱」：無論在人口、土地、國內生產毛額（GDP）、國際政治經濟影響力方面，兩岸的「硬實力」存在著不對稱的關係，至於在文化、社會等「軟實力」方面，兩岸的不對稱很難論定誰大誰小，不同議題會有不同的答案。

馬英九總統在談到「正視現實」時，只談到第二項「兩岸平等並互不隸屬」，而忽略掉「一中憲法」與「兩岸不對稱」

也同樣是「現實」，也應該「正視」。

　　我們再來談談「建立互信」。由北京的政策來看，要建立的「互信」自然是指兩岸對於「堅持一個中國原則」的互信，而不包括對於「兩岸平等並不隸屬」的「互信」。北京在處理兩岸政治關係時，在實踐上可以默認接受台北的治權，但是在憲政層次上則是將台北視爲「一個不平等的治權」，甚而不接受中華民國政府存在的事實。北京「一中新三句」，即「世界上只有一個中國，大陸和台灣同屬一個中國，中國的主權和領土完整不容分割」，看似兩岸可以在「一個中國」內取得相同地位，但是「一國兩制」又彰顯了「北京是主、台北爲從」的憲政觀，再加上北京在國際間不斷宣示爲「中國唯一合法政府」，間接否定「中華民國政府」存在的現實，這使得台北所期盼的「兩岸平等互不隸屬」無法成爲北京所能接受的論述。

　　由於北京不能接受台北爲一個憲政秩序主體，並獨占「一個中國」的論述權、國際法權與政治權，台北方面自然愈來愈偏離「一個中國」，其結果是兩岸雖然有愈來愈深的經貿往來，但是對於「中國」與「中國人」的認同卻是愈來愈薄弱。

　　北京獨占「一中」，台北不談「一中」，是目前兩岸政治定位難以達到共識的關鍵，我們可以試從「一中三憲」來解決這個問題。

（四）定位：以「一中三憲」作為兩岸的政治定位

　　兩岸關係目前的現狀定位應爲「整個中國內部的兩個憲政秩序主體」，或可簡稱爲「一中兩憲」。這裡的「一中」指的是「整個中國」，即中華民國與中華人民共和國土地及人口加起來的中國，不是單指中華人民共和國，也不是中華民國。

「兩憲」指的是在整個中國的土地上並存着兩個治理其居民的憲法。

由於台北現在愈來愈不認同「一中」，因此，「一中兩憲」中的「一中」可能只是個虛的概念，「兩憲」也就變成「兩個外國」。要解決這個問題，第一、台北方面要認知到，「正視現實」包括「正視一中憲法」的現實，不要讓現狀再被錯誤或含混地解釋、不容許現狀成為永久分裂的基礎。第二、兩岸必須將「一中」從雙方的憲法規範，拉高到另一個具有拘束力，以使其能夠明確與清晰地規範兩岸的互動原則之協定或憲法層次，即將「一中」再實體化、再憲法化。這個超越兩岸憲法的法律架構，與兩岸憲法並存，將其稱之為「第三憲」，這使得兩岸在法律架構內，存在著「一中三憲」。處理的方法，就是在兩岸未來簽訂的「和平協定」中明確約束雙方對「承諾不分裂整個中國」做出條文式的保證。

透過這個有約束力的協定，「一中」對於兩岸已不再只是各個憲法的自我約束，而是相互對堅守「一中」的承諾與保證。未來的兩岸和平協定，不僅是結束敵對狀態、開啟兩岸關係正常化的一個協定而已，它其實是兩岸進入「第三憲」的第一份文件，因此，未來的兩岸和平（基礎）協定，本身不僅就是第三憲的一部分，而且是基石。

(五)互動：以「兩岸統合」做為兩岸互動的架構

「一中三憲」既明確界定兩岸的政治定位關係，也清楚指出兩岸應將「第三憲」做為兩岸政治合作的目標。

我們可以放開眼界來思考，不要把「第三憲」看成是一

定要是一部傳統的憲法，它可以是，也可以不是。就像歐盟在
2004 年開始推動的歐盟憲法，其實是集過去已簽訂條約與協
定的總和，加以精簡補充而得，他們稱其為《歐盟憲法條約》，
它其實是一部不是憲法的憲法，它本質是條約，但是叫它做憲
法。歐洲人在追求統合過程中，沒有被自己在 17 世紀所發明
的主權、憲法等形態所侷限，進而創造出對憲法名稱的新定
義。依此邏輯，「歐洲共同體」從煤鋼共同體條約簽署那一天
開始，歐洲就開始了「第 N 憲」的進程。這個 N 代表一個數
字，是會員國數目加一。

　　歐洲共同體從 1950 年代起就開始了「主權共儲與共享」
的工作，一連串的共同體協定條約，讓歐洲聯盟迄今愈來愈像
一個整體。與歐洲統合「從分到合」的路徑，不同的是，兩岸
邁向第三憲的路徑是一開始就應確定彼此不可分離性，而以合
作而非對抗為手段。至於未來兩岸關係發展的路線則可參考歐
洲統合的精神，依需要而進行，讓「整個中國」的內涵愈來愈
豐富，第三憲的權威愈來愈大。

　　兩岸未來可以透過不同的政治性協定，共同享有原本就
是屬於兩岸全體人民的主權。兩岸在文化、貨幣、身份、經濟、
安全、國際空間等議題上達成高於兩岸管轄權的政策，或搭建
高於兩岸憲政的共同體。未來的兩岸協定就像一根根的支架，
涉及政治性的協定是柱樑，事務性的協議是壁牆，當「第三憲」
的權威愈來愈高，兩岸不就自然成為一體了嗎？

　　更重要的是，兩岸統合是強化兩岸對於「中國」與「中
國人」認同的良藥，歐洲統合經驗顯示，透過統合的互動、共
同政策的實踐、共同體機制的參與，原本是主權獨立的歐洲國
家，至今已逐漸累積了高度的共同體認同，愈來愈多的歐洲國

家人民自稱是「歐洲人」。兩岸原本就是同文同種，只要統合的機制一啓動，兩岸人民共同獲利，累積認同的速度將遠遠超過歐洲。

「兩岸平等不對稱」是兩岸現實的一部分，統合機制正好可以在「平等不對稱」的機制下運作。兩岸互有所長，各有其短，如何透過共同體的機制，兩岸互有所需，各有所取，採長補短、優勢互補，是完全可以理性討論的。

（六）基石：簽署《兩岸和平發展基礎協定》

基於「一中三憲、兩岸統合」的精神，我們建議簽署「兩岸和平發展基礎協定」如下：

兩岸和平發展基礎協定 草案

協定當事雙方認知到整個中國自一九四九年起處於分治狀態，但仍同為中華民族一份子之事實；

鑒於促進中華民族復興與國家和平繁榮乃兩岸人民共同的責任，認識到兩岸同屬整個中國、雙方平等相待是促進和平的基礎，也了解到建立兩岸統合機制是和平發展的路徑。

基於兩岸人民的共同利益，同意結束敵對狀態，創造兩岸合作條件之願望，爰達成如下協議：

第一條

兩岸承諾不分裂整個中國，共同維護其主權領土完整。

第二條

兩岸同意並尊重對方為憲政秩序主體,在平等之基礎上發展正常關係。

第三條

兩岸同意不使用武力或以武力威脅對方,完全以和平方式解決雙方歧見。

第四條

兩岸決定在雙方同意之領域成立共同體,以促進合作關係。

第五條

兩岸同意在國際組織中合作。雙方在國際組織之共同出現並不意含整個中國之分裂,並有責任共同維護中華民族之整體利益。

第六條

兩岸同意互設常設代表處。兩岸互設代表機構以及在國際間代表性之地位與方式,將另行商定之。

本協定須經雙方憲政程序批准,並自換文之日生效。

簽署人:

北京中國之政府代表○○○　　　台北中國之政府代表○○○

　　任何一個協定均有簽署的問題。做為一份兩岸關係基礎協定的正式文件,似乎不宜由民間授權組織海基會與海協會代表,而應由官方簽署,如果最後的簽署是以「中華人民共和國」與「中華台北」名義,既不符合雙方平等的原則,台灣方面也

不容易接受。如果最後的簽署是以「中華人民共和國政府」與
「中華民國政府」代表名義簽署，當然最理想。

北京方面或許要自問，是否願意讓台灣民眾分享「中國」
的話語權，還是讓時間逐漸造成「一邊中國，一邊台灣」的定
型印象？正如同支持民進黨的人絕大多數都贊同「一個中國就
是中華人民共和國」的論述，而主張「中華民國應該叫做台
灣」，「在台灣的人應該是台灣人，而非中國人」，以完全捨
棄「中國」的話語。

台北方面也應該自問，當國際情勢的發展使得「台獨」
的主張變得愈來愈不可能，分享「中國」此一「話語權」，是
否才能擴大自己的影響力？「中華台北」事實上並不是一個好
的名字，完全無政治實體的意涵，它只是一個為了參加奧運而
不得不接受的「非政治實體」名稱。接受自己為「整個中國」
的一部分，不僅符合中華民國憲法，也可以為自己帶來更大的
利益。「整個中國」應該是個資產，而非負債。

兩岸在協定中以「北京中國」（Beijing China，或
Beijing-China）與「台北中國」（Taipei China 或 Taipei-China）
相稱，表示兩岸處於平等地位，更重要的是，完全符合協定中
所稱兩岸均屬「整個中國」的一部分，合理地讓兩岸和平發展
在「整個中國」的基礎上前進。

(七)進取：協定簽署以前我政府可有的作為

在兩岸政治性「和平協定」尚未簽署以前，我政府宜繼
續推動兩岸的經貿、文化、社會交流、合作，但在做法上，不
應僅以「物質性」的利益交換為目標，更應考慮到如何增進彼

此相互的認同，並積極思索與準備兩岸的政治性協商，以為兩岸政治關係奠定和平與穩定發展的基礎。北京與台北雙方如能成立一個「兩岸關係和平發展委員會」，為促進雙方的合作，舖設和解的路徑圖，當更為理想。

在國際參與上，我政府宜認清客觀情勢的限制，不以外交關係及參與國際組織的多寡為努力目標，原因是：其一，傳統的外交已因科技的發展及經貿全球化，失去其重要性。目前與中華民國有外交關係者雖僅 23 個小國，然而與中華人民共和國有外交關係者已有 171 國，然台灣的人民並不孤立，前往美、英、法、德、日等大國旅遊、經商，甚至較大陸人民為方便。其二為中華民國與世界各大國均有「非正式外交」關係，設有無大使館之名的「大使館」，照樣能生存發展。

至於中華民國政府參與國際組織與國際活動的問題，由於兩岸邦交國數相差過分懸殊，以中華民國或台灣名義申請參與聯合國及其附屬專門機構，如北京不支持，幾乎毫無可能，並不務實，反不若全力積極參與「世界貿易組織」（WTO）「亞太經濟合作」（APEC）及「亞洲開發銀行」（ADB）等非政治性組織。我政府最好仿效瑞士發展的模式與經驗，在 2002 年瑞士加入聯合國為會員國之前，一直致力增強本身的實力，增加本身對世界的吸引力與影響力，積極參與非政治性的國際人道活動，諸如發起並推廣「國際紅十字會」。面對國際政治問題，則幾乎完全採取中立的態度與立場，避開國際爭戰漩渦，與人為善，而非與人為敵。

在兩岸政治定位未取得協議前，或可以「國際非政府組織」（INGO）作為促進兩岸交流的平台及在國際社會合作的試點，因北京方面參與國際非政府組織者，多由其黨政部門輔

導介入；台北方面，則因台灣公民社會業已形成，多爲自發性
的民間團體。根據「國際組織聯盟」（UIA）的資料統計顯示，
大陸有會籍者爲 3,555 個，台灣有會籍者爲 2,605 個。依據兩
岸人口比率，則台灣方面的參與度遠較大陸方面爲高。如大陸
方面能主動不讓政治意識形態介入「國際非政府組織」的運
作，不要爲「名稱問題」滋生爭端，並積極支持兩岸在「國際
非政府組織」中共同合作，則不僅有助兩岸人民和解氣氛之培
養，且可爲中華民國政府參加「國際間政府組織」問題尋求解
套方案，奠定基礎，諸如北京方面於適當時機主動推薦台北成
爲若干非政治性國際組織的特別觀察員。

　　兩岸駐外單位可先從旅外僑民或經商旅遊者的急難救助
開始互助合作，進而共同推廣中華文化，擴大合作層面，化敵
爲友，邁向兩岸統合，逐漸參與台灣本身實力與特性相當的國
際社群活動。

　　在兩岸互動方面，我們可以持續現有的經貿交流，但是
我方不應只是扮演受惠一方的角色，也可以爲中國大陸的社會
發展提供一些助力。例如包括兩岸文化、醫療、農業方面的合
作。特別是台灣的農會在農村的成功經驗，都可以協助大陸有
效解決「三農」問題。

（八）領導：建立全民共識

　　兩岸關係的良窳對台灣未來的生存發展影響甚鉅。面對
一個快速變遷的全球化時代，我們必須掌握和平發展的機遇，
及時迎向未來。我們要誠懇呼籲朝野各界正視影響台灣前途與
兩岸關係的兩個重大問題，其一是台灣內部的「國家認同」問

題；其次是兩岸「政治定位」的問題。對於如何處理這些複雜棘手的問題，如何「求同『化』異」，我們已經在本白皮書中詳加分析，提出我們的看法。

民主社會是個多元社會，意見分歧原是自然現象，但在牽涉國家核心利益的「台灣前途」與「兩岸關係」問題上，我政府不僅要有前瞻性的規劃，更必須要有切實可行的大政方針，並要有爲大多數人接受的立場與論述，不能因少數人的反對而自我抵銷台灣前進的動力。「共識」的凝聚是需要「溝通」才會產生的。政治人物固爲了選舉的勝選要「順應民意」，但爲了國家長遠的利益，也要勇於面對歷史，負責「引導民意」，指出國家生存發展的正確方向。

俗語說「家和萬事興」，我們盼望台灣朝野的政治人物要把全民利益放在個人利益之上，在「維護中華民國憲政秩序」與「建立新而獨立的台灣國」之間作出明智的抉擇，進而凝聚共識，增強一致對外的力量。我們也盼望朝野政治人物能體悟「團結才有力量」的道理。美國林肯總統說得好，「合則兩利，分則兩害」（United We Stand，Divided We Fall），兩岸關係亦然，要想「和平發展」，就要「團結合作」。

對台澎金馬二千三百萬人而言，快速崛起的中國大陸，是挑戰，也是機會。如果台灣想有光明的前途，就要迎向挑戰，掌握難得的和平發展機遇，多多架設兩岸「對話的橋樑」，穩固兩岸「合作的機制」，建立兩岸「和平的框架」（Structure for Peace）。

台灣海峽兩岸間的關係是戰爭、還是和平？是合作、還是對抗？並不完全掌握在我們的手中，但卻存乎我們的一念之間。對於如何推動兩岸關係的和平發展，我們已經在上文中表

達了我們的看法，提出了具體的建言。此外，我們願意再就如何凝聚台灣內部共識向朝野政治人物及社會大眾鄭重提出以下具體建議：

第一、兩岸關係要能夠和平發展，不可能建立在各說各話的基礎上，雙方不僅為自己著想，也要為對方著想。在如此重大政策上，是不可以模糊或討好的，而必須有務實可行的路徑。我們寄望政府領導人與執政黨能夠清楚地提出兩岸關係定位與兩岸發展的路徑。我們相信，一個良好的與能夠運作的兩岸關係發展路徑，首先必須合乎邏輯性與務實性，其次則必須考慮到兩岸的立場、利益以及兩岸人民的接受程度。台灣內部近十餘年陷入認同困境，藍綠意識形態的對抗，使得兩岸關係缺少理性討論的空間，幾乎任何一個主張在初期都很難獲得內部共識。因此，我們在希望台灣內部能夠凝聚共識時，首先必須提醒朝野，兩岸政治定位與發展並非只是我方單方面決定即可，也必須考慮到中國大陸的立場，兼顧台灣藍綠兩方面的立場與利益才是一個可以落實的共識與方案。我們提出「一中三憲、兩岸統合」的兩岸定位與發展路徑架構，希望能達到拋磚引玉的目的。。本報告雖係集眾人智慧之結晶，但不一定完美無缺，我們歡迎社會各界有識之士批評指教，相互切磋，為我們自己及後代子孫創造更美好的未來。

第二、鑑於目前台灣內部有嚴重的認同危機，抵銷了一致對外的力量，殊為可惜。我們懇切盼望：馬英九總統能發揮領導能力，仿效美國艾森豪總統於一九六〇年在東西方冷戰形成之初為凝聚美國人民維護自由、民主共識的作法，任命一個不是由政黨，而是由社會公正人士所組成的「國家目標委員會」

（The President's Commission on National Goals）。這個委員會不同於以往國內由各黨派代表人士組成的國政諮詢組織,而是由學術界、工商界、退休外交使節與退休軍事將領等超黨派社會菁英組成,藉由討論、研商,由他們提出明確而切實可行的國家目標[1],俾有助台灣長遠的生存發展,並鼓勵遍佈全島各地的大專院校,舉辦座談會、研討會,以使年輕人關心他們

---

[1] 美國艾森豪總統基於 1950 年代,美國一方面受麥卡錫主義盲目反共影響,美國人民個人自由受到威脅;另方面二次世界大戰後東西方冷戰逐漸形成,美國自由民主傳統因蘇聯共黨集團擴張而受到威脅,艾氏軍人出身,深知一個國家需有奮鬥目標之重要性,乃在卸任總統前一年設立由不具黨派色彩之社會菁英組成的「國家目標委員會」(The President's Commission On National Goals),敦聘設在紐約哥倫比亞大學內的「美國議會」(The American Assembly)會長 Henry M. Wriston (1937-55 年曾任布朗大學校長)擔任主席;Frank Pace, Jr.(1950-53 年曾任陸軍部部長)為副主席。其成員包括「基督教箴言報」總編輯 Edwin D. Canham;曾任美國駐德大使暨哈佛大學校長的 James B. Conant;曾任佛州州長、聯邦眾議員及佛琴尼亞大學校長的 Colgate W. Darden, Jr.;杜邦公司董事長 Crawford H. Greenwalt;曾任歐洲盟軍統帥的美國紅十字會會長 Alfred M. Gruenther 將軍;美國上訴法院退休法官 Learned Hand;加州大學校長 Clark Kerr;曾任美國總統科技事務特別助理的麻省科技公司董事長 James R. Killian Jr.以及美國勞工聯盟主席 George Meany。
艾森豪總統於 1960 年 2 月 5 日致函 W 氏可利用「美國議會」這個非政治性的教育機構負責行政支援,經費則由卡納基基金會、福特基金會、洛克斐勒基金會及美國鋼鐵基金會等共同捐助。
經過將近一年的集會研商,W 主席於當年 11 月 16 日覆函艾森豪總統,提出了一份題為「美國人的目標－1960 年代的行動計畫」(Goals for Americans－Programs for Action in the Sixties)的報告書,其中分為國內目標、國外目標及完成國內、外目標所需的財政改革,另隨附各分組討論的結論報告。
該「國家目標委員會」所提報告書序言中說明,其宗旨在鼓勵美國一般大眾將之作為非正式討論參考之用,並提供美國地區、州、市政府、民間公民團體及學校討論之用,以期形成共識,厚植國力。上述報告書經由美國 Prentice Hall 出版公司廣泛發行,當時定價為一美元。

自己的未來。

第三：立法委員是全民選出的代表，應該將國家利益與全民福祉置於黨派利益之上。我們懇切希望，朝野政黨對外要團結合作，目標一致。我們認爲立法院的朝野立法委員應該向選民負責，組成「兩岸關係和平發展委員會」舉行閉門的祕密會議，以及公開的聽證會，理性討論「國家認同」的問題及「兩岸政治定位」的問題，向行政部門提出具體可行的建議，凝聚台灣兩個主要政黨對外一致的共識，促進兩岸關係的和平發展，追求兩千三百萬人最大的利益與福祉。

第四：鑑於台澎金馬兩千三百萬人民經過一甲子的共同生活，已經凝聚成一個生死與共、休戚相關的「生命共同體」，無論執政黨或在野黨派均有責任凝聚內部的共識，促進國家的團結，追求兩岸的和平。我們要誠摯地建議執政當局，應儘量設法將「國共平台」提昇爲包括朝野各政黨的「兩岸平台」，進行認真、理性的溝通，開闢合作的管道，「搭橋」而非「拆橋」。在此之前，我們更要誠懇地呼籲大陸執政的共產黨，應該解放思想，與台灣在野的民進黨建立「非正式」的黨際溝通管道，就雙方關心的問題，坦誠務實地交換意見，消除誤會成見，縮小彼此間認知上的差距，增進相互瞭解，培養友好氣氛，建立兄弟情誼。

當希望的架構出現時
〈兩岸和平發展基礎協定芻議〉讀後

謝大寧

本文由謝大寧教授撰寫，發表於《中國評論》2008 年 11 月號（總第 131 期），緣由於張亞中於 2008 年 10 月在《中國評論》發表〈兩岸和平發展基礎協定芻議〉一文。該文所提出的〈兩岸和平發展基礎協定〉為兩岸第一份以法律文字所撰寫的和平協定民間版本。上一篇文章〈兩岸統合與和平發展〉中所陳述的《兩岸和平發展基礎協定》草案與 2008 年 10 月發表的草案，基本上差別不大，本質一致，但是在文字上做了一些修正與精簡（另請參考張亞中著，《統合方略》，2010 年，頁 233-235）。因此，特別將本文放在〈兩岸統合與和平發展〉一文後面，以方便讀者對照閱讀，可充分掌握謝大寧文章的觀點。

發表本文時，謝大寧任中正大學中文系主任。目前擔任佛光大學文學系主任，並為兩岸統合學會秘書長。

　　頃讀張亞中教授的〈兩岸和平發展基礎協定芻議〉（以下
簡稱〈芻議〉）一文，除對該文那發自傳統知識分子以天下爲
己任之情懷的無限感動，與對該文創意之迭見、邏輯之嚴謹、
架構之宏闊的無任感佩及完全認同外，亦深覺該文受限於體
例，致有許多引而未發、值得進一步申論的勝義，是以乃敢不
揣淺陋，追附驥尾以草此蕪文。由於貴刊篇幅寶貴，我就不再
多作感性之語，以下即直接切入本題。

〈芻議〉的重點

　　基本上，我覺得〈芻議〉一文的重點，並不在其所設計條
文之是否周備，是否足以充作未來兩岸具體談判該項議題之藍
本上，具體的政治折衝從來都有太多不可測的變數，這些變數
不可能由誰所全然預見；而知識分子思考此一問題，原即在依
據可能的學理與對現實之理性分析的基礎上，來提供一些具有
創意的架構與概念。就此而言，本文當然是無愧的。而也因爲
這樣的瞭解，我的申論重點便也將不放在條文的字斟句酌上，
我所著眼的乃是經由〈芻議〉一文的創意所啓發的思維空間。

　　在我看來，我以爲〈芻議〉最堪注意的乃是幾個重點：第
一，它提供了一個消極上不牴觸、積極上又可涵容、整合目前
所有已經出台的解決兩岸問題之說法（除了獨派的說法外）的
一組新概念。第二，它提供了一套漸進的、辯證的由「統合」
邁向「統一」的命題架構。第三，它提供了一套可操作性的設
計，來消極上處理兩岸彼此政治上的疑慮，積極上特別是增加
台灣民眾對「統」的誘因，同時最終可以有利於中華民族之發

展的具體做法。坦白說，上述這幾個重點說起來是有些「夢幻」
的，在此之前，我實在很難想像如何可能有一套想法，足以滿
足這些條件，但是，在我仔細思考了芻議的想法後，卻又不得
不承認，亞中教授恐怕真的已經抓到了那把開啓解決途徑的鑰
匙了。這裡當然必須做些比較詳盡的申論。

〈芻議〉最大的創意：作爲政治、法律概念的「整個中國」概念

　　針對上述第一點而言，我覺得我們必須注意亞中教授所提
出來的一個極富創意的概念，那就是「整個中國」的說法。毫
無疑問的，這個概念之基本背景，是和「一中屋頂」的理論密
切相關的，這也就是說，亞中教授仍然希望通過共同屋頂的搭
建，來解決兩岸最基本的分歧。但是誠如〈芻議〉一文中，亞
中教授已經說明的，我覺得「整個中國」這個概念最有意思的
地方，乃在於它是一個具有法律與政治意義的概念。這樣說到
底重要在哪裡呢？

　　近年來，兩岸的吵嚷幾乎都由一個概念所引發，那就是所
謂的「一個中國原則」。我想關於這個問題的歷史，大家都應
該很清楚了，我也就沒必要再做重述。一中原則就大陸言，它
所意指的乃是兩岸都承認中國只有一個，可是對中國的內涵可
以暫不討論，這樣的意思如果簡化一些來說的話，應該可以概
括爲「一中不表」吧！

　　可是台灣卻在一個偶然的因素下，將之簡化成了所謂的

「一中各表」，然則這問題就來了。剛開始，當台灣的媒體偶然以一中各表來概括海基海協兩會所達成的共識時，大陸採取的是默認的態度；但很快的，李登輝便找到了這樣表述中的竅門，而將之表述爲兩個中國的對舉，乃至逐步地將之變成「中華民國在台灣」這樣的「獨台」表述，他企圖以此確立在台灣的中華民國具有一個僅涵蓋台灣的「實質主權」。

此後台灣政黨輪替，民進黨官方則始終以一中意味著大陸企圖併吞台灣，而拒絕承認一中原則，甚至以扭曲的方式，將一中曲解爲所謂的「一邊一國」。由此可見，一中的問題其實是不能「不表」的。它如果說不清楚，兩岸的政治分歧就永遠沒有解決的機會。兩岸這十二年來的對峙與緊張已經充分說明了這點。

但是一中這個兩岸最敏感的地只，又該如何說清楚呢？對大陸言，一中的表述不能表述出任何分裂中國的意涵，而對台灣言，一中的講法又必須充分反映出兩岸的平等地位，這用台灣的講法，就是要至少確保所謂的「台灣主體性」，甚至在逐步形成的論述氛圍中，它也變成了必須確保「中華民國／台灣」的主權獨立地位的問題。

而當整個論述上綱到主權的問題時，它便形成了無解的零和遊戲。這現象即使到了馬英九上台，兩岸的氣氛已經大爲緩和，但本質上仍然沒有獲得論述上的舒緩，馬對兩岸的基本表述雖然說接受「九二共識」這樣一個模糊的下台階，但當他一旦被迫必須表達其內容時，他也只能說九二共識就是一中各表，而且這各表的內涵就是必須確保中華民國的主權獨立；於是兩岸基本的政治僵局便仍然沒有得到真正的化解。

從上面的簡單分析中，我們便可以看出問題的複雜難解，

但這也就是「整個中國」這個概念的重要性所在。這些年間，我們看到了大陸在一中問題之表述上所作的一些努力，那就是將「世界上只有一個中國，台灣是中國的一部分」修正爲「世界上只有一個中國，大陸和台灣同屬一個中國」，這樣的講法當然是對台灣的重大善意，它某種程度上將兩岸的地位拉平了。

可是這樣的講法事實上依然潛在著重大問題，這問題就是在這樣的表述中，「中國」究竟何所指？如果說這中國乃是指歷史上、文化上的一個中國，則台灣當然可以接受，甚至連民進黨裡的一些鐵桿台獨，如辜寬敏，也並不否認這點。可是這樣的意思馬上就會面臨挑戰，那就是從政治上與法律上看，這中國又代表甚麼內涵？它代表著甚麼樣的主權論述？而一旦涉及這個問題，我們便看到一些比較制式化的說法立刻現形，主權之爭也始終無從迴避。

以此，台灣便總是指責大陸是內外有別，口惠而實不至。面對這樣尷尬難解之局，我以爲亞中教授的創意就在於他將中國的主權放到了「整個中國」這個概念上。在我的解讀裡，整個中國之「整個」並不是一個形容詞，而是個所有格的概念，它在地理與歷史文化上包含了兩岸，也在政治法律上包含了兩岸，中國的主權屬於「整個中國」，它爲兩岸所共用而不能分割，然後它乃能在這概念下，通過「共同體」的建構，以使「整個中國」成爲政治與法律上可以運作的概念，而不只是一個歷史與文化的虛概念而已。

〈芻議〉的構想可以做爲「一國兩制」等說法最佳詮釋

　　於是在這樣的概念裡，它就和現在已經出台的所有兩岸論述（除了獨派的想法外）有了相容性與整合性。怎麼說呢？就相容性而言，大陸說一國兩制，如果這一國指的是中華人民共和國的話，台灣當然無法接受，而一國說不通，自然也就無兩制之可能。但如果說一國是指「整個中國」的話，那就不一樣了，以兩岸的現狀，只要雙方都能接受整個中國的概念，則現狀事實上就是一國兩制，中國的主權並未分割，但治權則是分屬的狀況（亞中教授在〈芻議〉中特別只以「最高權威」來稱之，以避開任何主權的暗示），這狀況稱之爲一國兩制可，稱之爲一國兩府又何嘗不可？甚至稱之爲一國兩區，兩岸一中，一中兩憲也都沒有甚麼困難。

　　也就是說，亞中教授的這個說法可以構成爲一國兩制乃至台灣的許多不同說法的一種「調適上遂」的詮釋。它可以不改變任何既成的說法，但卻可以發揮將許多不同說法整合到一個架構裡去的功能。這不就證實了整個中國這個概念的重要性了嗎？然則我們還有甚麼可能找出另一個整合性的概念？所以我說這乃是亞中教授之構想的最具創意之處。

〈芻議〉的構想是一種預設由統合到統一的「非終局解決」方案

其次，針對我所提到的第二點，在芻議中，亞中教授開宗明義地即顯示其構想乃是奠基在兩個軸線上，一個是說它並不是一個「終局解決」的方案。這條軸線是極其重要也有魄力的，尤其是相對於現有的許多說法，都某種程度地意指、或是模糊暗示著終局解決的概念，而任何這種明示或暗示都無可避免地會挑起不同立場的疑慮，就可以看出這種非終局解決方案的重要性。

我相信，今天馬英九主張一中各表，其對大陸當局所產生的最大疑慮就是如果一中各表代表的是要將中華民國在台灣的主權固定化時，該怎麼辦？同樣的，一國兩制對台灣而言，其疑慮也是一致的。而且以兩岸的現況而論，坦白說，任何企圖作終局解決的思考都是不切實際的。

但是不做終局解決的思考，又會不會衍生其他問題呢？如所週知，美國的何漢理教授等人，曾有所謂的「中程協議」之提議，這想法並沒有得到多少附和，其最主要的原因，在我看來倒不是因為那是美國人的提議，而在於中程協議到底在終局解決的方向上，是採取開放的態度，還是某種目的論導向的態度上。

就大陸言，恐怕不太可能接受任何結局開放的中程協議，「和平統一」乃是大陸早就預設的目標。但在台灣，任何只要

涉及終局概念的想法,其爭議性都將大到政治人物很難承受的地步。馬英九今天的困局便在於此,他既不能說不預設終局解決的可能,也不能說預設任何終局解決的方向,然則這不就又陷入了另一層次的尷尬了嗎?我們該怎樣才能解開這種既不可以涉及終局解決之安排,又必須含著某種特定終局導向之要求的矛盾呢?

於是這裡我們乃又看到了亞中教授的另一個創意所在,這也就是〈芻議〉之構想的另一條軸線,他將一種非終局解決但有終局導向的構想放到了一條由「統合」邁向「統一」之辯證性的軸線上,也就是一條由尊重現狀、維持現狀的道路出發,但是通過某種操作性的規範,經由「統合」作為仲介,最終朝向統一邁進的規劃。換言之,它本身不是終局解決,但預設著某種特定的終局解決;它只規範解決的過程,但又不設定任何時間表,所以我會說它乃是一條辯證性的軸線。

這樣的構想我認為是可行的。就其作為一種以統一為指向性的解決方案,大陸似乎沒有反對的理由,因為從反分裂法看來,大陸也的確並沒有非立刻解決兩岸問題不可的想法,只要從統合到統一的進程設計中並沒有矛盾,或是埋伏任何陷阱,大陸應該可以接受這樣的過渡性機制。

而對台灣言,如〈芻議〉中已然指出的,這條軸線原本就和國統綱領的中遠程設計具有相容性,只是它的規劃,就可操作性言,來得更具體而已,所以國民黨應該也沒有反對的理由。

至於它在可行性上最大的質疑,恐怕會是當這構想以統一作為導向,台灣的民意會接受嗎?對這問題,我也的確曾懷疑過,但在仔細考量之後,我以為這也未必有悲觀的理由。當然我們不能否認,台灣的確有一批鐵桿台獨,這批人只要提到統

字，就會反對到底，但是大多數對統一有疑慮的人，其實主要是恐懼統一和併吞畫上等號。

如果有任何方式足以說服台灣，這段統合的進程，只會讓台灣消極上可以完全解除安全上的疑慮，積極上又可以從中獲得更大的利益，同時，這條由統合到統一的辯證性歷程，又的確不含著任何時間表的概念，而只能依據「共同體」的實際運作狀況來決定未來兩岸整合的進程。這就讓台灣民眾保留了相當的進退空間。

在這狀況下，我相信在足夠的信心建立機制之後，它是很可能為台灣大多數民意所接受的。這也就是說，亞中教授以兩條軸線來架構其論述的方式，其可行性理論上其實是比其他的說法要來得更高的。

當台灣已經實驗過，無論是李式獨台或是扁式台獨都是死路一條時，試問還有甚麼比這樣的構想有更高的可行性呢？反過來說，大陸若不假手於一種讓台灣有充分揮灑空間的過渡性機制，那除了以武力解決外，還可能有更好的辦法來推動一國兩制嗎？不過話雖如此，亞中教授的構想還是必須證明其「統合機制」的設計是否真具有可操作性，於是，我們乃必須進至上述第三個重點的申論上。

〈芻議〉參考歐盟設立「共同體」的方式來作為兩岸的「統合機制」

針對第三個重點，我以為亞中教授對統合機制的可操作性

考慮的是兩方面，一個是應然層面的，這層面考量的是它的可欲求性。由於兩岸分隔已久，坦白說，長期以來兩個社會一直在不同的，甚至互斥的軌道上發展，這兩個社會如果沒有適當的機制來先行整合，則方枘圓鑿，它是不可能融合在一起的，這不只是政治上要求某種過度性的機制與過程，在社會、經濟乃至文化上亦復如此。這道理是很容易明白的。但這套統合機制的可欲求性該如何來證明呢？此其一。

另一個則是實然層面的，這也就是上面所提到的信心機制。這大致包括了兩個層面，一個是社會各層面的整合過程中會不會發生大吞掉小，或者是尾巴搖擺動的狀況，亦即會不會發生「和平演變」的問題。另一個則是在對外關係上，要如何顧及尊嚴的維繫，這點特別發生在小的一方。我們姑且不談所謂「國格」的問題，台灣的許多民眾確實會感受到在對外事務上，面臨了身分認同上的困擾，這問題是必須解決的。而這套統合機制又該如何在這兩個面向上來證明其可操作性呢？此其二。對於這兩道證明題，以本文的篇幅，當然不可能處理，但我認為還是可以作如下的說明。

首先，在芻議中，亞中教授對此一統合機制已經做了相當詳盡的說明。基本而言，此一機制乃是參考歐盟發展的歷史而定的，因此，歐盟的實踐經驗當然是我們很可以參考的基礎，我相信任何對此一統合機制可行性的證明，大概都不可能無視於歐盟的成功經驗。

不過，亞中教授當然也不是全盤照抄歐盟。就一個基本點而言，由於歐盟的參與者乃是各個主權國家，這點當然無法移植到兩岸關係上。因此，亞中教授的設計乃採取反其道而行的方式，先藉由此一《兩岸和平發展基礎協定》對兩岸同屬整個

中國這個問題,達成「建立互信」的機制,然後才進一步處理
共同體的建立問題,與外交關係的新安排。

　　對於這樣的處理順序,我以為是絕對必要的,否則政治分
歧這一關過不了,其他可欲求性與可操作性就也不必談了。但
在這基礎上,我以為也並不如許多論者所說的,大陸將不可能
接受任何歐盟的經驗,因為歐盟這一經驗的創意原本就在依照
互相尊重與合作的精神,讓相關各造可以避開主權之類政治問
題的干擾,來進行各造在各種公共事務的領域上的合作。就這
層次而言,歐盟經驗對大陸言,我相信絕不會是洪水猛獸。因
此,底下我想以「文化共同體」來做一個例子,以簡單說明我
所認為的芻議構想的可欲求性與可操作性。

以「文化共同體」為例來說明〈芻議〉構想的可操作性

　　我之所以選擇文化共同體這一個課題,一方面是因為我自
己的所學在此,另一方面則也是因為我深深覺得它在兩岸問題
上的迫切性。

　　文化議題在高敏感性政治議題之前,常常是被忽略的一塊
領域,可是對兩岸問題敏感的人,顯然都會注意到在李登輝與
陳水扁執政期間,所曾徹底執行的去中國化的文化政策。這個
政策在這十幾年間,固然在台灣內部引起了極大的爭議,但平
心而論,其政策若從其背後的政治目的言,是成功的。

　　我們只要看這幾年來相關的民調,台灣民眾認同自己是台

灣人而非中國人的比例,逐年升高,而且早已突破半數,就可以知道了。而且藉著所謂的教育改革,也進行了一個相當徹底的意識形態工程。它特別透過文史課程的改造,相當程度的達成了新的國族認同,這實在是一個很難否認的嚴峻的形勢。這一形勢即使在馬政府上台後,由於台灣的特殊族群人口結構及選票的影響力,迫使馬英九也必須格外審慎應對,很難做大刀闊斧的扭轉。再加上兩岸分隔已經將近一甲子,四九年前後來台的所謂的外省人,也幾乎都已不在人世或是垂垂老矣。隨著時間的流逝,即使是外省人的第二代,對所謂祖國的情感,也已經大不如他們的父執輩,這就更不用說第三、四代了。這情形如果無法大力扭轉,顯然只會繼續惡化。

然則大陸會不會想,在這狀況下,即使兩岸依其方式統一了,會收回的將是一個怎麼樣的台灣呢?要知道,這和香港與澳門的回歸是不能類比的,港澳無論如何,它們可從來不曾進行過任何國族摶成的過程啊!然則請問,對於這樣的情形,大陸負責處理兩岸問題的人到底該怎麼辦?

這情勢對大陸固然嚴峻,對台灣而言,恐怕也好不到哪裡去。幾年教改下來,文史課程這個重災區,所達成的真正效果,大概可以用「認同模糊化」與「文化虛無化」來形容。不管台灣這幾年來,表像上的文化有些甚麼樣的發展,它基本上乃是「失根」的。然則一個失根的文化可能會有甚麼樣的創造力呢?如果我們說台灣社會的自由乃是文化發展的正數的話,那麼失根就會是台灣文化發展的一個噩夢。

在這狀況下,從可欲求性上說,兩岸其實都面臨一種文化上的迫切局面。對大陸言,相信沒有一個政權會希望納進一個疏離的分子,來給自己製造難題;對台灣言,就算在維繫中華

民國法統的要求下,也必須從文化上來根本化解由獨的意識形態所帶來的麻煩,否則馬英九恐怕就必須擔當歷史罪人的譏評,這情形是很好理解的。而很顯然的,這問題的解決當然最好在終局解決之前完成,否則它必將形成任何終局解決的絕大障礙,這也是很容易可以推知的。

於是,我們要問的是,這問題要怎麼解決?由於這問題主要發生在台灣,如果照現行狀況,大陸無論多麼關心,顯然都是鞭長莫及。但若換就台灣的觀點來看,以現行的機制若能解決,則問題恐怕也就不會那麼嚴峻了。

所以,正是在這裡,我乃看到了「文化共同體」這樣一個新機制的可能好處。在我看來,解決台灣在文化上對中國的疏離,需要依憑兩個相關的力量:一個是文化的創造力,另一個則是文化市場的胃納量,而這兩者若兩岸分開來做,其力量必然分散,但若兩岸合作,則其影響將會有加乘的效果。

以最時髦的文化創意產業來說,如果兩岸能開發共同的文化創意產業市場,結合台灣的創意與行銷,大陸的市場規模,那將會產生甚麼樣的盛況呢?而這樣的合作如果只藉由兩岸政府來進行,則恐怕難以充分引進民間的力量。那如果能由兩岸具官方授權的身分所合組的「文化共同體」來進行,由之來整合兩岸的資源,以促進整個中華文化的發展,與文化市場的更擴大,進而解決台灣對中華文化的認同問題,這不是更具可操作性嗎?

我以這個例子,簡略說明了亞中教授通過〈芻議〉一文所提供之構想的可操作性。這說明當然並非論證性的,而且共同體的建構,對兩岸而言也都是陌生的,因此我們當然不能將之

想像得太過美好。而我之所以如此說明，僅只企圖表達一點，那就是我認為亞中教授的構想確實具有理論與實踐上的進步性與可行性，並且認為它已把握到了解決兩岸問題的所有基本要點。這是一個有充分競爭力的構想，我相信值得所有關切兩岸未來的朋友，投以最大的關注與思考。

結語

最後，我亦想指出，古話說「惟仁者能以大事小，惟智者能以小事大」，兩岸能否真正由統合邁向統一，中華民族能否在完整的版圖中再肇中興，實在端視兩岸主政者能否將解決問題的邏輯先想清楚，然後大的一方願意「優先」釋出善意，拋出真正能解決問題的構想；而小的一方也能在恰當的時機點回應此一善意，如此，那卡住的關係方能逐步鬆開。

我必須坦白說，我覺得現在的問題仍在雙方都尚未想清楚邏輯，找不到框架的階段，但願亞中教授此一構想，能夠讓兩岸更接近那個解決問題的框架，然後我們才能真正期待那春暖花開的一天！

評〈兩岸和平發展基礎協定芻議〉

張茜紅

本文以〈評張亞中教授的「兩岸和平發展基礎協定芻議」〉一文為名刊登於《中國評論》2009 年 3 月（第 135 期），作者為張茜紅先生，文章發表時任上海台灣研究所研究部主任，目前已經離開兩岸關係研究領域，轉往上海市政府有關部門發展。本文是針對張亞中於 2008 年 10 月在《中國評論》所發表的〈兩岸和平發展基礎協定芻議〉一文的評論。編者與張茜紅有長達多年的學術交往與情誼。據張茜紅表示，本文是反映中國大陸的一些主流意見，不過，他個人認為，以整個中國與兩岸統合概念來處理兩岸政治定位應有相當參考價值，值得深入研究。

　　《中國評論》2008 年 10 月號刊登了台灣大學政治系教授、兩岸關係研究領域著名學者張亞中教授的〈兩岸和平發展基礎協定芻議〉（以下稱〈芻議〉）一文及張教授對其的相關闡釋，引起海內外華人強烈的反響。

〈芻議〉的可取之處

　　（一）首先，請允許我對張亞中教授本人表示敬佩。在近十幾年況，張教授為尋求兩岸和解、和平，為推進兩岸關係順利發展，為反對「台獨」和推進兩岸的最終統一，在兩岸關係方面提出了許多建構宏偉的新理論、新思路，提出許多頗具新意的處理兩岸關係的新辭彙。諸如「兩岸統合論」、「兩岸主權論」、「一中屋頂論」等理論，「整個中國」、「一中共表」、「一中同表」等概念。近期，又提出第一個近乎法律語言的〈兩岸和平發展基礎協定芻議〉，引起海內外華人高度關注。張教授的這種憂國憂民思想和勤於耕作、百折不撓的精神頗有中國傳統知識分子的本色，值得尊重。

　　（二）無論〈芻議〉的內容本身能否最終被兩岸執政當局採納和吸收，〈芻議〉提出本身就意義深遠：

　　第一，關心兩岸關係的人們終於可以把自己的主要精力，由原來的尋求如何反對「法理台獨」轉向如何建立兩岸和平發展的新架構。這是兩岸關係的進步，是時代的發展。張教授以敏銳的觀察、深邃的思維及時迎合、承擔了這一時代賦予當代中國知識分子的重任。

　　第二，〈芻議〉的提出和隨之而來的熱烈討論，引導了

兩岸的社會輿論。這本身就是強化「兩岸一中」的過程。遺憾的是，目前這種討論的主戰場在海外，在兩岸之間。如果有朝一日，類似議題能在島內展開激烈爭論，並成為主論議題，那對強化島內人民的「兩岸一中」意識將更有積極意義。

（三）〈芻議〉本身有不少值得稱道的地方。

第一，〈芻議〉在「整個中國」的框架上去思考兩岸關係，而且以兩岸的完全統一為終極目標，堅持了「一個中國」的原則。

第二，如果台灣方面廢棄在〈芻議〉中「保證不分裂整個中國」的承諾，而走向「台獨」，「不使用武力或武力威脅的約束也自然失效」，堅持了堅決反獨的原則。

第三，從結構主義理論出發，主張在「整個中國」的架構下兩岸自上而下、自下而上同時進行多層次、多形式的整合，並把兩岸共同體或者說兩岸命運共同體作為兩岸和平統一的理想路徑，堅持了和平統一原則。

第四，理論上規避了純粹的「歐盟模式」和「兩德模式」，拋棄了不少台灣學者曾經主張過的「先獨後統」的主張，體現了與時俱進的精神。

第五，提出了一些較具啟發性的思考。如，任何一方在處理有關「中國領土的主權事務」時，應徵得對方的同意等。「未來北京或台北與第三方簽署有關涉及領土的主權事務時，必須得到北京與台北雙方面的同意。舉例來說，未來北京與他國簽署有關疆只的條約時，台北方面亦有權參與，反之亦然，……兩岸的邊只均是兩岸中國人的邊只，不是兩岸自己可以說了就算。」等。

　　第六，再有，〈芻議〉是目前爲兩岸朝向和平統一方向
邁進，提出的第一個接近法律語言的公開完整的表述，爲未來
更多〈芻議〉的出現提供了可資借鑒的藍本。

〈芻議〉需要商榷的地方

　　儘管〈芻議〉的大方向是值得肯定的，也堅持了許多有
益於維護「一個中國」和兩岸和平發展的原則，但無論是從堅
定維護中國的主權和領土完整的角度、還是從充分尊重兩岸現
實的角度、甚至從台灣的角度來看，其仍有需要商榷的地方。
　　（一）實質上的「一中兩國」定位不太符合兩岸關係的
現狀。儘管張教授在後來的補充解釋中說：「兩岸關係合理的
定位是『整個中國的內部關係』，用更精確的學術術語，可以
將兩岸稱之爲『整個中國內部的兩個憲政秩序主體』」。但，
通觀〈芻議〉及張教授的相應解釋，可以認爲，〈芻議〉關於
兩岸關係的定位，實質上是「一中兩國」，至少在國際社會的
表現形式是「一中兩國」。「一中」就是「整個中國」，也就
是「一個中國」，是非常值得肯定的；「兩國」就是「北京中
國」和「台北中國」，實質上就是「中華人民共和國」和「中
華民國」。這一立論的核心實際上還是如何處理「中華民國」
問題。而「中華民國」問題本身又包含「作爲主權國家的中華
民國」是否存在和「中華民國政府」是否存在兩個方面。〈芻
議〉對此是以正面肯定作爲前提的。
　　事實上，作爲主權國家的「中華民國」隨著 1949 年中華
人民共和國的建立已經滅亡，至少是隨著聯合國 2758 號決議

的生效，就國際法而言已經不復存在。但是「中華民國」的滅亡並不意味著「中華民國政府」也隨之消失。這有點像一些國家內部發生變故，前政府被推翻，但沒有被消滅，就盤踞一方打遊擊或者成立「流亡政府」一樣。所不同的只是「中華民國政府」是退居到中國的台澎金馬地區，並對這一地區進行了有效的治理。從理論上講，目前的「中華民國政府」最多只能算是效忠前朝（「中華民國」）或者期望復興前朝的「流亡政府」或者「殘缺政府」。這個「中華民國政府」雖然與 1949 年前在南京的「中華民國政府」一脈相承，有淵源關係，但其在國際法中的作用和地位已不可同日而語。因為「中華民國」已經滅亡。

如果從中國歷史上的兩岸分治來對比目前兩岸現狀的話，最為接近的應該是清朝與明鄭王朝的關係。如果撇開時代背景、制度性差異等不談的話，目前的兩岸現狀就是清朝與明鄭王朝關係的再現。清朝入關佔據北京和中國北方後，如果說盤踞在南京的南明王朝堅持明朝還存在、還沒有滅亡、還是中國的合法代表的話，是有幾分道理的。但隨著南明王朝的覆滅，以及隨後廣西、雲南等南明小朝廷的滅亡，殘存台灣的明鄭王朝如果還聲稱，明朝沒有滅亡、自己還是中國的合法代表的話，那顯然是不符歷史事實的。

這樣，本著尊重兩岸現實和「平等而不對稱」的原則，雖然兩岸在政治上是平等的，但實際分享的權利卻應是不一樣的，尤其是在國際社會更是如此。〈芻議〉主張的兩岸自由平等、互不代表、互不干涉地參與國際社會所導致的結果，不但在國際活動中兩岸是對等的，而且權利也是對稱的。這不符合

兩岸關係的現狀。

這裡之所以要理清「中華民國」是否滅亡、是否存在這一問題，是因爲假如以「中華民國」作爲「主權國家」依然存在作爲〈芻議〉暗含的前提的話，那麼兩岸並行加入國際組織也就是合情合理的事情。但事實並非如此。

（二）約束「分裂整個中國」力量的「有限性」和導致事實上「兩個中國」可能的「無限性」相比，大陸在反「台獨」、反分裂、維護國家主權和領土完整方面所冒的風險過大，難以承受。

張教授提出的對分裂「整個中國」行爲的制約力量有三個方面：一是「整個中國」這個「屋頂」；二是如果台灣有分裂「整個中國」的行爲，大陸可以啓動《反分裂國家法》；三是「彼此均無意從整個中國分離，並承諾不分裂整個中國、共同維護整個中國之領土主權完整」。也就是雙方自律、自我約束。

以上第一項，「整個中國」這個「屋頂」在一開始只是個虛無的概念，對「北京中國」和「台北中國」不具有任何的約束力。當然，隨著兩岸關係的和平發展和良性互動，這個「屋頂」的權利和權威有可能逐步加強和樹立，但在可預見的將來，在相當長一段時間內，這個「屋頂」不可能對「整個中國」下屬的兩個行爲主體擁有真正的約束能力。第二項啓動《反分裂法》的條件必然是台灣有非常明確、重大的分裂「整個中國」的行爲時才能實施。這個啓動《反分裂國家法》的前提條件由誰來認定？屆時，兩岸雙方恐怕是公說公有理，婆說婆有理。這樣，真正能經常性發揮約束作用的只有第三項「自律」、「自我約束」。但能否實現「自我約束」這就完全要看台灣統獨勢

力的發展變化和台灣當政者個人的統獨取向了。如此看來,約束「分裂整個中國」的實質力量的確是太有限了。

　　相反,〈芻議〉造成事實上「兩個中國」的可能性卻是無限的。第一,如前所述,〈芻議〉對兩岸關係的實質定位是「一中兩國」。儘管有「整個中國」的「屋頂」存在,但相當長時間內,真正活躍在國際社會的是「北京中國」和「台北中國」。既然「北京中國」和「台北中國」分別代表著「其領域內的最高權力」和「對外事務方面的權威」(這樣,張教授為了突顯〈芻議〉中的「北京中國」和「台北中國」只是「整個中國」下的兩個政治實體,有意迴避使用「外交」和「權利」兩個敏感字眼。但在實際操作中,這種區隔對大陸只是一種心理安慰,對台灣則可以名正言順地拓展其國際空間,對打消國際社會認定兩岸是「兩個中國」則不具有任何實質意義。)那麼,當「北京中國」、「台北中國」都能自由平等、互不干涉、互不代表地參與國際活動、參加國際組織的時候,當「台北中國」與世只上多數國家建立「外交關係」、並加入多數主權國家才能加入的國際組織之後,國際社會必將把「台北中國」和「北京中國」認定為「兩個中國」。因為它們是依照國際法行事,並不會關注兩岸之間如何看待對方、有甚麼協定。第二,當「台北中國」與多數國家建立「外交關係」、加入大多數國際組織之後,假如主張「台獨」的民進黨重新執政,抑或是國民黨內出現了第二個李登輝,並再次明目張膽地推行「台獨」路線、制定「台獨」政策,甚至搞「法理台獨」時,〈芻議〉的實際作用,尤其是在國際社會的實際作用便是幫助「台獨」勢力實現國際法上的「台獨」。屆時,大陸為維護國家主權和

領土完整所付出的代價將是難以想像。

（三）〈芻議〉對台灣而言，有些方面也很難實施。如，如果《兩岸和平發展基礎協定》簽訂實施，台灣就應該自覺、堅定、無條件地反對「台獨」，大陸和「整個中國」也有權利要求台灣當局這麼做。因爲「台獨」是要分裂「整個中國」，是威脅到中華民族的根本利益的。但台灣當局目前奉行的大陸政策是「不統、不獨、不武」，這樣的「不獨」僅是「不去搞法理台獨」，並不是反對「法理台獨」，更不是反對任何形式的「台獨」。在可預見的將來，不但馬英九當局不敢旗幟鮮明地反對「台獨」，相信未來的國民黨當局也沒有這個膽量。

（四）以「北京中國」與「台北中國」的名義簽訂協定不夠妥帖。因爲很容易被他人認定爲兩岸是「兩個中國」，對大陸而言也不易接受。

兩岸政治上是可能雙贏的

謝大寧

本文以〈兩岸政治上是可能雙贏的：對張茜紅先生文章的回應〉為名，發表於《中國評論》2009 年 4 月號（總第 136 期），作者為謝大寧教授，針對張茜紅文章的觀點提出回應，並提醒大陸方面了解：中華民國不能類比於明鄭，而是一個憲政秩序主體；給中華民國地位與空間才能將其拉回中國；承認整個中國就不會形成兩個中國或一中一台；北京應率先推動等重要觀點。

大作中的四個質疑

　　自從張亞中教授在本刊去年的十月號，發表了〈兩岸和平發展基礎協定芻議〉（以下簡稱〈芻議〉）一文之後，陸續有幾篇評論文字發表，也在兩岸的學術只激起了相當的回響，我個人對此現象感到相當興奮，畢竟這意味著兩岸在現在這個新的歷史階段，究竟應何去何從，大家都是極為關切的。然而也因為這個問題實在太過沉重，也太過巨大，因此要立刻讓彼此的想法得到很好的溝通和共識，也必然是件困難的事。好在，只要能彼此平心靜氣地溝通，尤其是在心存善意的溝通下，我相信彼此的意見總有漸歸一致的時候。我想本刊上一期上海台研所張茜紅研究員的文章「評張亞中教授的〈兩岸和平發展基礎協定芻議〉」（以下簡稱〈張文〉），就應作如是觀！

　　張茜紅先生的大文，主要是提出了他對〈芻議〉的批判。在〈張文〉中，他首先很精要地歸納了〈芻議〉的論點。就我的瞭解，我認為這一歸納大抵是準確的。在這一歸納的基礎上，〈張文〉也稱許了〈芻議〉的許多優點，對文中所指出的這些優點，我也大致都敬表同意。換言之，就〈張文〉的大部分來說，我覺得同作為〈芻議〉的閱讀者，我們是有高度共識的。而在這個認知的基礎上，〈張文〉乃提出了四點批判性的意見：

　　其一，〈張文〉認為〈芻議〉的基礎乃是仍以「中華民國作為一個主權國家」為前提，但張茜紅先生認為這個前提是不

存在的，因為他認為中華民國就今天的國際現實來看，它已經
滅亡，因此儘管中華民國政府仍然存在，也在其統治區內有效
行使其統治的權力，但這並不能推論到中華民國作為一個主權
國家這件事上。所以〈張文〉認為〈芻議〉設定了一個法理上
不存在，現實上也不可能被大陸所接受的前提。

其二，〈張文〉基於前述認定，遂認為〈芻議〉將有導致
「兩個中國」的危險，因為儘管〈芻議〉為兩岸設定了「整個
中國」這一屋頂，但因為至少在開始邁入這一架構的相當時日
之內，「整個中國」這一屋頂將是疲軟而缺乏制約力量的。如
此一來，國際上將有可能造成實質上的兩個中國。同時，〈芻
議〉所設計的一些兩岸彼此保證的制約條件，太過依賴彼此的
善意，在這狀況下，假如台灣又出現如李登輝、陳水扁之類的
野心政客，屆時大陸為維持中國統一所要付出的代價，將會大
到大陸政府無法承受的地步。

其三，〈張文〉也懷疑〈芻議〉這樣的構想，就台灣現在
的政治結構言，它在島內被付諸討論乃至實行的可能性究竟有
多大。

其四，〈張文〉認為〈芻議〉所主張的，兩岸以「北京中
國」與「台北中國」的名義簽屬協定，這主張太容易被聯想為
兩個中國，大陸恐怕無法接受。

中華民國不能類比於明鄭，而是一個憲政秩序主體

對於上述四點批判，我覺得有些顧慮是有道理的，〈芻議〉是有必要做一些回應，但是也有一些地方恐怕是對〈芻議〉一文的誤解，當然更有一些地方乃是兩岸見解根本分歧的地方。因此，為了化異求同，我也想提出如下的幾點回應：

首先，我想先從兩個面向上來談談〈張文〉的第一個批判意見。其一，也是最重要的一點，就是我們到底該如何看待中華民國。〈張文〉顯然最多只能接受「一國兩府」這樣的架構，這也就是說，他可以承認是有一個名之為中華民國政府的政府，但不能承認一個由中華民國政府所代表的國家。在這架構下，中華民國政府基本上類似於流亡政府，它沒有任何國際法人的地位。因此，〈張文〉乃以明鄭來作類比。我瞭解這樣的看法，大概是大陸人士的主流看法，甚至也接近官方的看法；可是就台灣而言，恐怕只有台獨分子某種程度上會附和這樣的看法，而無法為台灣的主流看法所接受。不只如此，這樣的看法不但有引喻失義的嫌疑，而且也勢必導致治絲益棼的後果，何以言之呢？

先就歷史來說吧！以明鄭來類比現在的台灣，這實在是一個不倫的類比。〈張文〉在這裡有一個有趣的論證，他說「如果說盤踞在南京的南明王朝堅持明朝還存在、還沒有滅亡、還是中國的合法代表的話，是有幾分道理的」，這也就是說明朝的法統，只有明朝的宗室有權繼承，鄭成功並不能宣稱繼承明

朝的法統。這樣的講法是對的，事實上鄭成功也沒有宣稱繼承明朝的法統，他只是宣稱遙奉明朝的正朔，這也就是說，鄭成功只是以某種意義的「遺民」自居，遺民當然不能宣稱合法地代表中國，此所以後來沈葆楨悼念鄭成功所寫的對聯要說「開千古未有之奇，洪荒留此山川，作遺民世界」的緣故。但若這論證成立，則中華民國政府恰好可以宣稱他仍有代表中國的合法性，因為這個時代足以代表法統的，早已不是王朝的血統，而是經過合法程式頒布的憲法，而中華民國憲法當初是由代表全中國的國民政府所頒佈，而且這部憲法迄今仍在運作，並由它賦予中華民國政府行使其權力的合法性，不管其實質統治範圍是否已然縮小，然則這不就是〈張文〉所類比的南明王朝的狀況嗎？那麼怎可以用鄭氏的江山來類比中華民國呢？

當然，就中華民國而言，它不只不會接受明鄭的類比，也不可能接受南明政權的類比，甚至不可能接受任何中國歷史上分裂時代的任何例子作類比，因為任何這類的類比，都不可能包含著一個目前特殊的歷史條件，那就是中華民國不止仍有一個政府在其有效統治範圍內行使著強固的統治，而且它仍具備了一定的國際行為能力，同時國際條件某種程度的影響力，也是任何歷史上的例子所無法想像的。今天大陸人士就算再不願承認中華民國存在的事實，也不能無視於一個事實，那就是中華民國迄今仍與二十幾個國家維持正式的外交關係，也和世界上多數主要的國家維持著實質上的關係。這也就是說，你可以認為就國際現實而言，聯合國只承認中華人民共和國是代表中國的唯一合法政府，而且主要的強權國家也都只承認大陸，因此中華民國並不具備足夠的國際法人身分，但這只是說中華民

國事實上不是一個完整的國際法人，卻不能因此而說中華民國完全不是一個國際法人，這之間的差別是十分重要的。

給中華民國地位與空間才能將其拉回中國

這裡或者也有人會說，上述這一事實也不過只是台灣片面「喊爽」的事實而已，世界上或者國際法的實務上，恐怕並沒有甚麼不完整的國際法人的運作空間，所以大陸也許基於政治上的考量，會給予「中華民國政府」一定的空間，但大陸無論如何都不可能在法理上承認「中華民國」還具有任何國際法人的地位，大陸也沒有義務在這裡為「中華民國」保留任何空間。若這真是大陸上的主流看法的話，那在我看來，這只能說是不幸，因為這不只是否決了「中華民國」而已，而且也等於切斷了台灣的「中華民國人民」關注全中國事務的權利，這等於是硬把台灣人民逼跑。而這樣的想法，除非大陸只準備以強勢的手段消化台灣，否則我看不出有任何好處。換言之，如果大陸的朋友真想要和平解決兩岸問題的話，有一個前題恐怕是絕對必要的，那就是找出一個既不失大陸的立場，又可以讓「中華民國」找到存活以及仍可參與全中國事務之空間的講法。要找出這樣的講法當然有一定的難度，然而在我看來，也並不是全無可能的。所以我乃要說，兩岸關係的和平發展，對大陸的關鍵問題就是：「應該如何正確看待中華民國」的問題，如果大陸總要設定中華民國滅亡論，那兩岸在政治上恐怕就真的沒甚麼可談的了。真到那時，即使像我這樣仍強烈希望兩岸能達成整合共識的人，可能也只好被迫成為義不帝秦的田橫，那對誰

有好處呢？

這裡，也就涉及了我對〈張文〉第一個批判意見的另一個面向的看法。就我的瞭解，〈芻議〉的說法其實並沒有預設著「中華民國是一個主權獨立國家，因而與整個中國不再有任何法律約束關係」這樣一個條件，因為若是如此的話，那就是不曾準確地考慮大陸的立場。但這也並不是說〈芻議〉同意中華民國完全不具備國際法人的地位，因為這也將忽略了中華民國的立場。

在〈張文〉中，張茜紅先生提到張亞中教授以前的「一中兩國」的主張，這也許就是〈張文〉會誤會〈芻議〉具有上述前提的原因。事實上如果我對張亞中教授想法的瞭解無誤的話，由於絕大多數缺少國際法與憲法的專業知識，容易望文生義，而將「一中兩國」等同於「兩國論」，他特別早已避免使用一中兩國的提法，而以「兩岸均為整個中國內部的兩個憲政秩序主體」做為詮釋兩岸定位的說法。

在我看來，〈芻議〉處理了兩件事，第一，它創造性的將主權概念提上來，將之交給有待建構的「整個中國」，用整個中國的主權屬於兩岸全體人民的事實法理陳述將兩岸都框在中國之中。第二、在〈芻議〉一文中，為了避免文字所產生的錯誤解讀，特別使用「尊重對方在其領域內之最高權力」，而不使用主權一詞，在全文中也找不到「中華民國是一個主權獨立國家」這種文字。當然，這想法就大陸而言，看來是有些吃虧，因為大陸現在認為享有完整的中國主權，在現在的國力條件中，又何必委屈自己，讓自己也放棄了代表中國的獨佔權？可是換個方式想，在「平等而不對稱」的條件下，大陸對整個

中國的發言權,又豈是台灣所可比擬的?而大陸如果能以這樣的「吃虧」,來將台灣框回到中國的框架中,這實質的收益又豈是表面的吃虧所可比擬的?說得現實一點,究竟是以這樣的方式讓兩岸走向統合(一體化)所吃的虧大,還是兩岸走上武力衝突的代價大呢?其答案應該是很清楚的吧!更何況〈芻議〉也明白說,此一協定是過渡性質的,而且因爲有「整個中國」作爲框架,它的過渡目標也不會是開放性的,然則這不正是大陸達成其政策目標的最廉價手段嗎?而對台灣言,也能以最小的代價(當然少數台獨分子必不會同意這代價很小),「安全且完整地」維持了現狀,並獲得了對中國問題發言的巨大而合法的空間,同時還隨伴著一定的國際活動空間,這又何樂而不爲呢?更何況,張亞中後來在〈論兩岸與中國的關係〉一文中,特別提到,北京在憲政層次並不需要放棄自己與中國爲「同一」的立場,而可以用「同一性理論」與「部分秩序理論」,即一方面仍然堅持自己爲中國,但是另一方面也可以接受中華民國存在的事實來處理兩岸定位問題(詳請參考《中國評論》第 135 期第 16 頁)。

對於上述論點,其實我覺得〈張文〉並不是沒有一些瞭解,只是〈張文〉似乎沒有準確估算〈芻議〉所設計的「整個中國」的位階,因而對〈芻議〉所認爲的「中華民國乃是一個『整個中國』框架下的憲政實體」有了不準確的定位,所以才有了前述的批判。而我認爲〈芻議〉最有創意之處,其實就是運用「整個中國框架下的憲政秩序實體」這一個創造性的空間,來超越主權的對抗,並保住大陸和台灣的基本立場。而我要試問的是,誰還有更好的方法來爲兩岸做明確的法律定位呢?

承認整個中國就不會形成兩個中國或一中一台

　　當然這樣的看法，張茜紅先生也許仍會有疑慮，那就是〈張文〉的第二個批判意見之所說。〈張文〉中一直擔心，〈芻議〉的架構在現實上有太大的可能被運作成兩個中國，而卻缺乏實質的制約力量。這一顧慮在我看來，不是完全沒有道理，畢竟李登輝就曾有將「一中各表」運作成兩個中國的先例在，因而大陸人士對這點有深沉的顧慮，這是可以理解的。但是這個顧慮也應做兩面看：一是如果照〈芻議〉的構想，台灣的中華民國政府在同意簽定這樣的協定時，它已經必須做出一項重大的政治宣示，因為一旦接受「整個中國」的概念，即已意味著它拋棄了「中華民國是一個獨立於整個中國的國家」（即與中國不再有任何憲法約束的關係）的可能性。它至多只能說，中華民國並不隸屬於中華人民共和國，因此中華民國並未被併吞，但必須承認中華民國乃是整個中國裡的一個法律上的正式成員，這就等於在國際法上解除了兩個中國的疑慮。

　　在這狀況下，它運作兩個中國的空間，其實是大大被限縮了的。我這麼說，也許張茜紅先生仍會質疑，它還是缺乏客觀的制約性，但我必須說，「整個中國」的政治宣示，它背後並不僅只是依賴「善意」而已，它是有國際法之效果的，此其一。至於客觀的制約性，其實兩岸可以透過雙方的正式接觸管道，不斷向對方重複宣示「整個中國」的立場，這就像目前大陸和

美國的領導人每次會面時，所不斷重申的「一個中國原則」一樣，我們能說這樣的政治重申，沒有實質的制約性嗎？而又有哪個政治領導人可以在這種不斷宣示中，再玩出兩個中國的把戲？

退一萬步說吧！就算還是有陳水扁這樣的騙子領導人出現，難道大陸在握有「整個中國」的緊箍咒之下，還找不到工具來制約整個狀況嗎？前幾年，陳水扁大玩一邊一國的遊戲，玩出了什麼名堂沒有？其實就這點來說，大陸是可以更有信心的。反過來說，難道台灣就沒有被併吞的顧慮嗎？如果說台灣都敢在被併吞的顧慮下來接受「整個中國」之立場了，大陸又為什麼不敢？而且客觀的制約條件，其實也可以通過實際的談判談出來，〈芻議〉所討論的是原則，它也似乎沒必要涉入太多技術性的內容吧！

另一方面，就國際上言，〈張文〉認為國際上未必懂得〈芻議〉的架構，而只要中華民國進入了國際場域，就會在國際上實質造成了兩個中國，或者是留下這樣的印象。這樣的顧慮在我看來，其實是不成立的。我們不要忘了，國際法乃是西方人發明的，以他們的能力，不會不懂「整個中國」這概念的意涵。一個現實的例子，當年兩德簽署基礎條約時，西德就不擔心會造成兩個德國的後果，難道大陸的法律專家不能在〈芻議〉的基礎上，設計出更準確的法律說法，以向國際作出宣示？至於說許多不明究裡的國際人士，就不去理他了吧！誰有辦法去管到那麼多呢？試問以目前的狀況，有多少國際人士不是把兩岸當成兩個國家的？那麼現在的「一中一台」的認知，對大陸豈不是更糟？其實兩岸間我們談我們的，何必去理會一般國際人士的認知？至少我們可以相信，世界主要國家的政府，是不會

沒有能力理解〈芻議〉所說之原則，以及其法律效果的。

北京應率先努力推動

　　其三，〈張文〉對〈芻議〉作了一個現實上的質疑，這也就是說他懷疑〈芻議〉的構想反而在台灣島內賣不出去。這顧慮其實是精確的。我完全同意〈芻議〉的構想就眼前台灣的政治生態言，它不只賣不出去，還可能被扣上一頂大帽子。然則為什麼我還要贊成這樣的構想呢？在我看來，這樣的構想如果「直接」在台灣島內推動，它也許沒有空間，但假如以一種「曲線」的方式來推動，情形就可能改觀了。怎麼說呢？這關鍵其實也不難理解，亦即假如大陸能接受〈芻議〉的構想，〈芻議〉的「可能性」基礎即可確立，這也就是說〈芻議〉首先需要證實的是它可以為中華民國爭取到合理的生存空間，如此它就有可能取得台灣言論市場上的競爭力。而我認為這樣的估算並非不合理，因為以今天台灣內部的強勢主張來看，無論是「激進台獨」、「理性台獨」或是馬英九的「一中各表」，骨子裡難道不都是「兩個中國」或「一中一台」、台獨的主張？試問這些主張從大陸的立場看，儘管危害程度有別，有哪一個是大陸真正可以接受的？而台灣內部固然也有極微弱的統一主張，但它可能有甚麼樣的擴張性，大陸應該是心知肚明吧！

　　對這狀況，台灣一些比較理性的人其實不是看不到，只是他們只能焦慮，卻找不到解決方法。而我有信心的是，如果大陸真的在這些想法中做過準確的估算，就應該會發現〈芻議〉

的構想會是最具有合理性與可能性的構想，而且它不只對大陸是如此，對台灣也是如此。這時，只要大陸人士或是官方肯爲〈芻議〉作某種程度的背書，它就有可能很快成爲台灣言論市場裡的強勢主張。如果借用股市的術語來說的話，〈芻議〉其實就是一個值得投資的潛力股，這也就是爲什麼張亞中教授和我要發起組織「兩岸統合學會」以推動此一主張的緣故。我們相信循著「遠近並行、難易並進」的路線來進行，乃是成功公算比較高的作法。換句話說，「兩岸統合學會」第一個對話對象反而是大陸，這種曲線進行的方式，對熟習辯證法的大陸朋友而言，應該是很容易心領神會的吧！

　　我想藉此順道向大陸朋友表示的是一點，就大陸的理性選擇而言，「從統合到統一」乃是通往兩岸統一的一條最快，也是代價最小的道路。而對台灣島內而言，也唯有「統合論」才可能真正對抗所有型態的「主權獨立論」。這點恐怕是大陸朋友千萬要瞭解的。

結語

　　而如果以上我所詳述的一些觀點，都能達成澄清誤會，建立共識的效果的話，則〈張文〉所顧慮的「北京中國」、「台北中國」這一簽署名義的問題，就將只是一個小問題了，我們就把這樣的問題交給實際負責兩岸談判的高手去解決吧！

兩岸間的「法理現實」與「政治現實」

黃光國

本文刊登於《中國評論》2009 年 1 月號（總第 133 期）。作者黃光國為台灣大學終身特聘教授、台大講座、傑出人才講座、教育部國家講座，海峽交流基金會顧問及總統府國策顧問。黃光國教授除了在其心理學專業領域獲得國際心理學界的肯定外，在台灣長期扮演社會建言角色。曾以《民粹亡台論》一書批判當時李登輝的民粹主義，並撰文批判李遠哲的錯誤教改與陳水扁的貪腐。另著有《儒家思想與東亞現代化》、《最後的亞細亞孤兒》、《儒家關係主義：哲學反思、理論建構與實徵研究》等名著。2004 年與張亞中、謝大寧等數十名學者籌組民主行動聯盟，推動兩岸和平建構工程。本文從兩岸關係的法理現實與政治現實切入，分析「兩國論」與「兩區論」在法理與現實的困境，並為以「北京中國」與「台北中國」作為兩岸政治定位提出立論基礎。

「兩國論」vs「兩區論」

　　2008 年 9 月 3 日，馬英九在接受墨西哥《太陽報》專訪時表示：兩岸關係是特殊關係，卻不是國與國關係。總統府發言人王郁琦接著補充說明：兩岸關係是「台灣地區對大陸地區」、「兩個地區是對等地區」、「每個地區上都有統治當局」。這是馬總統上任之後，對兩岸關係所作的首度論述。

　　在陳雲林訪台期間，民進黨發動 1106 圍陳行動演變成流血衝突，8 日下午，民進黨主席蔡英文召開記者會，總結這次行動是「人民的勝利」，可能讓大陸感到：兩岸關係絕不是「搞定馬英九或國民黨就夠」，更重要的是台灣人的民意。她並要求馬英九公開放棄「台灣與中國是地區對地區關係」的說法。

　　當天獨派大老辜寬敏向媒體宣稱：他曾於 10 月 28 日和馬總統會面，建議台灣應與中國大陸維持和平的「兩國」關係，朝「兄弟之邦」的方向發展。馬委婉表示：這項建議「並不具可行性」，因為大陸方面絕不可能接受，而且也與當前憲法、法律架構不合。

　　綠營主張的「兩國論」固然「不具可行性」，馬所提出的「兩區論」對於解決兩岸僵局，又有多少可行性？大陸方面可能接受嗎？

綠營的抨擊

　　「地區論」一出，立刻招到綠營菁英的強烈抨擊。民進黨前立委李文忠以「相互不否認？根本是自我否認」為標題，在《聯合報》民意論壇上表達他的看法：「扁政府時代是立場正確，操作躁進盲動，傷害台灣利益及人民感情。但是馬政府是連國家立場都嚴重退卻，傷害的是台灣根本的利益，及人民長期的不信任。豈能不鳴鼓而攻之？」

　　不久之後，政大法律系教授蘇永欽針對綠營的批評寫了一篇回應「執政時不敢動，綠營現在慮甚麼？」文中引述《憲法》以及相關法條，指出：身為國家元首的馬總統已經「忠實的表達《憲法》上的國家狀態」。蘇永欽教授的胞兄為目前國安會秘書長蘇起。他的觀點多少也代表了馬政府的立場。

馬英九的猶疑

　　馬英九當然也感受到民進黨的強烈不滿。在民進黨舉行1026 大遊行前夕，馬英九接受中央社專訪時表示：把台灣和大陸定位成中華民國的台灣地區和大陸地區，是兩岸人民關係條例定的。在李登輝任內制定，民進黨執政八年，修改三次都沒動過，「為甚麼他們能認同的東西，現在變成我的罪惡？」

　　對民進黨人而言，馬英九的說辭顯然並沒有說服力。翌日，在大遊行演說場上，民進黨主席蔡英文公開指責：馬總統處理主權議題「模糊不清」，痛批馬「總統」為了讓陳雲林來，竟然把「國與國關係降成區與區」，「這個總統有權力出賣我們的主權嗎？」

　　馬英九很可能認為：民進黨人沒聽清楚他對兩岸關係的真正想法。在陳雲林訪台前夕，他又接受《聯合報》專訪表示：「一個中國就是中華民國」，民進黨講甚麼「一國兩區，我是區長」都是歪曲事實。台灣與大陸的關係就是「中華民國底下的台灣地區，與中華民國底下的大陸地區」。馬的聲明可以說是他對「兩區論」的最新詮釋。

　　馬英九的兩岸策略是「先經貿，後政治」，「擱置爭議」，「有爭議的就不做，沒爭議的就多做」。由於此次江陳會談已經說好「不會觸及政治議題」，所以他先拋出「兩區論」，作為江陳會談的基礎。然而，在綠營看來，「兩區論」可能把台灣貶成和香港一樣的「地區」，根本是「喪權辱國」，「是可忍孰不可忍？」所以開始稱呼他「馬區長」。在綠營的大肆撻伐之下，馬英九才吞吞吐吐地說出了他的「新兩區論」。

兩岸的「政治現實」

　　然而，馬英九的「新兩區論」有多少可行性？馬政府反覆強調：兩岸人民關係條例將「台灣地區」和「大陸地區」都放在中華民國的架構下。這是台灣單方面的「法理現實」，而不是「政治現實」。今天兩岸之間的「政治現實」是甚麼？我們

可以從民進黨人最為關切的「主權」，來分析這個問題。政治
學上的「主權」可以從「實質主權」和「國際承認」兩方面來
看。「實質主權」又稱為「管轄權」，它是以有效統治作為國
家存在之要件，包括：用民主合法的程式取得政權，行政命令
之執行，擁有司法審判權，保有自己的關稅，發行本身的錢幣，
對外簽訂條約等等。就這個層面而言，中華民國在台澎金馬當
然擁有實質主權。

然而，一個國家還必須得到國際承認，才算是一個正常國
家。因此，要精準的回答前述問題，我們必須把握「一中各表，
內外有別」的原則，分別確定自己的地位。目前國際上承認中
華人民共和國的國家有 169 個，承認中華民國的國家有 23 個。
對於承認中華民國的國家而言，我們當然是主權獨立的國家。

然而，國際上還有更多國家承認中華人民共和國，卻不承
認台灣。譬如 2003 年 10 月 25 日，美國國務卿鮑爾就在北京
明確表示：「台灣不享有一個國家的主權」，「美國不支持台
灣獨立」。對於這些不承認我們的國家，台灣即使自我否定，
他們也不可能改變態度。因此，不論對方是否承認「中華民
國」，我們都應當堅持自己主權國家的地位。這是國際關係中
的「一中各表」。

不論是從中華民國憲法來看，或是從兩岸人民關係條例來
看，馬英九的「地區論」在法理上都站得住腳，可是，兩岸之
間的關係並不純然是法理問題，而是政治問題。對兩岸「政治
現實」更為周延的描述方式應當是「一中兩憲」：中共在大陸
地區施行「中華人民共和國憲法」，我們在台澎金馬實施「中
華民國憲法」，這兩部憲法都是建立在「一個中國」的原則之

上，各有其有效統治地區。只要台灣堅持「一中兩憲」的原則，雙方便可以「對等政治實體」的立場，展開平等的協商和談判。

將來雙方如果要簽訂和平協定，台灣的名稱不能採取「亞銀模式」，像「中國香港」（Hong Kong, China）那樣，被稱為「中國台北」（Taipei, China）；也不能採取「奧運模式」，自稱為「中華台北」（Chinese Taipei），但卻被翻譯成「中國台北」。而應當用「對等模式」，雙方分別稱為「台北中國」（Taipei China）和「北京中國」（Beijing China）。這是兩岸關係的「一中各表」。

綠營菁英的反省

江陳會後，馬英九顯然已經體會到：他的兩岸政策並不能解開兩岸困局。11 月 11 日，他接受《今日美國報》專訪時，一改先前宣稱「期待任內與對岸簽訂和平協議」的立場，表示雖然兩岸都有意願簽署和平協議，但他「不清楚會耗時多久」。他強調，會持續和大陸發展正常化的經貿和文化關係，但他不應「倉促行事」，因為各方對於兩岸交往的程度和速度，意見並不一致。

我想奉勸馬總統的是：不要只看到深綠人士的「兩國論」不具可行性，也要反省自己提出的「兩區論」有多少可行性？目前已經有許多綠營菁英看出朝野雙方的兩岸政策都已經陷入死胡同。

在陳雲林訪台之前的 10 月 30 日，曾任民進黨文宣部主任的陳芳明教授在《聯合報》上發表文章呼籲「兩黨應重新建立

台灣論述」。11 月 4 日，在陳雲林訪台期間，前民進黨立委
郭正亮也發表專文要求民進黨「拿出兩岸策略」，他說：「1993
年 4 月的辜汪會談，民進黨主席曾率領十多名公職赴新加坡抗
議，表達反對國共片面和談的立場。當時是鄧小平南巡後一
年，大陸剛從 89 年「六四」事件的國際反制中復甦，國民黨
本土化也剛啓動，民進黨不管是代表台灣向國際社會發聲，或
是代表台灣人民向民主逆流嗆聲，都有高度正當性。

15 年後的今天，國內外形勢已經大不相同，不但中國大
陸已經躍為全球經濟新強權，國民黨也早已本土化，兩岸經貿
正常化已經成為台灣無法迴避的課題。令人遺憾的是，「民進
黨儘管已經執政 8 年，至今仍然停留在 15 年前的反對黨論
述」，這樣，「只會讓人民愈來愈認定民、國兩黨扮演兩岸黑
白臉是恰得其分，導致民進黨淪為永遠的反對黨。」

民進黨前立委沈富雄曾經作過一個很生動的比喻，兩岸關
係的「天花板」是中共的《反分裂國家法》，「地板」是美國
的「三公報一法」。如何在這兩塊「鐵板」之間找出最有利於
台灣的生存空間，才是台灣藍、綠政治人物智慧的最大考驗。

兩岸和平路線圖

江陳會後，中共對台智囊、中國人民大學國際關係學院教
授黃嘉樹在《中國評論》月刊上發表了一篇題為《和平發展與
大陸對台戰略的調整》的文章，指出北京現在推動的「兩岸和
平路線圖」依序為：低度和平、中度和平與高度和平。「低度

和平」是不能用武，是不戰；「中度和平」是不願用武，是和
解的和平；到了「高度和平」階段，就是根本不需要用武，昇
華至和諧的和平。

當前台灣海峽現狀是「低度和平」，是靠相關各方的相互
軍事威懾保障的和平；下一步是兩岸通過平等談判，簽定和平
協定或結束敵對狀態協定，或建構兩岸軍事互信機制、兩岸政
黨交流機制、兩岸領導人會晤和磋商機制等，使兩岸的和平升
級爲靠制度或協定保障的「中度和平」。再經由雙方共商兩岸
關係未來，「共議統一」，邁向共同利益保障的「高度和平」，
其象徵是兩岸經濟文化交流的全面機制化。

文章透露，前中共總書記江澤民主政時期，一度有「台灣
問題不能久拖不決」和「統一時間表」的思考。中共總書記胡
錦濤主持對台工作以來，現階段中共對台戰略，不僅僅從兩岸
關係的角度看問題，目標也不限於「統一」這一項，而是把解
決台灣問題與實現中華復興聯繫起來考慮；中共對台灣問題的
思考，不只是如何處理內政問題，還包括如何處理大國關係、
如何在中共日趨強大進程中，向世只、特別是周邊鄰國展現中
共的形象。除非台獨發展到必須用武力壓制的程度，否則中共
必須堅定不移地貫徹和平統一基本國策，盡最大努力防止兩岸
中國人內戰。

馬英九面臨的問題

黃嘉樹的論點反映出大陸對兩岸關係未來發展的期盼。
在台灣方面，許多跡象顯示：有愈來愈多的綠營菁英已經感到

民進黨的兩岸政策已經不切實際,有徹底檢討的必要。在這樣的態勢下,身為領導人的馬英九,難道沒有檢討其兩岸政策的必要嗎?圍陳衝突事件發生之後,馬英九理直氣壯對外宣稱:他「維護台灣主權,一吋沒讓步,一點沒鬆口」,由於江陳會談的協商內容並沒有觸及政治議題,馬英九當然可以這樣自我辯護。

馬英九對台灣內部固然可以堅持台灣方面的「法理現實」,可是,我要問的問題是:未來兩會還要不要進行其他方面的協商?兩岸還要不要簽和平協定?如果這些問題的答案是肯定的,馬英九要如何面對兩岸之間的「政治現實」?今天台灣有多少人會相信大陸與台灣「皆在中華民國底下」?自己都不相信的論述,如何能夠說服別人?如果馬英九繼續堅持:對岸是「中華民國底下的大陸地區」,兩岸和平協定還簽得成嗎?

對於一向強調「依法辦理」的馬總統,要他正視兩岸之間的「政治現實」可能是相當困難之事。在 1106 衝突過後,蔡英文強調:「政府必須整合人民聲音,在最大共識基礎上與中國往來交涉」,這個說法是正確的。在民進黨舉行 1025 大遊行前兩天,我曾經在《蘋果日報》上發表一篇文章,指出:國家定位正是目前朝野雙方爭議的焦點所在。在總統競爭期間,馬英九曾經主張組織「跨黨派委員會」,來解決兩岸問題。因此要求馬英九「實現競選承諾,釐清國家定位」。

兩岸和平協議芻議

沈衛平

本文發表於《中國評論》2009 年 4 月號（總第 136 期），作者為兩岸及國際問題研究專家，曾任中華文化發展促進會會長。本文認為「兩岸關係」已經成為台海雙方的一個習慣用語和專用辭彙。「兩岸關係」既是兩岸關係的定位，而不是甚麼兩國關係或兩個中國的關係。兩岸關係既為一個中國內部的關係，就理應為這種關係定位設計出相應的身分，雙方才能正常進行政治性接觸、協商、談判。在協商、簽訂和平協定直至未來開啟統一談判這漫長過程中，兩岸如何理解、控制、化解仍然不可避免的外交困局，需要大智慧、大手筆、大心胸。

2005 年 4 月，胡錦濤與連戰會談新聞公報提出：「促進正式結束兩岸敵對狀態，達成和平協定，建構兩岸關係和平穩定發展的架構，包括建立軍事互信機制，避免兩岸軍事衝突」。同年 5 月，胡錦濤與宋楚瑜會談公報提出，「兩岸應通過協商談判正式結束敵對狀態，並期未來達成和平協定，建立兩岸軍事互信機制，共同維護台海和平與安全，確保兩岸關係和平穩定發展」。2008 年 5 月，馬英九宣示：「未來我們也將與大陸就台灣國際空間與兩岸和平協議進行協商」。胡錦濤於 2008 年 12 月 31 日再次鄭重提出「協商正式結束兩岸敵對狀態，達成和平協定，構建兩岸關係和平發展框架」。目前，兩岸能否儘早達成「和平協議」，爲世人關切。

和平協定與兩岸目前已達成的各項事務性協定均不同，一旦進入程式運作，即開啓了政治談判的大門。雙方先期在若干難點問題上預做研究，形成定見，求得共識，方能使政治談判的航船繞過阻礙，駛達彼岸。

兩岸關係需要定位

開始政治談判，首先涉及的就是雙方關係的定位問題。它包含三方面內容：

其一，談判地位是否對等。大陸始終堅持「平等談判」的政策，見諸於鄧小平談話和「江八點」、「胡四點」等若干歷史文獻。大陸方面早期的想法是，在國民黨在台灣具有絕對執政地位的前提下，通過國共兩黨第三次合作及國共雙方的對等談判解決問題。當台灣內部政治生態發生了根本變化之後，

通過國共兩黨談判解決問題不現實了。此後，大陸方面的「平等談判」，已指台灣海峽兩岸。由一個中國內部的兩黨對等談，到由一個國家內部的海峽兩岸對等談，而不是由中央政府與一個高度自治的地方政府或省級政府不對等談，台灣方面應該從大陸對台政策的演化之中，體會到大陸方面的務實與誠意。

其二，是國際談判還是國內談判。大陸方面堅持一個中國原則，不言而喻，所進行的必須是一個中國內部的政治談判。

這個問題對台灣方面而言，非常複雜。1991 年，國民黨主政下通過的「國家統一綱領」，提出「海峽兩岸應在理性、和平、對等、互惠的前提下……共同重建一個統一的中國」。如此主張，台灣海峽兩岸無疑同屬於一個中國。1999 年，李登輝提出了「兩國論」，即大陸與台灣是「特殊國與國關係」。2002 年，陳水扁更提出了海峽兩邊「一邊一國」的主張。兩位台灣最高執政者基於「台獨」立場，把兩岸關係定位為國際範疇的兩國關係，不但徹底違背了台灣方面所持一貫立場，使兩岸展開政治談判的前提喪失，而且造成兩岸關係持續緊張，進入可能引發衝突的高危期。2008 年，馬英九主持台灣大政後，恢復了對兩岸關係定位的傳統表述，提出「國民黨執政的兩岸關係定位及法定用語，仍是『大陸地區』與『台灣地區』」。實際堅持了台灣方面的傳統原則：兩岸關係是一個國家的內部關係。這個說法被民進黨罵為「賣台」，「喪失主權」、「矮化台灣」，馬英九也被譏諷為「馬區長」。

所以，台灣內部對兩岸關係性質存在兩種尖銳對立的表述：

A、中華民國是主權獨立的國家，中華民國憲法所明定的

歷史疆域包括整個中國大陸地區,只是中華民國的治權目前僅及於台、澎、金、馬地區,兩岸關係是一個國家框架內的台灣地區與大陸地區的關係。這是國民黨的主張。

B、中華民國是主權獨立的國家,中華民國的疆域為台、澎、金、馬,中國是海峽對岸的另外一個國家,兩岸關係是國與國之間的關係。這是民進黨的主張。

國民黨的主張與中華民國憲法相符。民進黨的主張不符合歷史事實,亦不符合中華民國憲法。由於國民黨的主張被民進黨誣衊為「喪失主權」,扣上「賣台」的帽子,故國民黨雖「理直」,卻「氣不壯」,在闡述如此重要的政策宣示時常常處於被動地位,鮮見敢於明言和解釋者。馬英九主政後,勇敢地直言了一次,便立即遭到民進黨的圍攻,整個國民黨和執政當局依然處於防守態勢。無理者聲大,有理者噤聲,這是國民黨的無奈,亦是台灣的無奈。

長期以來,「兩岸關係」已經成為台海雙方的一個習慣用語和專用辭彙。既是「兩岸關係」,其實定位已在其中,這個定位就是這四個字:兩岸關係!而不是甚麼兩國關係或兩個中國的關係。未來的談判,不能是兩個主權國家在談,不能是這一個中國政府與另一個中國政府在談,也不能是「中華民國」與「中華人民共和國」在談。民進黨攻擊這是「賣台」、將使台灣「喪失主權」是完全站不住腳的,因為海峽兩岸開始了平等談判,大陸在將台灣當作彼岸對待的同時,自己也非以國家身分與其對話,難道大陸也在「出賣主權」?

其三,誰與誰談。兩岸由雙方的執政黨對等談已經行不通了。台灣方面曾提出「對等政治實體」的概念。很顯然,這種提法也已過時,而且無法進行實際操作。因為「政治實體」如

何解釋，達成的協訂能否由「政治實體」簽署都是繁瑣的難題。台灣方面還曾提出「一國兩府」的概念。這又會冒出對「兩府」如何解讀的問題。如果解釋爲「兩個中國政府」或「中華民國」政府與「中華人民共和國」政府，豈不又繞回到「兩國論」和「一邊一國」論的怪圈？！現在，馬英九先生明確提出了「大陸地區」和「台灣地區」的概念，那麼，對等談判的應該是兩個「地區」的執政當局。大陸方面早有「台灣地區」、「台灣當局」、「台灣地區領導人」的提法，對台各種文告、宣示一直在使用「祖國大陸」、「中國大陸」、「大陸方面」、「我國大陸地區」的表述。筆者認爲，雙方可以循此思路繼續深入探討。

敵對狀態需要定性

談論結束敵對狀態，首先要明確兩岸爲何敵對，即敵對狀態的性質。

兩岸敵對，始於 20 世紀國共兩黨之間的鬥爭。雙方在如何建設中國的問題上政見對立，以致兵戎相見。國民黨敗退台灣，內戰的表現形式演變爲兩岸敵對。故兩岸敵對狀態所以形成、存在，根由中國內戰的延伸和繼續。

國共兩黨的黨爭與政爭，是一種早已形成卻在不斷弱化中的敵對狀態。戰爭、流血，曾使國共兩黨間的敵對、鬥爭達到巔峰。自 1979 年大陸發表《告台灣同胞書》和 1991 年台灣「終止動員戡亂時期」以來，國共兩黨關係隨著兩岸人員交

流、經貿往來的擴大亦在改善之中，直至 2005 年實現了歷史性的兩黨最高領導人會面。所以，雙方敵對關係雖未正式結束，實已為結束營造了充分條件和良好氛圍。國民黨在台灣重新掌控政權後，人們確實對兩岸早日結束敵對狀態寄予了很多期許。

當然，我們還應清醒看到，兩岸間還存在日益尖銳化的統、「獨」之爭。「台獨」思潮在台灣發端於上世紀 50 年代，氾濫於 80 年代。李登輝在台灣主政，其「台獨」意識和行為已是路人皆知。之後，主張「台獨」的民進黨在台灣執政，欲把台灣從中國分裂出去，大陸方面則堅決捍衛中國的主權和領土完整，近 10 餘年的兩岸關係持續緊張和面臨危機，非由傳統黨爭造成，而幾乎全由統、「獨」之爭引發。民進黨的「台獨」立場相當頑固，但他執政 8 年，也沒法完成「法理台獨」，兩岸間的統「獨」之爭，還沒有發展到必須戰爭解決的地步。民進黨又從未止步，尤其該黨執政期間，搞「去中國化」、「烽火外交」、「正名」、「修憲」、「一邊一國論」，步步向紅線逼近。2008 年，民進黨敗選在野，作為仍有相當實力的政治力量，其訴「獨」言行更趨挑釁性。故兩岸間的統「獨」之爭還將長期延續，不會消除

民進黨基於「台獨」立場，一直在把兩岸敵對狀態闡釋為是「主權之爭」，造成大陸欲「武力犯台」、「併吞台灣」的印象。混淆兩岸敵對狀態的性質，是推行「台獨」的必要前提。

胡錦濤總書記 2008 年 12 月 31 日的講話再次明確：「1949年以來，大陸和台灣儘管尚未統一，但不是中國領土和主權的分裂，而是上個世紀 40 年代中後期中國內戰遺留並延續的政

治對立，這沒有改變大陸和台灣同屬一個中國的事實。兩岸終歸統一，不是主權和領土再造，而是結束政治對立」。如此認識，既是給敵對狀態準確定性，也是結束敵對狀態的政治基礎。

　　結束敵對狀態，是結束一個中國內部兩岸間的敵對狀態，這無疑是對「台獨」的排除和打擊。可以預見，「台獨」勢力將對和平協議進行強烈抵制和攻訐。儘管如此，在國民黨執政時期兩岸簽訂和平協議將是一件影響深遠的重大事件。它會向台灣民眾表明，兩岸完全可以找到和平相處之道，國民黨能夠為台灣帶來和平。鑒於目前島內政治生態狀況，人們有理由擔心，如果一旦「台獨」勢力和人物再度執政，再次推動「法理台獨」，甚至廢除和平協定，使兩岸間因統、「獨」問題引發的對立重新彰顯，緊張和危機重新回來。當然，這種倒行逆施，必將引發兩岸同胞和國際社會的一致反對。而「台獨」人士也必須想清楚，違背歷史潮流，破壞台海和平，重啟兩岸敵對，將要背負起的歷史罪責。

　　結束敵對狀態，是事關兩岸同胞根本福祉的大好事，且時機業已成熟，條件大體具備，應該把握機遇，抓緊進行。已有台灣學只友人建議，簽訂和平協議難度很高，時間可能會拖很長，事情是否可循先易後難原則分為兩步驟進行：第一步，國共兩黨通過磋商，達成共識，於適當時機和方式宣佈正式結束敵對狀態。第二步，兩岸執政當局進行平等協商談判，達成和平協定。無論一步走還是兩步走，只要有利於最後達成目的，對各種建言都應持歡迎、開放態度，以備參考。

會談身分需要設計

　　議訂和平協議是政治談判。開始政治談判須先明確談判人和簽署人身分，此乃常識。過去，兩岸爲事務性協商設計了可行的模式。現在，兩岸爲將要開啓的政治談判身分進行設計已是繞不過的門檻。

　　由海協與海基會來會談顯然不合適。這兩個機構是官方授權的民間組織，可以互談事務性議題，而無法互談政治性議題。和平協議是事關兩岸關係前途發展的高度政治議題和重大歷史文獻，理應由兩岸當局及層峰人士簽署。海協與海基會層級和權威性不夠。

　　共產黨與國民黨談顯然也不合適。今天台灣的政治生態同二十年前相比，已發生很大變化。國民黨雖是執政黨，但已不能「以黨領政」。國民黨要面對兩岸問題，但兩岸事務已不能作爲黨務處理。簡言之，和平協議必須是兩岸最高當局之間的法律性文件，而不能僅是兩個政黨之間的文件。

　　「中華民國」與「中華人民共和國」談顯然更不合適。這等於承認和支持了「兩國論」、「一邊一國論」。此外，「中華民國」問題是一個比和平協議還要複雜和難解決的問題，如果堅持必須「中華民國」出來談，那麼就得先談「中華民國」的問題。難易倒置，最後的結局只能是甚麼也談不成。

　　政治談判的身分是個問題！此問題現實中已經在考問雙方的智慧了。

　　2008 年 5 月，國民黨主席吳伯雄率團隊訪大陸。因在大

陸不方便稱「馬英九總統」，而說了一句「馬英九先生」，立刻在台灣掀起軒然大波。

　　同年 11 月，海協陳雲林會長率團訪台，在會見賴幸媛和馬英九時，也因不方便稱其台灣頭銜，只能用「你」、「您」稱呼。大陸媒體則使用統一稱謂：陳雲林會見的是「台灣大陸事務部門負責人」和「台灣當局領導人」。

　　馬、陳會之前，「雙方將如何稱謂對方」曾是台灣媒體猜測、關注的焦點。最終，雙方用各自理解、堪稱機敏的方式應對過去。但認真而論，此事只能作為個案來看，而難以作為慣例延用。因為，大陸代表可以拜會「台灣當局領導人」，而不方便拜會「中華民國總統」。這兩個身分之間，有嚴格的政治分只。在大陸代表面前，刻意強調「總統」身分，並不符合對兩岸關係作出的定位。此事換位處置亦然。大陸最高領導人在北京會見台灣代表，身分是黨的總書記，而不是「國家主席」。如若也刻意強調「國家主席」身分，在台灣豈不又要吵翻天？台灣友人可能會說：「馬總統」已經退無可退，如果大陸方面還要堅持較真，只有不見！當然了，馬、陳會如真的為此破局，那豈不是歷史遺憾？我只是想說明，身分問題確實是個重大而棘手的難題。

　　一次代表拜會，尚且為身分問題而煞費苦心。那麼，面對和平協議相向而坐的雙方究竟是何身分，簽署人是何頭銜，解決起來肯定不會輕鬆，更要費一番周章。

　　筆者智窮，給不出圓滿答案來。我只能直白地提出問題。而解決問題，需要進行政治設計。只要雙方有誠意，以中國人的聰明才智，一定可以拿出切實可行的方案，使和平協定偉大

工程最終順利剪綵和落幕。胡錦濤已經提出：「為有利於兩岸協商談判、對彼此往來作出安排，兩岸可以就在國家尚未統一的特殊情況下的政治關係展開務實探討」。

兩岸學界、智庫諸多賢能之士已經注意到了政治談判的身分問題，進行了有益的研討。台灣和海外多位朋友試探性提出：可否各自設立一個能夠代表行政當局的機構，如，「台灣海峽兩岸和平與發展委員會（北京）」、「台灣海峽兩岸和平與發展委員會（台北）」，並由雙方最高行政領導人出任各自委員會的主席。這樣，談判人是雙方委員會派出的代表，簽署者為雙方主席。學者們認為，如此設計，解決了談判身分問題，也可使兩岸交往中諸多難題迎刃而解。例如，大陸人士到台灣拜會領導人，避免了稱呼的尷尬。反之亦然，台灣代表到大陸，也不必再為身分和稱謂絞盡腦汁。

身分與定位緊密關聯。兩岸關係既為一個中國內部的關係，就理應為這種關係定位設計出相應的身分，雙方才能正常進行政治性接觸、協商、談判。學界朋友們的身分設計是否可行不妨再研議，他們的貢獻主要在提出了問題，並進行了前瞻性思考，為成熟穩妥的方案出台作了鋪墊。這完全符合胡錦濤總書記所宣導的「彙集兩岸專家學者智慧與經驗，集思廣益，研討兩岸關係發展的各項政策性建議」之精神。

化解外交糾紛需要智慧

和平協議談判過程中，無可回避會涉及外交領域。多年來，兩岸敵對狀態突出反映在國際場合和外交攻防上。所以，

各方自然關注，結束敵對狀態、簽署和平協定之後，外交領域是否就此風平浪靜？如果外交領域仍有糾紛情事發生，難道雙方仍處於敵對狀態？

這個問題很重要，須預先闡釋清晰，否則，很容易授人以柄，成爲「台獨」攻擊誣衊的靶的。

回答此問題仍然要回到兩岸關係定位上來。即所謂的結束敵對狀態，是要結束一個中國內部海峽兩岸之間的敵對狀態，將要締結的和平協定，是兩岸之間的協定。該協議所要解決的，是雙方不再敵視、人民可以正常往來的問題。雖然台灣對外稱「中華民國」，大陸稱「中華人民共和國」，但和平協議決不是「中華民國」與「中華人民共和國」兩個國家或「兩個中國」之間的協議。鑒於中國事實存在的兩個國號的問題一時難以解決，「中華民國」與「中華人民共和國」在國際場合自然不可能相互承認和見面，雙方在外交領域的糾紛也不會因爲簽訂了和平協議而自動消失。

台灣有些朋友原來的期望值較高，希望在和平協定的談判過程中，大陸能夠正視「中華民國」問題，以某種方式予以承認或加以解決的。

前文已述，「國號」問題是一道更爲複雜的難題，如何解決那是其他雄文的任務。但必須說明，國號、外交問題恐無法與和平協議同步解決其實是台灣方面自己設限造成的。因爲台灣方面已宣佈了「不統、不獨、不武」的方針，講明了「未來八年不會同大陸談統一」，「有生之年都可能看不到中國統一」。由於兩岸和平協定僅僅解決結束敵對狀態問題，只有中國統一協議才能解決國號、外交問題，故不談統一就無法涉及

國號與外交問題，更遑論予以解決了。試想，如果兩岸一開始
談的不是和平協定而是統一協定，那麼，談成簽署之日肯定便
是國號問題完全解決、外交對立徹底化解之時。當然，這在目
前是不現實和做不到的事情

我們還可以從「九二共識」的視角來看問題。「九二共
識」是目前雙方達成的唯一政治共識，也是和平協議的依據和
基石。台灣方面認爲，「九二共識」即「一個中國，各自表述」。
那麼，即便按此邏輯推演也可得出結論：因爲是「一個中國」，
所以雙方的敵對狀態可以結束了。又因爲是「各自表述」，所
以雙方在國際場合和外交領域的困擾仍會繼續。若要實現外交
無糾紛，那首先要做到「一個中國，同一表述」（「一中同表」）。
目前，還不具備實現「同一表述」的條件

和平協議只是兩岸政治談判的第一階段，它並沒有解決
兩岸間的全部問題，特別是統一問題；雙方在外交領域仍然存
在問題是必然的和正常的，沒有問題反倒是非常態和不可思議
的。兩岸正常交往與涉台外交是不同的事務，國際間早就有了
既定的遊戲規則，人們對此應有充分的認識和必要的心理準
備，不要以爲和平協議解決了所有問題，從而有超越實際的預
期。如此認識，甚或以某種文字表述寫入協定，反而可能使和
平協議的會談過程順利，並對「台獨」陣營註定發起的攻擊預
先設防。

簽訂並遵守和平協定，兩岸將進入和平發展新時期，不
再有衝突和戰爭之虞，交流交往亦將全面正常化，雙方均收益
無限。但「中華民國」或「台灣」仍不能正式加入聯合國和只
有主權國家才能加入的國際組織，仍不能與大陸建交國搞雙重
承認。這可能就是兩岸關係未來時的狀況。當然了，人們有理

由期待外交麻煩盡可能不要激化和尖銳化,不要衝擊來之不易的和平發展大局。台灣方面提出了「外交休兵」的概念。大陸方面亦在積極思維大勢、審慎處理個案。

　　總之,在協商、簽訂和平協定直至未來開啟統一談判這漫長過程中,兩岸如何理解、控制、化解仍然不可避免的外交困局,需要大智慧、大手筆、大心胸。正如胡錦濤所說:「我們瞭解台灣同胞對參與國際活動問題的感受,重視解決與之相關的問題。兩岸在涉外事務中避免不必要的內耗,有利於增進中華民族整體利益。對於台灣同外國開展民間性經濟文化往來的前景,可以視需要進一步協商。對於台灣參與國際組織活動問題,在不造成『兩個中國』、『一中一台』的前提下,可以通過兩岸務實協商作出合情合理安排」。這一段講話,已經展現出大陸方面的善意和未來處理具體問題時存在的彈性空間。只要台灣參與國際活動符合一個中國原則,雙方通過協商,相信可以做出合乎情理的安排。

永久和平需要確立方向

　　促成兩岸開始政治談判,達成和平協議的原動力是,雙方都需要和平,都企盼避免危機、衝突和戰爭。但也無法否認,雙方的想法和心態並不完全一致,存在微妙、複雜、明顯的差異。

　　大陸方面當然希望和平協議能夠促進兩岸的交往和融合,最終走到和平統一的終點站。台灣執政當局考慮更多的則

是「做不到相互承認也不要相互否認」，長期「維持現狀」，和平共存。

和平協議的發展方向是甚麼？畢竟，「和平統一」與「和平不統」、「和平分立」是不同的路線。

我們暫且不論是否能將「和平統一」這個辭彙寫進協議，但心中不應迷失方向。位於統、「獨」之間的中間路線目前在台灣的確得到了很多認同，有其存在的客觀性，但它畢竟是兩岸關係中的一種不確定狀態、待抉擇狀態和易變化狀態。我們有理由期待這種狀態不要無限期、無方向發展，使來之不易的和平局面橫生枝節。

1979 年元旦，大陸方面發表了《告台灣同胞書》，提出了兩岸實現通郵、通商、通航「三通」的主張。在歷經種種曲折、坎坷之後，30 年過去，人們終於迎來了全面「三通」的曙光。現在，雖然兩岸都表達了「結束敵對狀態」、達成「和平協定」的意願，但可預見，前行的道路仍不會平坦。沒有人懷疑台灣方面的誠意，但人們確有擔心，在目前島內政治、經濟大環境下，基於選票和繼續執政的考量，台灣執政者是否真的有決心、有魄力推動兩岸政治談判邁出實質性步伐。希望兩岸和平發展的所有中國人不怕「拖」，也會耐心「等」，他們的心情和願望大概可以套用一句詩語來表述：30 年太久，只爭朝夕！

兩岸應正視結束敵對狀態簽訂和平協定的問題

余克禮

本文作者為中國社會科學院台灣研究所所長,為中國大陸研究兩岸問題的首席智庫領導。本文發表於《中國評論》2009 年 8 月號(總第 140 號),有其代表意義。

本文認為,簽署和平協定是兩岸已有的共識,為做好準備,兩岸應著手研究以下重要難點問題:(一)關於兩岸尚未統一的特殊情況下的政治關係問題;(二)關於台灣當局的政治地位,也就是如何解決中華民國的地位問題;(三)關於結束兩岸軍事對峙狀態,建立軍事安全互信機制問題;(四)關於化解兩岸政治意識形態對立的問題。(五)關於兩岸和平協議框架問題。

去（2008）年五月以來，兩岸關係在兩岸執政當局、執政黨和兩岸同胞的共同努力下，開始走出陰霾，逐步進入良性互動、和平發展軌道。兩岸同胞期盼已久的兩岸關係和平穩定與發展的局面基本形成。這一局面得來不易，值得倍加珍惜和維護。但是，這僅僅是兩岸關係歷經多年的波折後，向良性發展邁出的第一步，兩岸關係要取得實質突破，實現全面正常化，還有更艱巨的路要走。當前，兩岸應把握兩岸關係和平發展主題，抓住機遇乘勢而上，在順利推進兩岸經濟性、事務性商談的同時，應儘早著手就正式結束兩岸敵對狀態、簽訂兩岸和平協定的協商談判進行準備、創造條件，加速結束兩岸敵對狀態的步伐，為兩岸關係更快更大的發展開闢廣闊的道路。

結束兩岸敵對狀態、簽訂兩岸和平協定是突破兩岸關係政治瓶頸、實現兩岸關係全面正常化與和平發展的根本途徑

從上世紀四十年代末開始，兩岸由軍事交戰、軍事對峙發展到今天仍處於政治、軍事、意識形態對立狀態，這是中國內戰和外國勢力主要是美國插手台灣問題所造成的。國共內戰所形成的兩岸之間那種敵對關係、敵對思維、敵對意識形態，在兩岸政治、軍事、法律、社會、經濟、文化、教育、新聞媒體、對外關係，甚至體育、衛生等等領域無不打下深深烙印。目前兩岸關係雖然已經緩和、改善並在不斷發展，但基本上都是屬於非政治關係性質，若發展到一定程度就會碰到政治瓶頸，勢必難以深化下去。兩岸關係不能實現完全正常化，兩岸和平穩定就沒有保障，兩岸關係發展就顯得很脆弱，極易出現反復甚至倒退。因此，要實現兩岸關係可長可久的和平發展，就必須面對敏感的政治問題。國台辦發言人李維一在新聞發佈會上說得好，「兩岸還存在政治、軍事方面的矛盾與分歧，如

果不解決，或解決得不好，有可能成爲兩岸關係瓶頸，甚至阻
礙兩岸關係發展，對這些難題不能回避」。

　　幾十年來兩岸或兵戎相見、或劍拔弩張、或勢不兩立，
皆肇因於兩岸的敵對狀態一直未能結束。今天，阻礙兩岸關係
全面正常化，制約兩岸關係和平發展的主要癥結，仍然是兩岸
還處在敵對狀態之下。如果我們不正視、不面對、不處理這一
問題，就無法從根本上消除長期籠罩在兩岸同胞心中的種種相
互不信任甚至仇恨的陰影與疑慮，兩岸也很難建立起全面的政
治互信。兩岸同胞、中華民族已爲兩岸延續了六十年的敵對狀
態付出了巨大的代價，並且現在還在繼續爲此付出代價，這是
全體中國人的不幸，也有愧於我們的列祖列宗。爲了兩岸關係
和平發展，爲了維護兩岸同胞的切身利益和實現中華民族的偉
大復興，兩岸應當捐棄前嫌，儘早進行協商談判，從政治、軍
事、法律、意識形態等方方面面結束兩岸敵對狀態，徹底拆除
阻隔在兩岸同胞之間所有看得見或看不見的政治特別是軍事
安全方面的藩籬，真正消除彼此敵對心態，從根本上清除推進
兩岸關係和平發展的障礙。

　　結束兩岸敵對狀態，簽訂兩岸和平協定，實現兩岸關係
全面正常化，在兩岸民眾中有很高的共識，是兩岸民眾和全球
華人華僑所熱烈期盼的。並且，只要我們稍微回顧一下歷史，
就會發現這不僅僅是大陸方面一貫的政策主張，而且在台灣無
論是國民黨執政還是民進黨在台上，其主要領導人在不同的場
合出於不同的政治考慮也都有過類似的表示，似乎沒有人公開
唱過反調。

　　（一）大陸方面始終不渝地努力推動兩岸在一個中國原

則下，就結束兩岸敵對狀態、達成兩岸和平協定進行協商談判。

早在 1979 年 1 月 1 日，全國人大常委會發表的《告台灣同胞書》就提出，應通過中華人民共和國政府和台灣當局商談結束兩岸軍事對峙狀態。從上世紀九十年代以來，無論台灣政局和兩岸關係發生甚麼樣的變化，大陸方面一直以最大的誠意，盡最大的努力，推動兩岸在一個中國原則下，就結束兩岸敵對狀態、簽訂兩岸和平協定進行協商談判。1995 年 1 月 30 日，江澤民發表題為《為促進祖國統一大業的完成而繼續奮鬥》的重要講話中首次鄭重提出，雙方可先就「在一個中國的原則下，正式結束兩岸敵對狀態」進行談判，並達成協議。2002 年以來，以胡錦濤為總書記的新一屆中共領導集體，面對陳水扁當局瘋狂地製造「台獨」分裂治動，為了維護台海地區的和平與穩定，在堅決反對「台獨」的同時，仍然堅持大力倡導兩岸在一中原則下就結束兩岸敵對狀態、簽訂兩岸和平協定進行商談。2007 年 10 月，胡錦濤總書記在中共十七大政治報告中正式發出鄭重呼籲，希望兩岸「在一個中國原則的基礎上，協商正式結束兩岸敵對狀態，達成和平協定，構建兩岸關係和平發展框架，開創兩岸關係和平發展新局面」。2008 年 12 月 31 日，胡總書記在紀念《告台灣同胞書》發表三十周年座談會上的講話中再次強調了這一重要主張。大陸方面推動兩岸在一個中國的原則下，就結束兩岸敵對狀態進行協商談判，達成和平協議的立場始終如一，態度是積極誠懇的。

（二）從九十年代中期以來，台灣從主政者到社會主流民意都贊同或支持結束兩岸敵對狀態、簽訂兩岸和平協定。

1.李登輝、陳水扁主政時基於自身的政治利益考慮，也曾不得不順應民意多次表示兩岸應終止敵對狀態，簽訂和平協

定。

　　1996 年初，李登輝在競選台灣地區領導人時，為了爭取選票，曾公開宣稱，「海峽兩岸所有民眾都熱烈期盼，必須終止兩岸敵對狀態，營造和平環境，開展互惠、互利、共同繁榮的關係」、「無論誰當選第九任總統，都應重視如何終止兩岸的敵對狀態」，他還信誓旦旦地表示要「推動這項影響兩岸和平發展、亞太地區安定繁榮至深且巨的工作」。同年 3 月 26 日，李登輝接受《華爾街日報》專訪時又宣稱，「從現在起，將努力建立（島內）共識，以簽訂結束海峽兩岸衝突的和平協定為優先政策」。1997 年 5 月，在「終止動員戡亂」結束六周年之際，李登輝透過「總統府」發表聲明指出，「大陸應停止在國際上孤立中華民國，以互示真誠，藉以促成和平協定的簽署」。

　　2000 年 5 月，主張「台獨」的陳水扁、民進黨上台後，雖然大肆推行「台獨」分裂路線，但也不得不正視台灣民眾希望結束兩岸敵對狀態，簽訂兩岸和平協定，維護台海地區和平穩定的普遍呼聲。從 2000 年當選到 2004 年連任前後，陳水扁曾多次表示要簽訂「兩岸和平協定」、「結束兩岸敵對狀態」。2000 年即將上任前，陳水扁在接見日本眾議員時表示，願意在「兩岸尊重對等」、「以聯合國和平方法解決爭端」、「對未來不預設方向」等三原則下，「與大陸重新展開對話，並可以在這個基礎上簽訂任何協定與和平條約」。2004 年初，陳水扁在爭取連任遇到空前困難時，為了爭取選票一再宣稱，將在連任後推動簽署兩岸和平協定；在連任演講中又提出要成立「兩岸和平發展委員會」，擬訂「兩岸和平發展綱領」；在同

年雙十演講中再次表示，「兩岸應該正式結束敵對狀態，並透過協商談判，建立軍事互信機制，同步檢討兩岸軍備政策，甚至共同研議形成'海峽行為準則'作為台海永久和平的具體保障」。

2.國民黨從在野到重新上台執政以來，明確主張要結束兩岸敵對狀態、簽訂兩岸和平協定。

中國國民黨在擺脫李登輝、由連戰擔任黨主席之後，摒棄了李登輝的分裂路線，基本上回到了蔣經國時期所堅持的一個中國政策和反對「台獨」的立場。正是基於這一點，2005年4月，中國共產黨總書記胡錦濤邀請中國國民黨主席連戰先生來大陸訪問，正式結束了國共兩黨近六十年的恩恩怨怨，實現了兩黨關係的正常化。應當特別指出的是，在當時島內「台獨」氣焰囂張、兩岸關係形勢相當嚴峻的情況下，連戰主席頂著巨大壓力和胡錦濤總書記達成「兩岸和平發展五點共同願景」，對兩岸關係發展產生巨大而又深遠影響，實屬難能可貴。它充分展現了國共兩黨領導人的偉大氣魄、聰敏睿智和對維護兩岸同胞及中華民族切身利益的高度政治責任感。「五點共同願景」的第二點明確地指出，要「促進正式結束兩岸敵對狀態，達成和平協定，建構兩岸關係和平發展的架構，包括建立軍事互信機制，避免兩岸軍事衝突」。同年7月，馬英九當選國民黨主席。他在國民黨8月召開的 「十七全會 」上，將 「五點共同願景」列為政綱；2008年5月，吳伯雄首次以執政黨主席來大陸訪問，與胡總書記都表示要繼續依循並切實落實「五點共同願景」。這表明「結束兩岸敵對狀態，達成和平協定」既是國共兩黨的重要主張，又是國民黨大陸政策的一個重要組成部分。

　　馬英九一向重視兩岸結束敵對狀態、簽訂和平協定的問題。早在台北市長的任內就曾表示，兩岸簽訂和平協定，才能穩定台海局勢，互蒙其利。2006 年 2 月，馬英九以國民黨主席身份訪英，在倫敦政經學院發表演講時提出，「兩岸和平發展的中程目標應在於：雙方協商出一個可行的和平協定，並以此作爲指引未來數十年間兩岸和平互動的基本框架」。在 2008 年的大選中，馬英九將推動兩岸關係和平發展、結束兩岸敵對狀態、簽訂兩岸和平協定作爲其重要的競選主張。他多次重申，若執政將和對岸結束敵對狀態，簽訂和平協定。上台執政後，他在接受媒體專訪時表示，「任期內儘量完成與北京簽署和平協議」。

　　3.結束兩岸敵對狀態、簽訂兩岸和平協定，在島內一直有很高的民意支持度。

　　近二十年來，雖然兩岸關係跌蕩起伏，島內政局風雲變幻，但是求和平、求穩定、求發展一直是島內的主流民意。島內多家民調機構長期跟蹤調查的結果顯示，島內民眾對結束兩岸敵對狀態、達成兩岸和平協定一直有很高的期待。早在 1998 年 10 月，台灣公共電視台的民調就顯示，高達 78%的台灣民眾贊成兩岸能在進入 21 世紀之前，簽署結束兩岸敵對狀態的和平協定（《中央日報》1998 年 10 月 15 日）。2008 年 5 月馬英九執政之後，《遠見》雜誌所做的民調亦顯示，71.6%的台灣民眾認爲，應該簽訂兩岸和平協定。

　　島內政界、輿論界、學術界等對結束兩岸敵對狀態、簽署和平協定普遍予以高度關注並多持贊同態度。2005 年 5 月，親民黨主席宋楚瑜應邀來大陸訪問，與胡錦濤總書記達成的

「推動結束兩岸敵對狀態,促進建立兩岸和平架構」的共識中就明確表示:兩岸應通過協商談判正式結束敵對狀態,並在未來達成和平協定,建立軍事互信機制,共同維護台海和平與安全,確保兩岸關係和平穩定發展。這不僅僅是中國共產黨與親民黨的共識,也反映了兩岸同胞的心聲。島內絕大多數媒體一直對結束兩岸敵對狀態、簽訂兩岸和平協定給予高度關注與期待。胡錦濤總書記關於台灣問題的「六點意見」發表後,《中國時報》、《聯合報》等都在第一時間對「在一個中國原則的基礎上,協商正式結束兩岸敵對狀態,達成和平協定,構建兩岸關係和平發展框架」的主張,進行全面報導、積極評論。《中國時報》發表的學者文章認為,「和平協定與軍事安全互信機制的簽訂是台灣朝野所期待的」(《中國時報》2009年1月2日)。多年來特別是2008年5.20後台灣政局和兩岸關係發生歷史性重大轉折以來,結束兩岸敵對狀態、簽訂兩岸和平協定,已成為島內學術界討論的熱門話題,各種有關兩岸和平協議方案相繼提出,討論、研究此一重大議題的氣氛越來越濃。

4.民進黨雖對簽訂兩岸和平協議加以扭曲並肆意,但基本上未公開反對結束兩岸敵對狀態。

在這裡有必要對民進黨對結束兩岸敵對狀態、簽訂兩岸和平協定的態度加以分析,以便讓大家有所瞭解。總體上講,民進黨對結束兩岸敵對狀態、簽訂兩岸和平協定的態度是以服從服務於其政黨利益的需要為出發點的,而不是以台灣民眾利益為出發點,所以其態度是處在動態變化之中的,也就是說是隨著其政黨利益的需要而進行不斷的調整。在2000年未執政之前,民進黨為了化解島內民眾對其上台執政會招致兩岸軍事衝突的疑慮,不斷淡化其「台獨」訴求。當時並沒有公開反對

過結束兩岸敵對狀態、簽訂和平協定,僅表示簽訂兩岸和平協議仍爲時過早云云。2000 年到 2008 年執政期間出於政治需要,民進黨也曾高唱過,「兩岸應該正式結束敵對狀態」、要「推動兩岸簽署和平協議」之類的調子,沒有公開反對、攻擊過這一主張。2008 年民進黨喪失執政權,特別是受陳水扁貪腐弊案的巨大衝擊,陷入了組黨以來的最大危機。爲凝聚包括基本教義派在內的基本力量,穩住陣腳,度過難關,民進黨一改執政時的態度,不顧台灣民眾的利益,對馬英九當局所有的兩岸開放政策都加以攻擊,自然簽訂兩岸和平協定的政策主張也難以倖免,被民進黨扣上了「賣台」、是要「實現終極統一」等大紅帽子。2009 年 5 月 8 日,馬英九接受新加坡《聯合早報》專訪時僅表示,如果在 2012 年連任,不排除與大陸就政治議題進行協商,民進黨就群起攻之,稱這是「要明目張膽地急著定下統一時間表」、「等於配合(大陸)執行統一時間表」等等(《環球時報》2009 年 5 月 11 日)。更有「獨派」大老還叫囂說「兩岸簽訂和平協議,馬英九要拿命來賠」。

從以上筆者用大量篇幅的考證、敘述中可以看出,從 1990 年代中期以來,台灣無論是主政者還是執政的政黨,都曾明確地主張應正式結束兩岸敵對狀態、簽署兩岸和平協定。今天執政的國民黨、馬英九當局將此作爲其大陸政策的一部分,並且得到了島內高達七成民意和大多數政黨、政團的支持。目前僅有民進黨、台聯黨及一些「獨派」團體,基於其政黨私利持反對或不支持的態度,何況他們的支持者中,有不少人在此問題上也未必與其政黨的立場是一致的。因此,筆者認爲,目前島內已基本具備研究、探討、協商正式結束兩岸敵對狀態、簽訂

兩岸和平協定問題的環境。馬英九執政當局應當順應民意,拿出勇氣和魄力,把握機遇適時地和大陸一起共同推進兩岸政治協商與談判,爭取早日結束兩岸敵對狀態。

關於結束兩岸敵對狀態、簽訂兩岸和平協定的幾點思考:

結束兩岸敵對狀態是兩岸關係走向全面正常化、實現和平發展的必由之路,是無法繞過的。解決這一問題更是一項紛繁複雜的艱巨工程,需要高度的智慧與耐心,不可能一蹴而就。

(一)兩岸雙方都應以兩岸人民的切身利益爲重、以中華民族的根本利益爲重,徹底放棄敵對思維、敵對心態和意識形態對立,以最大的誠意和決心來正視、面對並解決結束敵對狀態、簽訂兩岸和平協定問題。

國際冷戰結束快 30 年了,世界各國不同的社會制度、不同的意識形態,爲了維護各自利益,尋求自身發展,增強自己的綜合國力,都可以在經濟全球化和區域經濟一體化的大潮中,淡化意識形態對抗色彩,攜手合作,共創多贏。奧巴馬上台後,爲了美國的利益也能勇於設法化解美國與古巴所結下來的幾十年的怨結。兩岸是同宗同祖、同文同種血脈相連的命運共同體,爲甚麼彼此之間要化解誤會、消除隔閡、摒棄敵意、結束敵對狀態卻如此之難呢?和平與發展仍是當今世界主流,海峽兩岸卻仍不能從冷戰的陰影中走出來,還處在這樣一種被人爲扭曲與製造的敵對、對抗之下,實在是民族的不幸、人民的不幸。兩岸都應當認真深刻地進行反思與檢討,再也不能自外於世界歷史發展的潮流,而應當站在全民族發展的高度,本著理性務實的態度儘快捐棄前嫌,在尊重歷史、正視現實的基礎上,以遠大的目光、豐富的智慧、堅毅的勇氣、務實的思路,認真思考如何解決結束兩岸敵對狀態、簽訂兩岸和平

協定問題。

（二）摒棄「台獨」分裂思維，努力建立兩岸共識及島內共識。

兩岸敵對狀態至今還難以結束，除了國共內戰的歷史因素外，近二十年來，由於島內政局發生急劇深刻變化，又增加了「台獨」和反「台獨」所產生的新因素。這一因素的出現，使結束兩岸的敵對狀態變得更為複雜、更加不易處理。李登輝主政後期及陳水扁在台上八年，為了一己之私、一黨之利，推行「台獨」分裂路線，顛倒、混淆台灣民眾對國家、民族的認同，操弄省籍、族群、統獨矛盾，不僅僅造成了兩岸之間種種新的敵對與對立，還造成了台灣民眾彼此之間尖銳的對立與對抗，形成了很深的鴻溝。今天兩岸要結束敵對狀態、簽訂和平協定，不僅要建立兩岸共識，而且更關鍵是如何努力建立島內共識。

台灣同胞不論是先從大陸到台灣的，還是後到台灣的，都是中國人，都與中國命運息息相關。島內政黨之間的政治之爭、權力之爭，無論哪個政黨、哪個政治人物都不應當以國家、民族的認同作為政爭的工具，更不能以犧牲兩岸同胞特別是台灣同胞的根本利益、損害中華民族的核心利益為代價。世界上只有一個中國，中國主權和領土完整不容分割，維護國家主權和領土完整是全體中國人的共同責任。這是中國共產黨、中國政府所堅持的基本原則立場，同時也應當是包括台灣同胞在內的所有中國人都必須認同和堅持的基本原則立場，也是不容挑戰的。

島內的「台獨」思潮及其活動，在未來一段時間內可能

不易完全化解,「台獨」勢力也還會繼續存在,要完全消失可能需要比較長的一段時間。但是,台灣不應當、也不可能從中國分裂出去,這是所有的台灣同胞都必須面對的、也是不可能改變的現實。當然也不諱言,兩岸要實現統一還需要較長一段時間,現階段兩岸關係是以和平發展為主。因此,結束兩岸敵對狀態、簽訂兩岸和平協定,不是要馬上實現兩岸統一,當然更不是要將兩岸暫時分離的狀況固定下來、造成永久和平分裂的局面,而是為了確保兩岸關係和平發展。因此,兩岸在結束敵對狀態、完全解除台灣同胞在軍事安全及其它方面的種種顧慮後,台灣不論哪個政黨執政、哪位領導人當權,都應摒棄「台獨」,不得再有「台獨」分裂政策。這應當是結束兩岸敵對狀態、簽訂兩岸和平協定所要堅持的一條很重要原則。

（三）為結束兩岸敵對狀態、簽訂和平協定營造氛圍、創造有利條件。

堅持「九二共識」是實現兩岸關係和平發展的重要基礎。正是因為有了這個基礎,1993 年兩岸才開啓了「汪辜會談」,2005 年國共兩黨才實現了關係正常化,並達成了 「兩岸和平發展五點共同願景」。近十幾年來兩岸關係波折不斷,根本原因就在於以李登輝、陳水扁為代表的「台獨」分裂勢力竭力否定「九二共識」,蓄意破壞大陸和台灣同屬一個中國的現狀,嚴重地損害了兩岸同胞特別是台灣同胞的利益,使兩岸關係一直處於緊張狀態。

在兩岸關係已呈現和平發展勢頭的今天,如何為結束兩岸敵對狀態、簽訂兩岸和平協定營造良好氛圍呢?我認為還是要按胡錦濤總書記所提出的「建立互信、擱置爭議、求同存異、共創雙贏」十六字方針去做比較有效。「建立互信」是結束兩

岸敵對狀態、簽訂兩岸和平協定、推動兩岸關係和平發展至關重要的前提。反對「台獨」、堅持「九二共識」，是雙方建立互信的基石。兩岸只要在這個核心問題上立場始終保持一致，就可以理性務實的態度，正視、面對並妥善處理兩岸之間存在的種種問題，包括歷史遺留下來的和兩岸關係發展過程中新產生的問題，並且更可以通過深化兩岸經濟合作、擴大兩岸各項交流和推進兩會協商，不斷累積並擴大共識、增進互信、共創雙贏，最終就一定會爲結束兩岸敵對狀態、簽訂兩岸和平協定創造水到渠成的良好環境。

（四）兩岸應以多種方式、多種途徑就結束兩岸敵對狀態、簽訂和平協定的重點難點問題進行溝通探討，尋求共識，爲正式協商談判預做準備。

海峽兩岸分隔近 60 年，由於種種因素在政治制度、意識形態、有關中國統一及台灣前途等問題上的分歧相當大。結束兩岸敵對狀態、簽訂兩岸和平協定是一個龐大、複雜而又十分敏感、艱巨的系統工程。兩岸要運用政治智慧，求同存異，尋找雙方可以接受的方式和途徑，從共同關心的問題上開始逐步展開，有序推進。當前，要未雨綢繆，爲正式結束兩岸敵對狀態的協商談判早做準備，應著手研究以下重點難點問題：

1.關於兩岸尚未統一的特殊情況下的政治關係問題。這是胡錦濤總書記去年 12 月 31 日重要講話中首次提出來的。胡總書記指出，「爲有利於兩岸協商談判、對彼此往來做出安排，兩岸可以就在國家尚未統一的特殊情況下的政治關係展開務實探討」。對兩岸尚未統一前的政治關係如何進行定位是當前兩岸關係中 比較敏感的問題，也是彼此分歧最大的問題之

一,是兩岸就正式結束敵對狀態進行協商談判首先必須解決的問題。胡總書記提出的這一建議是一矢中的,抓住了解決複雜問題的關鍵點。為了在這一問題上取得突破,5 月 26 日,胡總書記會見中國國民黨主席吳伯雄時指出,「雙方要為解決這些問題進行準備、創造條件。雙方可以先由初級形式開始接觸,積累經驗,以逐步破解難題」。國務院台灣事務辦公室主任王毅在接受中央電視台記者專訪時也曾明確表示,可以先由兩岸專家學者就國家尚未統一前的政治關係展開學術交流。基於此,兩岸學者應對這一問題積極展開深入研究,爭取形成共同成果。

2.關於台灣當局的政治地位,也就是如何解決「中華民國」的地位問題。這是台灣各界普遍關心的問題,大陸方面一直表示兩岸可在一個中國原則的基礎上與台灣方面討論這一問題。但是,由於從李登輝到陳水扁都背離一個中國原則,不承認「九二共識」,使兩岸失去了共同討論這一問題的基礎。馬英九、國民黨執政後,重新回到「九二共識」的立場,並且實行務實的大陸政策,使兩岸有了理性探討這一問題的空間。我相信只要兩岸都有誠意推進兩岸關係和平發展,都能站在全民族發展的高度上,都能以兩岸人民福祉為重,在兩岸雙方的共同努力下,就一定能夠找到解決問題的辦法。

3.關於結束兩岸軍事對峙狀態,建立軍事安全互信機制問題。這是台灣民眾最關切的問題,也是結束兩岸敵對狀態過程中必須要解決的問題。因此,胡錦濤在「六點意見」中提出,「為有利於穩定台海局勢,減輕軍事安全顧慮,兩岸可以適時就軍事問題進行接觸交流,探討建立軍事安全互信機制問題」。大陸方面已正式提出具體建議,可以先由專家學者就這

一問題展開學術交流,也可以從兩岸退役軍人交流開始啓動兩岸軍事問題的接觸。總之,只要以雙方都能接受的方式來認真研究探討這一敏感問題,憑中國人的聰明智慧就一定能圓滿處理這一問題。

4.關於化解兩岸政治意識形態對立的問題。很多人在研究如何結束兩岸敵對狀態問題時,比較少涉及到這一問題。兩岸分隔近 60 年,不僅形成了不同的社會制度與價值觀,更由於兩岸執政當局都曾實行反對、仇視對方的宣傳教育政策,雖然大陸方面已在 30 年前就已經開始調整並完全改變了這一政策,但是台灣從李登輝到陳水扁執政時,不僅沒有改變反而把反共政策上升到全面的反對中國、仇視中國的政策,使兩岸的政治意識形態在某種程度上更爲對立。如果這一問題不在結束兩岸敵對狀態中得到化解,勢必會影響到兩岸同胞情感的全面融合。因此,有必要對此一問題作深入的研究,找到解決的有效辦法。

5.關於兩岸和平協議框架問題。目前兩岸學者在討論結束兩岸敵對狀態與簽訂兩岸和平協定的關係時,有各種各樣不同的看法與意見。但是,筆者比較贊成兩岸在就正式結束敵對狀態達成共識的同時,應簽訂兩岸和平協定,也就是說兩岸和平協定是結束兩岸敵對狀態的最後體現形式。基於此,在討論研究結束兩岸敵對狀態方方面面問題的同時,應認真研究、思考、設計兩岸和平協議的框架問題。

總之,結束兩岸敵對狀態、簽訂兩岸和平協定所涉及的問題很多,除了以上問題外,還有複雜的法律問題、敏感的涉外事務等問題都需要研究。兩岸學者和有關職權部門,可本著

先易後難、循序漸進、逐個展開、廣泛交流、積極探討、深入溝通、尋求共識、努力突破的原則進行，儘早為兩岸正式結束敵對狀態、簽訂和平協定進行協商談判預作充分準備。

析兩岸學者對兩岸政治定位的分歧：對兩岸思維模式差異的思考

胡凌煒

本文作者為年輕一輩兩岸關係專家，現任上海東亞研究所副所長。本文就兩岸目前對於兩岸政治定位的異同做了分析，並提出個人看法，有相當大的參考價值。本文析兩岸學者對〈兩岸和平發展基礎協定芻議〉的分歧：對兩岸思維模式差異的思考〉刊於《中國評論》，2009 年 8 月號（總第 140 期）。

2008 年 10 月，《中國評論》月刊登載了台灣大學張亞中教授的文章〈兩岸和平發展基礎協定芻議〉（以下簡稱〈芻議〉），引發了大陸、台灣以及海外學者的熱烈討論，張亞中教授也連續撰文對〈芻議〉一文做了進一步的補充說明。儘管台灣島內民調顯示，在台灣像張亞中教授這樣仍強烈主張兩岸統一的民眾已不佔多數，並呈下降趨勢，主張統一的觀點已不代表島內多數民眾的訴求；但是，進一步分析〈芻議〉一文所運用的思考兩岸關係的模式可以看到，台灣社會在經歷了本土化與民主化之後，兩岸出現了巨大的社會差異，導致台灣民眾採取了與大陸不一樣的思維模式來思考兩岸關係。

因此，分析兩岸學者圍繞〈兩岸和平發展基礎協定芻議〉產生的爭議，研究瞭解大陸與台灣學者對於兩岸關係的思維模式及其差異，將有助於兩岸增加相互的瞭解，從根本上逐步消除分歧，並取得最終的共識。

一、透過〈芻議〉觀察分析台灣民眾對兩岸關係的思維模式

近年來，台灣大學張亞中教授在兩岸關係研究方面出版了多部著作，包括討論兩岸政治法律定位的《兩岸主權論》、論述兩岸關係未來發展走向的《兩岸統合論》、從國家安全與發展戰略角度析論兩岸關係的《全球化與兩岸統合》。這些著作共同構成張亞中教授完整的「兩岸關係思想體系」。在這個思想體系的基礎上，張亞中教授撰寫了〈兩岸和平發展基礎協定芻議〉。顯示出台灣學者在思考兩岸關係發展問題上有自己

獨特的思維模式。

（一）〈芻議〉側重從現實角度思考兩岸關係

張亞中教授在〈芻議〉中強調「協定當事雙方認知到整個中國自一九四九年起處於分治狀態」，強調「兩岸同意、尊重對方在其領域內之最高權力，任何一方均不得在國際上代表對方。雙方均尊重對方之內部憲政秩序與對外事務方面之權威」。認為「由於目前還沒有完成統一，北京與台北的政府均只有在自己所管轄的領域內享有完整的管轄權，而不能及於對方」（第15頁）。〈芻議〉從現實的角度強調了兩岸分治的狀態，但是，沒有從歷史的角度正視兩岸關係的起點是一九四六年開始的國共內戰。

回顧兩岸關係發展的歷史，可以看到在兩岸關係形成初期，台灣方面是以「內戰」的視角來審視兩岸關係的，台灣視中共為「共匪」，堅信「光復大陸」，對內拒絕國會全面改選以延續法統的正當性，對外則以「漢賊不兩立」的原則處理對外關係。然而，隨著時間的推移，當「光復大陸」成為不可能任務後，台灣方面開始接受兩岸關係發展的現實，並且側重用現實的角度思考兩岸關係。

（二）〈芻議〉運用了自下而上的思維方式推動
　　　　兩岸的統一

文章在所擬《兩岸和平發展基礎協定》本文中，在認同「兩岸同屬整個中國」的同時，強調了「兩岸的平等關係」，

強調了「尊重對方在其領域內之最高權力，尊重對方之內部憲政秩序與對外事務方面之權威」。並且在對於《基礎協定》性質的看法中強調要「尊重簽約雙方的主體性」，保障「台灣人民無論在政治經濟上都能得到安全感，感受到兩岸統合對於台灣人民的有利性」。張亞中文章在認同「整個中國」的同時，更加強調對台灣的實際利益，在維護台灣主體性，確保台灣政經利益的基礎上，構建整個中國的框架。這是一種自下而上的思維方式。這樣的思維方式與兩蔣時期相比發生了根本的變化。

在蔣介石統治時期，蔣介石懷有強烈的「大中國」意識，國民黨採取自上而下的思維方式制定實施各項政策。為了反攻大陸，台灣被定位為復興基地，整軍經武遠重於政、經建設。在推行「愛國」與「思想教育」方面，「以強化人民對中華民國及反攻大業的認同感」，壓抑了台民眾對台灣的合理認同。在台灣社會的本土化與民主化之後，再次執政的國民黨其決策和施政的重心向下移動，選擇以台灣人民的福祉為視角優先決定施政的方向，以台灣為主體考慮國家的未來。同樣，台灣民眾的思維方式也發生了根本的變化。電影《海角七號》的熱播，「明顯地透露出一個重要的台灣社會發展訊息，那就是『大人物』的時代已經消逝。人們更加關注身邊的餐飲、民宿、農場、設計、環保、藝文等各個生活領域的故事。希望不斷創造出有內容的故事、有創意的產品、以及有品味的生活」（劉維公：《甩開大人物平凡人大步走》，《聯合報》2008 年 12 月 27 日）。台灣社會形成的自下而上的思維方式，使他們在思考兩岸關係時，更加強調自身的主體性，強調維護自身的利益。

(三)〈芻議〉嘗試運用多元化的思維方式解決 兩岸的政治定位

文章首先強調了「兩岸定位」對於兩岸關係發展的重要
性，認為「兩岸定位」是兩岸關係能夠發展的基礎。在此基礎
上，運用多元的思維方式提出了「兩岸三席」的概念，就是在
國際組織中，除了容許台灣的參與外，台灣也應當同意兩岸共
組「兩岸共同體」或「中華共同體」代表團作為兩岸參與國際
社會的第三席。「兩岸三席」的概念來源於張亞中所著的《兩
岸統合論》，書中作者提出「兩岸有三個主體」的概念，「一
個是中華民國、一個是中華人民共和國，另一個是'整個中國'
（第三主體）。台灣是『整個中國』的一部分，大陸也是『整
個中國』的一部分」（頁 86-95）。

張亞中教授不僅提出多元的、三個主體的概念，更進一
步明確了在主體多元化之後，多元主體之間的相互關係，就是
「中國大陸與台灣這兩個主體是架起整個中國的兩根柱子，
『整個中國』，也就是第三主體，像是兩個柱子上面的『屋頂』」
（張亞中，《全球化與兩岸統合》，第 277 頁）。「三個主體」
的概念揚棄了單一主體的思維，避開了兩岸各有其主體性，就
等於兩岸已經是互相不隸屬國家的推論。擺脫了兩岸「主體從
屬」或是「主體平行」的單一性和排它性思考，嘗試用多元化
的思維方式，最大限度地化解兩岸在主權問題上的對立。

（四）〈芻議〉強調了構建共同認同對於兩岸統一的重要性

文章在所擬《兩岸和平發展基礎協定》本文中寫道，「兩岸決定在雙方同意之領域成立共同體，以促進彼此合作關係」。「雙方以統合方式經由共同體之建立是共同發展之基礎路徑」。在對於所擬《基礎協定》的說明中指出，「共同體的一項功能是建立彼此的共同重疊認同。兩岸共同體能夠成立，透過多種共同體的運作，重疊認同將因而擴大。當兩岸人民，特別是台灣人民越來越能接受兩岸同為中國人，其為命運共同體的看法時，兩岸從統合到統一自然有了堅固的基礎」。

2009 年 4 月，張亞中教授再次在香港《中國評論》發表題為《論兩岸統合的路徑》，強調了構建兩岸共同認同的重要性，指出「認同是可以被政治人物構建的」。針對馬英九執政後的兩岸關係，張亞中在該文中認為，「台灣缺乏強化兩岸認同的主張與行動」。「目前台灣僅有兩種主流聲音：一是兩岸關係物質化。兩岸關係的物質化固然有助於兩岸良性互動，但是並不必然能夠加強兩岸的認同鞏固。二是強化台灣主體性。強化台灣主體性有其歷史背景，和政治選擇的需要。但是，這兩種主流論述合流將極有可能讓兩岸在心理認同上逐漸越來越遠」。

為了構建兩岸之間共同的認同，進而推動兩岸的政治統合，張亞中提出將推動文化統合、貨幣統合、經濟統合、身份認同、安全認同、國際參與以及和平框架等一系列的兩岸統合構想。以構建共同的認同為目標，以各個具體的領域合作為起

點,強調兩岸逐步統合的過程是〈芻議〉的又一個特點。

二、大陸追求統一的思維模式與台灣民眾存在差異

　　張亞中教授〈兩岸和平發展基礎協定芻議〉文章發表後,引起了兩岸學者的熱烈討論。大陸學者首先充分肯定了〈芻議〉一文在「整個中國」的框架中去思考兩岸關係的發展,並且以兩岸的完全統一為終極目標,堅持了「一個中國的原則」。但是,另一方面,大陸學者認為「通觀〈芻議〉及張教授的相應解釋,可以認為,〈芻議〉關於兩岸關係的定位,實質上是「一中兩國」(張茜紅:〈評張亞中教授兩岸和平發展基礎協定芻議〉,香港《中國評論》2009 年 3 月號第 45 頁)。這是大陸無法接受的。兩岸學者的分歧顯示出兩岸間思維模式的差異。

(一)大陸學者側重從歷史的角度思考兩岸關係

　　在回應張亞中教授的文章中,一些大陸學者認為,「孫中山先生領導的辛亥革命,確立了現代中國在國際體系中的主權地位,毛澤東領導的中國共產黨推翻了蔣介石領導的國民黨政權,取得了中國主權繼承的合法地位,並得到國際社會絕大多數成員的認可。那個時候,『中華民國』作為傳統意義上的主權國家確實不存在了。如果沒有台灣島,『中華民國』可能成為流亡政府,就像歷史上的大多數流亡政府一樣,最終自然

消亡」（陸鋼：〈評張亞中〈兩岸和平發展基礎協定芻議〉〉，
香港《中國評論》2008 年 12 月號第 23 頁）。

　　針對「中華民國」在台澎金馬地區的事實存在，並且進
行了有效的治理。也有大陸學者認為，「『中華民國』的滅亡
並不意味著『中華民國政府』也隨之消失。按照『內戰理論』
目前的『中華民國政府』最多只能算是效忠前朝的，或者期望
復興前朝的『流亡政府』或者『殘缺政府』。這個『中華民國
政府』雖然與 1949 年前在南京的『中華民國政府』一脈相承，
有淵源關係，但其在國際法中的作用和地位已不可同日而語。
因為『中華民國』已經滅亡」（張茜紅，同上文，第 45 頁）。
大陸學者從歷史的角度，一致認為「中華民國」作為主權國家
不存在。

（二）「大一統」的價值觀使大陸更加重視中華
　　民族的整體利益

　　在中華民族五千年歷史文化中，追求「大一統」的價值
觀是奠定和強化國家統一的牢固基石，中華文化對於國家統一
大勢的形成與發展的意義，首先在於「大一統」價值觀長期以
來深深地影響人們的思維方式，從而使統一成為人們所普遍認
同的理想政治秩序。早在先秦時期，中華民族隨著內部凝聚力
的不斷增強，就初步形成了「大一統」觀念。《詩經‧小雅‧
北山》中的「普天之下，莫非王土；率土之濱，莫非王臣」，
就表達了這種思想傾向和價值取捨。作為思想觀念的「大一
統」，包含著非常豐富的內涵，並隨著歷史的演進而發展變化。
在地理概念上，它是指國土統一，「天無二日，土無二王」（《禮

記‧坊記》）；在政治概念上，它是指全國上下高度一致，聽命於最高統治者，「天下若一」，「夙夜匪懈，以事一人」，「尊天子，一法度」。「大一統」的思想觀念，其最大特點表現為強調國家利益、整體利益至高無上，強調地方利益、局部利益必須服從國家整體利益。在台灣本土化與民主化轉型過程中，隨著台灣主體意識日益高漲，「大一統」的價值觀面臨挑戰。

　　從台灣社會的實際情況看，「台灣人的需求與訴求『主體性』，除了政治因素外，其實與台灣人的悲情有內在關係。台灣人長久期盼擺脫苦難，早日出頭天，台灣人能當家作主」（陳癸淼：《論台灣》，台灣海峽學術出版社，2002 年 3 月版，第 49 頁）。這樣的「主體意識」與「台獨意識」是有本質區別的。但是，按照傳統的「普天之下，莫非王土；率土之濱，莫非王臣」的觀念，台灣作為中國的一個地區是不能擁有自己的主體性和主體意識的。因此，強調台灣的主體性就會被看作是「台獨意識」。

　　從兩岸對話交流的歷史來看，大陸首先強調「一個中國」原則，在此基礎上討論台灣的政治地位，而台灣首先強調自身的主體性，再來討論兩岸關係。思考順序的不同是導致兩岸無法達成共識的又一個根本原因。

(三)傳統主權國家理論使大陸無法擺脫單一的思維模式

　　按照相關的主權國家理論，一個國家的構成包括主權、

領土、政府和人民。在通常情況下，這四個要素是緊密結合在一起，是不可分割的。然而，就兩岸關係來看，1949 年後形成的大陸與台灣的相互關係超出了傳統主權國家理論所涵蓋的範圍。在馬英九執政後，兩岸關係的發展以及未來兩岸和平統一的進程對傳統主權國家理論提出了新的挑戰。

首先，按照傳統的單一主權國家理論，兩岸關係發展無法解決「中華民國」的主權地位問題，大陸和台灣都無法擺脫單一主權國家理論對兩岸關係發展的限制。在大陸學者看來，「作爲主權國家的『中華民國』隨著 1949 年中華人民共和國的建立已經滅亡，至少是隨著聯合國 2758 號決議的生效，就國際法而言已經不復存在」……。〈芻議〉文中提出的『兩岸三席』的概念實質上是『一中兩國』，台灣方面的考慮是以『中華民國』作爲『主權國家』依然存在爲〈芻議〉暗含的前提』（張茜紅，同上文，第 45 頁）。但是，從台灣方面的立場來看，即使馬英九執政也無法放棄「中華民國是一個主權獨立的國家」這一政治訴求。其次，單一主權理論使大陸面對「中華民國」呈現出複雜矛盾的心態。一方面認爲「中華民國」不存在，以此證明中華人民共和國是唯一合法的政府；另一方面大陸又希望「中華民國」存在，作爲遏制「台獨」的屏障，避免去「中國化」的結局。

大陸學者的觀點，顯示出沿用傳統的主權國家理論，單一的思維方式來思考當前的兩岸關係發展，無法走出兩岸政治定位的困境，無法適應未來兩岸關係的發展。這是兩岸學者存在分歧的根本原因之一。

三、大陸對台政策的思維模式出現積極 的變化

　　兩岸之間在思維模式上的差異實質上反映了兩岸存在的社會差異。大陸對於兩岸關係的思維模式是與大陸整體社會的發展水平緊密結合在一起，是無法割裂的。同時，隨著大陸社會的快速發展，大陸制定對台政策思維模式也不斷與時俱進，出現了積極的變化。

　　首先，表述「一個中國的原則」新三段論反映了大陸開始運用多元思維思考兩岸關係。2000 年 8 月 24 日，錢其琛副總理在會見台灣聯合報系訪問團時，首次公開提出「一個中國原則」的「新三段」詮釋，即「世只上只有一個中國、大陸與台灣同屬一個中國、中國的主權與領土不容分割」。2002 年 3 月 5 日，朱鎔基總理在「第九屆全國人大第五次會議」上所做的政府工作報告中，首次將「一個中國」的「新三段論」納入「政府工作報告」。2002 年 9 月 13 日，中國外交部長唐家璇在第 57 屆聯合大會演講時說，「世只上只有一個中國，台灣和大陸同屬一個中國，中國的主權和領土完整不容分割。實現國家統一，是我們堅定不移的立場和不懈奮鬥的目標」。這是中國大陸第一次在國際場合宣稱「大陸與台灣同屬一個中國」，而非「台灣是中國的一部分」。

　　其次，現階段的對台政策顯示出，大陸沒有放棄兩岸統一的終極目標，但是更加重視兩岸關係和平發展的過程，重視

在各個領域建立兩岸合作機制，爭取台灣民眾認同。在 2008
年 1 月 31 日，胡錦濤總書記在紀念《告台灣同胞書》發表 30
週年座談會上的講話中強調，「首先要確保兩岸關係和平發
展，這有利於兩岸同胞加強交流合作、融洽感情，有利於兩岸
積累互信、解決爭議，有利於兩岸經濟共同發展、共同繁榮，
有利於維護國家主權和領土完整、實現中華民族偉大復興」。
並且提出在政治、經濟、文化、人員往來、軍事等各個領域建
立制度化合作交流機制，推動兩岸關係的和平發展。

　　對比分析兩岸學者圍繞〈兩岸和平發展基礎協定芻議〉
所產生的分歧，可以看到現階段大陸學者和台灣學者關注兩岸
關係發展的思維模式是截然不同的。這是導致兩岸學者無法達
成共識的根本原因。然而，學者的思維模式是來自於學者所生
活、學習和工作的社會環境，是兩岸社會環境的差異導致了兩
岸學者思維模式的不同。因此，在兩岸關係進入和平與發展的
新歷史時期後，必須逐步縮小兩岸的社會差距，爲最終消除兩
岸政治分歧、達成政治共識創造條件。這就決定了在兩岸的最
終統一之前，大陸與台灣需要一個相互磨合、相互適應的階
段，這將是一個長期的歷史階段。

高瞻遠矚、名正言順：
兩岸簽訂和平協定的前提

黃光國

本文為黃光國教授回應余克禮所長〈兩岸應正視結束敵對狀態簽訂和平協定的問題〉的文章，全文刊於《中國評論》2009 年 10 月號。本文透過兩岸間的法理現實與政治現實，認為「一中三憲」兼顧名正與言順，是解決兩岸政治定位問題的方案。

本文亦是黃光國教授出席由兩岸統合學會與清華大學法學院、中美關係研究中心所舉辦的「兩岸關係高級論壇：兩岸和平協議」研討會，會後所撰寫的心得記錄。中國評論通訊社對於此次研討會特別報導如下：

〈中評社北京 6 月 14 日電〉 來自臺北，包括一位國策顧問、三位海基會顧問在內的兩岸統合學會，十三日在清華大學與北京方面重要學者就「兩岸和平協議」與「兩岸統合路徑」及「兩岸和平框架」等議題進行一整天的密集與深入討論。

臺北方面出席的包括：兩岸統合學會理事長、台灣大學政治學系教授張亞中；國策顧問、台灣大學心理學系教

授黃光國；總統府重要財經顧問、台灣競爭力論壇總召集人、台灣大學經濟學系教授林建甫；中國大陸研究學會理事長、實踐大學教授楊開煌；兩岸統合學會秘書長謝大寧教授；海基會顧問、台灣競爭力論壇副秘書長謝明輝等七人。北京方面主辦單位為清華大學法學院與中美關係研究中心，參與者包括王振民院長、孫哲主任、北京大學國際法研究中心主任饒戈平教授、全國台研會副會長許世銓與周志懷，清華大學法學院教授李兆亮、張新軍、呂曉傑，廣東省博羅縣政協委員陳勤浩等十餘人。北京國台辦官員全程參與。

　　有關兩岸和平協議部分，多數認為應包括下列四個重要部分，一、應是原則性與過渡性的規範協議；二、規範內容在確定兩岸定位、兩個政權之間的關係；三、應指出未來統合的發展方向；四、確立和平發展的機制，例如共組委員會等。

　　對於簽署的名義、具體的兩岸定位、是否簽署兩岸敵對狀態等問題則有不同看法，但是絕大多數認為未來的兩岸協議成為一法律檔，必須經過雙方立法程式確認。兩岸統合學會認為，應將兩岸定位為「整個中國內部的兩個憲政秩序主體的關係」，並可以「台北中國」與「北京中國」的對等名義簽署。這是基於平等及應讓台灣分享中國話語權的考量。北京方面有不少學者認為兩岸可依「一中原則」定位下的「一國兩區」做為兩岸定位的考慮。

　　雙方學者幾乎都同意，未來兩岸和平協議討論中，最核心的問題是北京方面如何面對中華民國」的身分與地位問題。

　　在「兩岸統合路徑」與「兩岸和平框架」部分，兩岸統合學會認為兩岸目前在經濟、社會上已有密切的互動，但是兩岸之間的認同也在快速的往分離的方向移動。因此，除了現有的合作以外，兩岸宜透過機制（institution）的建立，以使雙方的互動得以往統合方向前進。

　　北京方面的學者也同意，兩岸和平框架與兩岸統合路徑是可以重疊的。胡六點即是一個和平發展的框架。北京學者也認同兩岸統合學會所提出的七個構想，值得深入探討與推動。

　　北京學者瞭解到，如何推動兩岸統合路徑，以建構與鞏固兩岸的共同認同，已是一件刻不容緩的事，兩岸學者應在這些問題上儘量進行討論與研究。有學者認為，兩岸文字趨同化與兩岸食品安全共同體等構想，都可以儘快的開展。

　　清華大學法學院王振民院長在許世銓副會長的建議下，同意兩岸學者有必要以「歐洲統合經驗對兩岸的啟示」為課題進行跨兩岸的學術研究，以求為兩岸未來統合工作建立思想與經驗借鏡。

　　與會學者均同意，此次研討會是一個很好的開端，雙方宜再進一步對兩岸和平協議等問題進行探討，做出具體建議，以供雙方政府參考。

　　中國社科院台研所所長余克禮先生，在「中國評論」8月號上發表專文〈兩岸應正視結束敵對狀態簽訂和平協定的問題〉，強調兩岸應把握兩岸關係和平發展主題，在順利推進兩岸經濟性、事務性商談的同時，盡早著手，就正視結束兩岸敵對狀態、簽訂兩岸和平協定的協商談判進行準備，創造條件，加速結束兩岸敵對狀態的步伐。

面對敏感的政治問題

　　余先生指出：目前兩岸關係雖已緩和、改善並在不斷發展，但基本上都是屬於非政治關係性質，若發展到一定程度，就會碰到政治瓶頸，勢必難以深化下去。兩岸關係不能實現完全正常化，兩岸和平穩定就沒有保障，兩岸關係發展就顯得很脆弱，極易出現反復甚至倒退。因此，要實現兩岸關係可長可久的和平發展，就必須「面對敏感的政治問題」。

　　這個說法基本上是正確的。不久前，馬英九當選國民黨主席，中共領導人胡錦濤以總書記名義發電致賀，電文重申希望國、共兩黨「繼續推動兩岸關係和平發展，進一步深化政治互信」，馬英九在覆電中再度提出十六字箴言：「正視現實、建立互信、擱置爭議、共創雙贏」，這十六字與胡錦濤先前提出的十六字訣，有十二字相同，不同的是「正視現實」四個字，而且列為首位。馬總統所強調的「正視現實」，其實正是余先生所謂的「面對敏感的政治問題」。

簽訂和平協定的原則

余先生很正確地指出：「結束兩岸敵對狀態、簽訂兩岸和平協定，不是要馬上實現兩岸統一，當然更不是要將兩岸暫時分離的狀況固定下來，造成永久和平分裂的局面，而是為了確保兩岸關係和平發展」。我認為：這是兩岸間的基本共識，是大多數人都會同意的。

然而，余先生說：「兩岸在結束敵對狀態、完全解除台灣同胞在軍事安全及其他方面的種種顧慮後，台灣不論哪個政黨執政、哪位領導人當權，都應摒棄台獨，不得再有台獨分裂政策。這應當是結束兩岸敵對狀態、簽訂兩岸和平協定所要堅持的一條很重要原則」。

余先生所言，誠然不錯。可是，在我看來，今天兩岸簽訂和平協定的最大難關，在於兩岸關係的定位。要落實余先生所提的這條原則，兩岸決策當局一定要能夠高瞻遠矚，讓兩岸關係的定位能夠「名正言順」，「名之必可言，言之必可行」。這話該怎麼說呢？

馬總統的「法理現實」

在這篇文章中，我想就「正視現實」和「兩岸定位」兩

個層面,來說明我的論點。馬英九當選總統之後,2008 年 9
月 3 日,他在接受墨西哥《太陽報》專訪時表示:兩岸關係是
特殊關係,卻不是國與國關係。總統府發言人王郁琦接著補充
說明:兩岸關係是「台灣地區對大陸地區」,「兩個地區是對
等地區」,「每個地區上都有統治當局」。這是馬總統上任之
後,對兩岸關係所作的首度論述。

　　「地區論」一出,立刻招到綠營菁英的強烈抨擊。在民
進黨舉行 1026 大遊行前夕,馬英九接受中央社專訪時表示:
把台灣和大陸定位成中華民國的台灣地區和大陸地區,是兩岸
人民關係條例定的。在李登輝任內制定,民進黨執政八年,修
改三次都沒動過,「為什麼他們能認同的東西,現在變成我的
罪惡?」

　　在陳雲林訪台前夕,他又接受《聯合報》專訪表示:「一
個中國就是中華民國」,民進黨講什麼「一國兩區,我是區長」
都是歪曲事實。台灣與大陸的關係就是「中華民國底下的台灣
地區,與中華民國底下的大陸地區」。

　　馬英九為人小心謹慎,具有強烈「法律人」的性格。在
擔任總統之初,他的兩岸策略是「先經貿,後政治」,「擱置
爭議」,「有爭議的就不做,沒爭議的就多做」。由於江陳會
談已經說好「不會觸及政治議題」,所以他先拋出「兩區論」,
作為江陳會談的基礎。然而,在綠營看來,「兩區論」可能把
台灣貶成和香港一樣的「地區」,根本是「喪權辱國」,「是
可忍孰不可忍?」所以痛罵他是「馬區長」。在綠營的大肆撻
伐之下,馬英九才不得不說清楚他的「新兩區論」。

兩岸間的「政治現實」

　　在 2009 年 1 月出版的《中國評論》上，我曾經以〈兩岸間的「法理現實」與「政治現實」〉為題，發表一篇文章，文中指出：任何人都可以看出：馬英九的「新兩區論」是在描述兩岸之間的「法理現實」，而不是「政治現實」。如果他堅持這樣的「兩區論」，則兩岸之間根本不可能展開政治協商。馬英九性格的特徵是「謹守分際」、「不在其位，不謀其政」。在他以總統身分兼任黨主席之後，他希望中共正視的「現實」，不僅止是台灣片面的「法理現實」，而且是兩岸之間的「政治現實」。

　　然則，兩岸之間的「政治現實」是什麼呢？在 2009 年 6 月號的《中國評論》上，我曾經發表一篇文章〈台灣主權的「虛」與「實」：面對兩岸間的政治現實〉，文中指出：政治學上的「主權」可以從「實質主權」和「國際承認」兩方面來看。「實質主權」又稱為「管轄權」，它是以有效統治作為國家存在之要件，包括：用民主合法的程序取得政權，行政命令之執行，擁有司法審判權，保有自己的關稅，發行本身的錢幣，對外簽訂條約等等。就這個層面而言，中華民國在台澎金馬當然擁有實質主權。

　　然而，一個國家還必須得到國際承認，才算是一個正常國家。因此，要精準的回答前述問題，台灣必須把握「一中各表，內外有別」的原則，分別確定自己的地位。目前國際上承

認中華人民共和國的國家有 169 個，承認中華民國的國家有
23 個。對於承認中華民國的國家而言，台灣是「名副其實」
的主權獨立的國家。

然而，國際上還有更多國家承認中華人民共和國，卻不
承認台灣。譬如 2003 年 10 月 25 日，美國國務卿鮑爾就在北
京明確表示：「台灣不享有一個國家的主權」，「美國不支持
台灣獨立」。對於這些不承認我們的國家，台灣即使自我否定，
他們也不可能改變態度。因此，不論對方是否承認「中華民
國」，我們都應當堅持自己主權國家的地位。

共享中國主權的光榮與尊嚴

然而，這樣的主權宣稱畢竟是「虛」的。更清楚地說，
自從 1949 年國民政府撤退到台灣之後，海峽兩岸便在其有效
統治領域之內分別各自實施一部憲法，也各有一個「中華民國
政府」及「中華人民共和國政府」，兩個政府之間並沒有簽訂
任何的和平協定。台灣在國際公法上的地位，是一個「處於內
戰局面的既定事實的政府」，是一個有限制地位的政府。它雖
然能夠與外國簽署條約，並履行若干的國際責任和義務，也能
夠在它有效控制的領土上承擔一般國家的任務，但並不是一個
正常的國家。

然而，儘管「中華人民共和國」已經因為聯合國 2758 號
決議的生效，而在 1971 年取代「中華民國」在聯合國中的席
位；儘管「中華人民共和國」已經得到大多數國家的承認；從
國家「主權」這個嚴謹的定義來看，「中華人民共和國」也不

是一個正常的國家。針對這一點，我非常欣賞上海台灣研究所
所長俞新天在《中國評論》2009 年 3 月號上發表的大作〈擴
大台灣國際空間問題的思考〉，他說世界上還有 23 個國家承
認「中華民國」。即使「中華民國」喪失了所有的「邦交國」，
也不等於中華人民共和國行使的主權完整了；只要台灣還有
「獨立」的可能，只要和平統一還未實現，主權完整就無法完
全實現和得到保證。只有兩岸共同努力，加強合作，才能共享
中國主權的光榮與尊嚴。

　　俞新天所長的說法，和我的論點兩相對照，很清楚地說
明了兩岸之間的「政治現實」。孔老夫子說：「名不正則言不
順，言不順則事不成」，要兩岸政府正視這樣的「政治現實」，
雖然有些困難，更難的是兩岸之間要用什麼名義彼此定位。換
句話說，今天兩岸關係的癥結不僅在於「實」，而且在於「名」；
不僅在於「正視現實」，而且在於如何使兩岸關係「名副其實」，
讓兩岸互動可以「名正言順」。這話怎麼說呢？

兩岸關係的定位

　　台灣完成二次政黨輪替之後，馬英九在 2008 年 5 月 20
日就職典禮上明白宣示：「未來我們將與大陸就台灣國際空間
與兩岸和平協議進行協商」，胡錦濤於 2008 年 12 月 31 日也
再次鄭重提出「協商正式結束兩岸敵對狀態，達成和平協議，
建構兩岸和平發展框架」，這時候，問題便來了：《中國評論》
2009 年 4 月號刊登了北京「和平與發展研究中心」研究員沈

衛平先生的一篇文章〈兩岸和平協議芻議〉，文中指出：「然而，兩岸要想簽訂和平協議，必須克服的第一個難題（可能也是最大的難題），就是談判雙方如何確立彼此的身分」。

沈先生很正確地指出：「和平協議是事關兩岸關係前途發展的高度政治議題和重大歷史文獻，理應由兩岸當局及層峰人士簽署」，海協會和海基會是官方授權的民間組織，可以互談事務性議題，卻無法互談政治性議題，其權威性顯然不足以承擔這項任務。目前國民黨雖然是執政黨，但已不能「以黨領政」，兩岸事務也不能作為黨務處理，由共產黨和國民黨來簽署這樣一份「必須是兩岸最高當局之間的文件」，「顯然也不合適」。如果要以「中華民國」與「中華人民共和國」的名義協商和平協議，「這等於是支持了『兩國論』、『一邊一國論』」，「顯然更不合適」。

然則，「面對和平協議相向而坐的雙方究竟是何身分」？「簽署人是何頭銜」？

沈先生指出：「現在，兩岸為將要開啟的政治談判進行設計已是繞不過的門檻」；至於如何進行這項政治設計，沈先生承認：「筆者智窮，給不出圓滿答案來。我只能坦白地提出問題」可是，他也相信：「只要雙方有誠意，以中國人的聰明才智，一定可以拿出切實可行的方案」。

「一中兩憲」的主張

針對沈先生提出的問題，我在 2009 年 5 月號的《中國評論》上，發表了一篇〈以「一中兩憲」跨越和平協議門檻〉，

所謂「一中兩憲」是指：中共在大陸實施一部「中華人民共和國憲法」，台灣則在「台澎金馬地區」實施「中華民國憲法」，這兩部憲法各有其有效統治範疇，卻都建立在「一個中國」的原則之上。由於任何一個政治實體都是以憲法制定的，只要我們堅持「一中兩憲」的立場，雙方便可以對等政治實體的立場展開談判，不僅可以建構兩岸間穩定的和平關係，而且可以讓台灣參與國際社會。

如果海峽兩岸都能夠接受「一中兩憲」的主張，將來雙方要以「政治實體」的立場，簽訂「和平協定」或其他條約，既然不能使用現有的國名，不妨使用「台北中國」（Taipei China）和「北京中國」（Beijing China） 的名稱。在這兩個名稱中，「台北」和「北京」分別代表兩個「政治實體」的首府所在地，也可以作為「中國」的形容詞，其意義分別為「台北的中國」和「北京的中國」，代表兩個對等的治政實體，誰都沒有被誰「矮化」成「地方政府」。

用國民黨所主張的「一中各表」來看，「台北中國」指的是在台北的「中華民國」，「北京中國」指的是在北京的「中華人民共和國」，但是大家都是中國，完全符合「九二共識」，「一中各表」的精神。

從中共的角度來看，「台北中國」與「北京中國」也符合中國大陸「一國兩制」的精神。但卻又不是中共目前在香港實施的「一國兩制」。目前「一國兩制」的「香港模式」，是在「中華人民共和國憲法」之下，再制訂一部「特別行政區法」，如此一來，台灣將淪為中共轄下的一個「特別行政區」，這種安排，不要說泛綠民眾不會接受，即使是大多數的泛藍群眾也

不會接受。

兩岸和平路線圖

「一中兩憲」的主張說穿了其實是「卑之無甚高論」，張亞中教授在《中國評論》上發表〈兩岸和平發展基礎協定芻議〉，對簽署人雙方的名稱，也是建立在「一中兩憲」的理論基礎之上。然而，一談到這種理論的實踐，卻跟修行佛法一樣，「三歲小兒也道得，八十老翁行不得」，最大的困難，在於中共當局很難克服自己的心理障礙。這話又是怎麼說呢？

去年 12 月江陳會後，中國人民大學國際關係學院教授黃嘉樹在《中國評論》月刊上發表了一篇題為〈和平發展與大陸對台戰略的調整〉的文章，指出北京現在推動的「兩岸和平路線圖」依序為：低度和平、中度和平與高度和平。「低度和平」是不能用武，是不戰；「中度和平」是不願用武，是和解的和平；到了「高度和平」階段，就是根本不需要用武，昇華至和諧的和平。

當前台灣海峽現狀是「低度和平」，是靠相關各方的相互軍事威懾保障的和平；下一步是兩岸通過平等談判，簽訂和平協定或結束敵對狀態協定，或建構兩岸軍事互信機制、兩岸政黨交流機制、兩岸領導人會晤和磋商機制等，使兩岸的和平升級為靠制度或協定保障的「中度和平」。再經由雙方共商兩岸關係未來，「共議統一」，邁向共同利益保障的「高度和平」，其象徵是兩岸經濟文化交流的全面機制化。

今（2009）年六月中旬，兩岸統合學會和北京清華大學

法學院在北京舉行「兩岸關係高級論壇：兩岸和平協議」學術研討會，全國台灣研究會常務副會長周志懷也明白表示：兩岸之間的共識，有三個不同的發展階段：過去的九二共識旨在反對台獨；現在兩岸間新的共識，應當著眼於中華民族的偉大復興。最近胡錦濤祝賀馬英九當選國民黨主席的電文中，也期盼國、共兩黨能夠互相合作，「開創中華民族的偉大復興」。

互爭正統的「亞銀模式」

黃、周兩人所提出的「兩岸關係發展階段論」基本上若合符節，跟大陸領導人倡導的方向互相呼應，也顯得非常的高瞻遠矚。可是，一碰觸到現實的「正名」問題，大陸方面的決策當局便很容易忘掉這些遠大的理想，而開始爲政黨的利益斤斤計較。我們可以用大陸方面對台灣參與國際組織名稱的態度變化來說明這一點。

目前台灣參加國際組織主要有兩種不同的模式，一是「亞銀模式」，一是「奧會模式」。1966 年，台北參與亞洲銀行，爲創會會員國。1974 年，北京擬加入亞銀，台北表示反對。1983 年，中共正式申請入會，但其前提條件爲「中華人民共和國政府是中國的唯一合法政府」，台灣當局必須改名。當時亞洲銀行行長藤岡真佐夫花了兩年多的時間，和台灣公開和秘密接觸二十多次，和大陸接觸三十多次，到了 1988 年 4 月，亞銀在馬尼拉召開第 21 屆理事年會，亞銀當局擅自將台灣名稱由「中華民國」（Republic of China）改爲「中國台北」（Taipei,

China），當時台灣代表「亞銀理事」張繼正雖然提出書面抗議，但並沒有選擇退出。目前台灣在亞銀的會籍名稱是「中國台北」（Taipei, China），大陸則是「中國」（China）。

用黃、周兩人的「兩岸發展階段論」來看，1980 年代，兩岸雙方都努力地在國際關係上爭取「正統」，國民黨當時堅持的原則叫「漢賊不兩立」，共產黨的說法是「有蔣無我，有我無蔣」。在雙方角力之下，最後是台灣敗北。和香港在國際組織中的名稱「中國香港」（Hong Kong, China），有同樣的語法結構，台灣也因此每年開會都要提出抗議。

「反對台獨」的奧會模式

再談「中華台北」。1989 年，兩岸針對台灣代表國參加奧運的名義問題展開協商，4 月 6 日，當時中國奧林匹克委員會主席何振梁與中華奧林匹克委員會秘書長李慶華簽署協議。這就是所謂的「名古屋協定」。兩岸協商之後，「中華民國」以「中華台北」（Chinese Taipei）的名義參加奧運會、亞運會等國際運動賽事。從此之後「中華民國」也常以「中華台北」（Chinese Taipei）的名義參與 APEC、OECD 等國際組織。

用黃、周兩人的「兩岸關係發展階段論」來看，那個時代兩岸之間的共識是「反對台獨」。由於「中華人民共和國」政府奉行一個中國政策，所以不承認在台澎金馬的「中華民國」為一個獨立的「國家」，反對其參加任何由「主權」「國家」參與構成的國際組織，並反對其在國際上使用「中華民國」的

名稱。而「中華民國」政府亦拒絕使用「中國台灣」的稱呼，也反對直接使用帶有台獨涵義的「台灣」稱呼，因此將"Chinese Taipei"翻譯為「中華台北」作為折衷名稱。

就其中文意義而言，「中華台北」的名稱是強迫台灣從「中華」的文化、民族、歷史層面來定位自己，不但沒有憲政秩序的精神，連「政治實體」的地位都沒有。就其英文意義而言，"Chinese Taipei"可以譯為「中國台北」或「中國人的台北」，英文中根本無法區分「中國」或「中華」。

屈辱與無奈的名稱

在 2008 年以前，除了正式比賽場合外，大陸媒體一直習慣以「中國台北」的稱呼來翻譯"Chinese Taipei"。這在 2008 年北京奧運開幕前夕引起了兩岸間的爭議。台灣執政當局認為，"Chinese Taipei"應譯作「中華台北」，北京國際媒體中心將之譯為「中國台北」則有矮化之嫌。中國大陸起初認為，奧委會協議不涉及他人在協議範圍外使用「中國台北」的權利，因此不認同矮化一說。在馬英九總統、中國國民黨秘書長吳敦義相繼表示不滿後，中國大陸的新華社、中新社與中央電視台等媒體才在 7 月下旬改用「中華台北」來稱呼台灣體育代表團。

然而，對台灣人而言，以「中華台北」（Chinese Taipei）的名義參與國際組織，其實是充滿無奈和屈辱之感。在 2009 年 4 月，兩岸經過政治協商，決定台灣用「中華台北」（Chinese Taipei）的名義，以觀察員的身分參加 2009 年的世界衛生大

會（WHA）。馬英九總統在接受媒體訪問時表示：對於這樣
的安排，他「不滿意但可以接受」。然而，在馬英九總統就職
週年前夕，民進黨卻以「反傾中，顧主權，護台灣」作爲主題，
發起「五一七嗆馬保台活動」。在這場民進黨宣稱有八十萬人
參加的活動上，民進黨主席蔡英文借題發揮，對群眾大聲疾
呼：過去這一年，台灣在馬政府帶領下，主權消失、經濟退步、
民主走回頭路。馬政府一意孤行推動親中政策，把台灣人命運
和前途放在中國手裡，「這是我們不能同意、也不能忍受的
事」。

　　蔡英文說，台灣人沒有悲觀的權利，「我們的國家我們自
己救」，台灣人要團結，用民主來救國，民進黨將和所有人一
起保護台灣，讓國際社會知道台灣人民真正的選擇是什麼，「這
是民進黨的歷史責任」！

兩岸簽訂和平協議的前提

　　余克禮先生說：「兩岸在結束敵對狀態、完全解除台灣
同胞在軍事安全及其他方面的種種顧慮後，台灣不論哪個政黨
執政、哪位領導人當權，都應摒棄台獨，不得再有台獨分裂政
策。這應當是結束兩岸敵對狀態、簽訂兩岸和平協定所要堅持
的一條很重要原則」。這一點非常正確，也非常重要。台灣在
二次政黨輪替之後，民進黨因爲無法和貪瀆的陳水扁作出切
割，其社會支持度一直低迷不振。目前還能夠動員群眾的議
題，大概只剩下諸如「反傾中、顧主權、護台灣」之類的主題
而已。將來馬總統不管用什麼名義和大陸簽訂和平協議，這份

和平協議一定要經過雙方最高民意機構的認定，才會發生效力。如果在野黨對雙方簽訂兩岸和平協議的名義感到不滿，立法院在討論此一議案時，在野黨立委一定全體缺席，表示抗議。屆時執政黨固然可以藉著多數優勢，強行通過和平協議。然而，如果在野黨藉題發揮，造成台灣社會的擾攘不安，甚至造成第三次政黨輪替，那該怎麼辦？第三次政黨輪替之後，如果新的執政黨對國民黨執政時期和大陸簽的和平協議又翻臉不認帳，那又該怎麼辦？

2009 年 8 月 31 日，海協會副會長王在希接受《人民網》訪問時表示：「兩岸應該在『九二共識』的基礎上，簽署和平發展框架協議」。在 2009 年 9 月號的《中國評論》中，兩岸統合學會理事長張亞中教授更以「兩岸統合、一中三憲」為主題，依據歐盟國家制訂《歐盟憲法條約》的經驗，在「一中兩憲」的基礎上，進一步提出「一中三憲」的主張。他指出：「歐盟在 2004 年開始推動的憲法，其實是集過去已簽訂的條約的總和，加以精簡補充而得」。「它其實是一部不是憲法的憲法，它本質是條約，但是叫它做憲法」。未來兩岸和平（基礎）協定，可以看做是兩岸進入「第三憲」的第一份文件，「未來的兩岸協定就像一根根的支架，涉及政治性的協定是柱樑，事務性的協定是壁牆，當『第三憲』的權威感愈來愈高，兩岸不就是自然成為一體了嗎？」

我完全贊同張教授的這項主張。張教授的主張為兩岸人民「共同謀求中華民族的偉大復興」擘劃出一條具體可行的途徑。然而，「一中兩憲」也好，「一中三憲」也罷，兩岸簽訂和平協議的前提，是用一組雙方都能夠心悅誠服的名義，來為

兩岸關係定位。孔子說得好:「名不正則言不順,言不順則事不成,事不成則禮樂不興,禮樂不興則刑罰不中,刑罰不中則民無所措手足。故君子名之必可言也,言之必可行也」。如果大陸方面基於現實政治利益的考量,千方百計脅迫台灣用任何「委屈求全」的名義簽署和平協議,和平協議一簽,立刻引起台灣社會動盪不安,「禮樂不興,刑罰不中,民無所措手足」,甚至「做球給對方打」,造成台灣的第三次政黨輪替,國民黨政權猶且不保,還談什麼「中華民族的偉大復興」?

「君子名之必可言也,言之必可行也」,這是兩岸當局在定位兩岸關係、並思考用什麼名義簽署和平協議時,必須牢牢記住的一句話,請兩岸當局三復斯言!

面對「一個中國」：從互不承認到互不否認到尊重現實

戴瑞明

本文作者戴瑞明大使，曾任駐英國代表、總統府副秘書長兼發言人、國家統一委員會（國統會）諮詢委員兼召集人、駐教廷大使。學養豐富、關心兩岸和平發展，目前擔任兩岸統合學會顧問，協助推動兩岸統合工作。本文為戴瑞明大使長期對於「一個中國」的認識，所提「建立中國主權由兩岸人民共享的觀念、建立中國領土由兩岸人民共管的觀念、建立兩岸在國際上互助合作的機制」之建議，值得兩岸決策思考。

　　台灣海峽兩岸關係歷經六十年的大風大浪，波濤洶湧的波折，終於在上（2008）年5月中國國民黨重新執政，認同「九二共識－一個中國、各自表述」後，恢復了雙方政府委託的白手套「海基會」與「海協會」間的協商對話，實現了長久以來期盼的「三通」－通航、通郵、通商，但雙邊關係要想繼續維持和平發展勢頭，就遲早要簽訂結束雙方敵對狀態的「和平協議」。到時候，勢將無法再「擱置爭議、維持現狀」。雙方對當前主權暨相互定位的爭議終將浮上檯面，必須面對各說各話的「一個中國」問題，找出能爲雙方均能接受的解決方案。

一、「一個中國」的涵義

　　對中、美、台三方面的政府而言，「一個中國」有不同涵義，且隨著時間的推移，不斷演變。中華人民共和國政府一向堅決主張一個中國的「原則」；美國政府採取一個中國「政策」，而中華民國政府則依據一中憲法，視一個中國爲「目標」[1]，三方面均根據其本身各自的利益及國內外情勢的發展，不斷進行調適。簡言之，北京方面關心國家的重歸統一；台北方面則盼暫時維持現狀，和平共處，將台灣前途問題留待後代解決；華盛頓方面關心者，厥爲台灣問題必須由兩岸人民自行和平解決，不支持「台灣獨立」，對「中國統一」持中立態度，

---

[1] 2000-11-29 本人應邀向羅馬「國際政治愛德協會」發表演講，題爲「分裂的中國之現況：修好的展望」，見 2002-9 輔仁大學天主教史料中心出版之《中梵外交關係六十年史料彙編》565-571 頁。

但反對以武力改變現狀，達成統一目標，重視解決雙方爭端的「過程」，而非「結局」（祇要兩岸同意，統一、獨立、邦聯都可接受）。

(一)北京的基本立場：一個中國的「原則」

北京認為 1949 年 10 月 1 日中華人民共和國中央人民政府成立，替代中華民國政府之日，即成為整個中國唯一合法政府，在國際社會成為唯一合法代表；認為中華民國的歷史地位業已結束，中華人民共和國政府理所當然地應該完全享有和行使中國的主權，包括對台灣的主權；不認為中國是個分裂國家。

在此認知下，北京政府設定了內外有別的「一個中國原則」。在國際上，堅持「中華人民共和國政府為全中國唯一合法政府……台灣是中華人民共和國領土不可分割的一部分」，反對「兩個中國」、「一中一台」及「台灣獨立」。北京對台的政策基調則為 1984 年 2 月 25 日鄧小平先生所提出的「和平統一」、「一個國家，兩個制度」。統一後台灣成為中華人民共和國的一個「特別行政區」，高度自治。在其憲法中明訂「台灣是中華人民共和國神聖領土的一部分，完成國家統一的偉業，乃是所有中國（包含台灣）人民的崇高使命」。

2005 年 3 月 14 日，北京方面參照美國為維護聯邦完整而向南方分裂勢力宣戰發生流血內戰的歷史經驗，為避免兩岸同胞相殘，生靈塗炭，乃經由其全國人大通過《反分裂國家法》，重申堅持一個中國原則及「和平統一、一國兩制」的方針，並將一個中國的三段論列入法律，亦即「世界上祇有一個中國，大陸和台灣同屬一個中國，中國的主權和領土完整不容分

割⋯⋯」。針對台獨分裂勢力，劃下紅線，立法得採取「非和平方式」[2]。

(二)台北的基本立場：一個中國的「目標」

　　台北認爲中華民國自 1912 年創建以來，在國際社會即是一個主權獨立的國家。1949 年中國因內戰處於分裂狀態，中華民國中央政府自南京輾轉播遷台北後，一直視中共當局爲「叛亂團體」，主張中國大陸仍是中華民國的一部分。迄 1991 年 3 月 14 日，行政院院會通過「國家統一綱領」，以追求中國統一爲目標[3]，不再否認中華人民共和國政府爲一「政治實体」，同年 5 月 1 日又主動廢止實施了 43 年的「動員戡亂時期臨時條款」，不再視中華人民共和國政府爲一「叛亂團體」；同日並公布了「中華民國憲法增修條文」[4]，確定在「國家統一前」，正式將中華民國領土劃分爲台、澎、金、馬的「自由地區」及由中華人民共和國政府統治的「大陸地區」，以方便兩岸人民之交往，兩岸關係之推動。

---

[2] 2005-3-14 中國第十屆全國人大第三次會議通過《反分裂國家法》，其立法構想聞係歐美華僑所提，因美國林肯總統在二百多年前亦曾爲維護美國統一而向南方各州分裂勢力宣戰。參見楊日旭教授專文「林肯與分裂活動」，中國文化大學 1995 年出版「THE UNIVERSAL LINCOLN」。另台灣奇美公司董事長許文龍在其退休感言中指出，「反分裂國家法」使得他的公司可以放心在大陸投資，因爲他不搞台獨，也不支持台獨。

[3] 1991-3-14 行政院院會通過「國家統一綱領」；2006-3-1 陳水扁執政期間，指示行政院院會通過決定「國家統一綱領」終止適用。

[4] 1991-5-1 公佈之「中華民國憲法增修條文」序言中明訂「爲因應國家統一前之需要⋯⋯」，可見此一「一個中國憲法」，係以追求中國統一爲目標。

　　三個月之後，在台北的「國家統一委員會」再通過「關於一個中國的涵義」，指出台灣海峽兩岸均認爲祇有一個中國，然海峽兩岸對一個中國的涵義有不同見解。對北京而言：一個中國意即中華人民共和國，在統一後，台灣成爲「特別行政區」。對台北而言：一個中國乃指一九一二年創立之中華民國，法理上其主權及於全中國，目前則僅治理台、澎、金、馬。台灣固爲中國的一部分，中國大陸亦爲中國之一部分。

　　1993 年 11 月 3 日「海基會」與「海協會」雙方經香港會談後終於同意各自口頭表述「一個中國的原則」，此即所謂「一個中國、各自表述」的「九二共識」[5]，奠定了兩岸於 1993 年 4 月 27 日在星加坡舉行首次「辜汪會談」的基礎。

　　此後兩岸關係，因主張分裂的兩位前總統李登輝、陳水扁先後提出「兩國論」及「一邊一國」論而遭遇挫折，直至 2008 年 5 月馬英九總統執政，再次回到「九二共識」的「一中各表」，兩岸始恢復對話。

(三)華府的基本立場：一個中國的「政策」

　　美國政府採取一個中國「政策」，亦有學者稱之爲「一個中國不是現在的政策」[6]，建基於美國與中華人民共和國所簽

---

[5] 2002-11-4 國策基金會國安組召集人蘇起所撰《「一個中國，各自表述」共識的史實序：「一個中國，各自表述」共識的意義與貢獻》。

[6] 1971 年美國哈佛大學出版、由 RICHARD MOORSTEEN & MORTON ABRAMOWITZ 合著的「重訂中國政策：美中關係與政府決策的形成」，首次提出「一個中國，但不是現在」(ONE CHINA BUT NOT NOW) 的政策構想，以解決美、中之間長期以來有關「一個中國」的

訂的三個公報,即 1972 年的《上海公報》、1979 年的中美《建交公報》與 1982 年的有關對台軍售的《八一七公報》及《台灣關係法》:

第一、在《上海公報》中,美國「認識到」台灣海峽兩岸的所有中國人主張一個中國,台灣是中國的一部分。美國政府對此立場「不持異議」,重申美國關切台灣問題由台海兩岸中國人自行和平解決。

第二、在《建交公報》中,「美國承認中華人民共和國爲中國唯一合法政府……在未來,美國人民與台灣人民將維持商務、文化及其他非官方關係美國認識到中國的立場,祇有一個中國,台灣是中國的一部分」。

第三、在《八一七公報》中,美國重申承認中華人民共和國爲中國唯一合法政府,並認識到中國的立場,祇有一個中國,台灣是中國的一部分。美國並重申無意損及中國之主權與領土完整,無意干預中國之內政,亦無意追求「兩個中國」、「一中一台」的政策。美國瞭解並欣賞中國追求和平解決台灣問題的政策。

第四、在《台灣關係法》中,美國政策大要爲:(1)維護與促進美國人民與台灣人民、中國大陸人民、亞太地區其他人民廣泛、密切、友好的商務、文化與其他關係;(2)美國決定與中華人民共和國建立外交關係乃基於台灣之未來將以和平方式決定之期望;(3)如以非和平方式決定台灣前途,乃美國「嚴重關係」之事項;(4)提供台灣自衛武器。

1994 年柯林頓總統期間所作「台灣政策檢討報告」的內

爭議。

容大要為：(1)美國自 1979 年與中華人民共和國建交後，歷任總統均重申中華人民共和國政府為中國唯一合法政府並與台灣人民維持文化、商務及其他非官方關係。此一政策維持了台海兩岸及西太平洋地區的和平、穩定與經濟發展。美國仍然期盼台北與北京之間關係的和平發展。(2)美國將根據「台灣關係法」繼續對台提供防禦武器。(3)美國總統將繼續加強與台灣之非官方關係，支持台灣加入非以國家地位參加之國際組織，並使台灣之聲音能在其他國際組織被聽到；同意台灣駐美機構「北美事務協調委員會」（CCNAA）更名為「駐美台北經濟文化代表處」（TECRO）；(4)美國不尋求，亦無法強迫台灣與中華人民共和國之間爭議的解決，也不會允許任何一方操縱吾人對付另一方。

2001 年 4 月 25 日小布希總統發言強烈支持一個中國政策，期望任何爭端應謀求和平解決，願全力協助台灣自衛，並期盼台灣不要違反一個中國原則，宣布台灣獨立。

二、解構「一個中國」問題

從上述北京與台北兩造對「一個中國」所持基本立場看，不難發現其問題癥結有二：

（一）主權爭議

北京方面始終堅持中華人民共和國自 1949 年 10 月 1 日

建政以還,即成為中國唯一合法政府,中華民國已走入歷史,台灣已歸還祖國。依據中華人民共和國「憲法」台灣為中國神聖領土的一部分。台北方面則認為中華民國政府雖於 1949 年自南京輾轉播遷台北,統轄地區大幅縮小,但根據 1947 年公佈施行的中華民國憲法,中國大陸在法理上仍為其固有疆土的一部分,故雙方對主權有重疊主張(overlapping claim)。北京對此一問題之基本立場雖無改變,但近年來在表述上已接受台北方面的意見,有所妥協、調整。在 2000 年錢其琛副總理的一個中國三段論中[7]及大陸方面 2005 年的《反分裂國家法》中,已不再使用「台灣是中國一部分」的文字,而修改為「大陸與台灣同屬一個中國」,以示對等,然衡諸台灣內部尚有「出賣」、「矮化」台灣主權的不正確論調,兼之,未來雙方簽訂「兩岸和平協定」時,勢非先在主權問題上取得共識不可,亟宜預為籌謀。

(二)治權爭議

北京方面認為中華民國既已走入歷史,且世界上極大多數國家承認中華人民共和國政府為中國唯一合法政府,則台灣祇能被視為具有「地方政府」身份的「台灣當局」。鄧小平 1984 年所提出的「一個國家,兩個制度」,其構想就是在國家統一前,北京以中央政府自居,對台灣以地方政府相待;統

---

[7] 2000 年 7 月間,中國錢其琛副總理在接見台灣立委暨新聞界訪問團時,不再說「台灣是中華人民共和國或台灣是中國的一部分」,而接受台北方面先前的看法,亦即「大陸與台灣同屬一個中國」,出現新的彈性跡象。

一後，則台灣就像 1997 年以後的香港，成為中華人民共和國的一個「特別行政區」，高度自治。台北方面則認為中國是個分裂國家。依據 1991 年中華民國憲法增修條文序言，已將目前兩岸關係定位為：在國家統一前，中國領土上由兩個政府分治，互不隸屬。由中華民國政府治理的台澎金馬稱為「自由地區」，而由中華人民共和國政府治理的中國大陸稱為「大陸地區」，亦即後來台北方面所提「一個國家，兩個政治實體」的由來，其著眼係在國家統一前建立立足點平等的地位。

美國在兩岸主權與治權的爭議問題上，採中性立場。一方面採取一個中國政策，承認中華人民共和國是中國唯一合法政府，不支持「台灣獨立」、「兩個中國」及「一中一台」；另方面制訂《台灣關係法》，與台灣人民維持文化與商務等非官方關係，不承認台灣是一個主權國家[8]，也不承認台灣是中華人民共和國的一部分，堅持台灣(地位或前途)問題應由兩岸人民自行和平解決，不得片面改變現狀，是以美方所指台灣或中華民國地位未定，應係指在兩岸未取得協議前的地位而言。

為台灣的長遠發展打算，台北必須認清，台灣不可能從美國、日本等大國取得奧援，追求「台灣獨立」，而應從「一中憲法」出發，與大陸坦誠協商，尋求解決雙方爭端的方案，使兩岸關係能繼續和平發展，逐漸統合[9]。

---

[8] 2004-10-25 美國國務卿鮑威爾明言，美政府採取一個中國政策，台灣不是一個獨立國家，不享有主權，美國不支持台灣獨立運動。

[9] 2000-12-31 陳水扁總統在除夕談話中表示，兩岸人民都是「一家人」，雙方均生活在「一個屋頂下」，彼此應互助，從經貿、文化的「統合」（Intergation）到永久和平與「政治統合」（Politcal Integration）。

三、解決「一個中國」問題的幾點意見

　　台海兩岸自 1949 年因內戰分裂，分治迄今，瞬屆一甲子，雙方均曾是冷戰時期東西兩大陣營的「棋子」，受人操縱，發生武裝衝突，造成國人無謂的傷亡。近二十年來，又因台灣內部分裂活動熾盛，兩岸幾近戰爭邊緣。

　　時序進入 21 世紀，中國大陸崛起，國際權力結構改變，終於讓台灣同胞逐漸認清，台灣少數人主張的「民族自決」，是個過時的觀念，追求「台灣獨立」更是一條走不通的死胡同，祇會虛耗國力；也讓大陸領導人瞭解到兩岸重歸統一，成為一個中國，亦非一蹴可幾，需要有一個漫長的過渡時期。美國已在過去三十年一再重申：「台灣問題應由兩岸的中國人自行和平解決」。

　　美國林肯總統有句名言：「分裂的房子是立不住的……團結必勝，分裂必亡」（United We Stand, Divided We Fall）。誠然，兩岸之間的爭端，如繼續訴諸國際，則「鷸蚌相爭，漁翁得利」，便宜了第三者，苦了兩岸的人民。如兩岸人民能記取百餘年前中日「甲午戰爭」清廷被迫割讓台灣的國恥，放棄成見，互助合作，建立兩岸人民同為中華民族華夏子孫的認同，建立中國人之間的問題由中國人自己來解決的觀念，則今日兩岸間任何問題都不難解決。

　　目前華府由歐巴馬總統當政，北京由胡錦濤主席領導，台北由馬英九總統執政，他們都是主張以談判替代對抗、愛好和平的新時代政治領袖，這真是台海兩岸爭端自行和平解決的

千載難逢的良機。最近，胡錦濤主席指出「兩岸問題不是領土和主權的分裂，而是內戰遺留並延續的政治對立…兩岸復歸統一，不是主權和領土的再造，而是結束政治對立」。既然是政治問題，就要顧及現狀，相互尊重，雙方各讓一步，用中國人的智慧，以具有中國特色的創造性名詞來縮減雙方認知上的差距，跨過觀念的鴻溝，超越現狀，謀求雙贏：

(一)建立中國主權由兩岸人民共享的觀念

鑒於台海兩岸的憲法，對「中國主權」有「重疊主張」，中華人民共和國憲法訂有「台灣是中國神聖領土的一部分」條款；而中華民國憲法亦將中國大陸視為其「固有疆土」，且明文規定「中華民國之主權屬於國民全體」。是以，雙方應可基於「主權在民」之原則，建立中國主權由兩岸人民共享的觀念，亦即大陸與台灣的主權為整體，均屬一個中國，你中有我，我中有你。如此，就不會產生所謂一方「矮化」另一方主權的不正確觀念，大陸與台灣的中華兒女也因而有共同責任維護中國主權與領土的完整。「一個中國」也可作四段論述：(1)世界上祇有一個中國；(2)大陸與台灣同屬一個中國；(3)中國的主權與領土完整不容分割；(4)基於主權在民的原則，中國的主權屬於兩岸全體人民。

(二)建立中國領土由兩岸人民共管的觀念

目前在中國領土上有「兩個政府」存在，是一項現實，無法漠視，不因外交承認而有所改變。美國政府一直主張兩岸

爭端(包括台灣前途與地位)應由兩岸的中國人自行和平解
決,既不支持台灣獨立,也反對大陸用武力改變現狀。是則,
一個中國問題勢難在三、五十年內解決,亟有必要發揮創意,
尊重現實,對內將「一國兩制」或「一國兩區」轉化為「一個
中國,兩個政府」[10],共建中國領土由兩岸人民共管的觀念。

　　有此共識與定位,當可降低雙方敵意,有助和解。事實
上,目前雙方政府視對方為「台灣同胞」或「大陸同胞」,相
互承認對方政府所核發的旅行文件,應被視為雙方尊重現實,
相互承認對方政府的治權,深信透過兩岸之間日增的人民互
訪、文化交流、經濟合作、商務往來,必有助雙方相互瞭解與
共同利益的增進,使兩岸關係逐漸正常化。

(三)建立兩岸在國際上互助合作的機制

　　兩岸在國際社會相處,先要做到相互尊重,合作互助。
雙方在各自的邦交國代表「中國的唯一合法政府」,共同維護
一個中國的走向,更要建立互助合作的機制,保護當地僑民,
增進相互間的經貿合作,促進兩岸共同利益。至於在多邊組織

---

10 「一個中國,兩個政府」構想源自南、北韓對「韓國統一」的基本立
　場。南韓主張「一個民族,兩個制度,兩個不同的政府」,最終用「邦
　聯」方式組成「一個韓國」。北朝鮮則主張「一個國家,兩個制度,
　兩個不相隸屬的(區域性)政府」,最終以「聯邦」方式統合。至於「一
　個中國,兩個政府」的表達方式,因係兩岸「內部事務」,可由雙方
　協商決定。當然,在國家統一方式未獲雙方同意前,為示相互尊重,
　在維持現狀原則下,最好仍然使用「中華人民共和國政府」與「中華
　民國政府」,因目前在雙方各自的邦交國仍使用正式國號。至於在多
　邊組織,由於雙方邦交國數相差過於懸殊,極大多數國家均承認「中
　華人民共和國政府」,台北方面當可暫時接受「中華台北」名稱參加
　國際組織活動。

方面，北京應展現善意，以大事小，主動協助台北方面參與非
政治性、功能性的國際組織活動，特別是聯合國教科文組織，
俾促進兩岸文化交流暨在國際上共同合作推廣中華文化。參與
方式似可仿照今年五月 WHA 所作的安排，沿用「中華台北」
的名稱，以「觀察員身分」與會。

顧全台灣「面子」、
共創雙贏「裡子」

黃光國

本文為 2009 年 9 月中國社會科學院台灣研究所與兩岸統合學會在北京共同舉辦「兩岸關係和平發展路徑」學術研討會後，由黃光國教授所做之書面紀錄與感想。本文刊登於《中國評論》2009 年 11 月號。

中評社曾經對該次會議做了以下的報導：

中評社北京 9 月 14 日電（記者　鄭漢龍）由中國社會科學院台灣研究所與來自台灣的兩岸統合學會共同舉辦的「兩岸關係和平發展路徑」學術研討會，於 9 月 12、13 日兩天在北京舉行。

此次研討會係兩岸學者就兩岸現階段最敏感的政治議題，亦即兩岸的政治定位，以及文化統合、經濟一體化等問題進行的一次正式而具有深度的對話。國台辦副主任孫亞夫在致詞時表示：「這個會議非常有意義，希望能夠經由此一探討，為這些問題的解答找到必要的理論支撐」。

會議中，兩岸統合學會理事長張亞中教授就兩岸定位

問題，提出了「一中三憲，兩岸統合」的構想，希望藉由確立兩岸目前各自運作之憲政秩序主體的地位，並共同架構整個中國第三憲法的方式，來解決兩岸「平等而不對稱」的定位問題，並通過統合架構的確立，解決兩岸認同折裂問題。此一構想在會中引起了熱烈的討論與反覆辯證。

台灣知名政治評論家南方朔語重心長地提出了警告，必須正視兩岸關係發展中的一些危險因素，其警告也引起與會者的高度重視，並就如何避免兩岸關係發生逆退問題，作了深刻的討論。

會中，台灣玄奘大學文學院院長暨中文系主任季旭升教授就兩岸文化統合中有關「兩岸文字趨同化」議題，提出了具體建議，希望大陸方面能考慮針對一些容易引生混淆的簡化字，開放允許繁簡互用，並具體提出了 157 個字，建議優先考慮，此一建議十分具體，也引起了與會者相當的重視。

在經濟一體化問題上，與會學者就兩岸經濟的進一步整合所需的機制，進行了廣泛的討論。

中國評論通訊社、中國評論月刊社長郭偉峰主持討論時指出，解決兩岸關係的結構問題，必須有哲學思維，回到原點，找到新起點。

國台辦經濟局局長徐莽、台研所所長余克禮在做會議總結時都分別表示，兩岸都要抓緊此一歷史機遇，一方面積極思考目前所存在的諸如經濟趨勢與台灣民心走向呈現的背離問題，以及其他各項分歧問題，提出解決方案。

余克禮所長並指出，兩岸問題的解決，最根本的面向在於台灣一定要解決認同問題，而大陸方面則要進一步深化各項改革；兩岸關係造勢階段已經過去，現在更需要理性務實

的探討；妥善解決兩岸問題，是兩岸當局與人民都責無旁貸的工作。

國台辦副主任孫亞夫出席會議並致辭，國台辦經濟局局長徐莽、研究局副局長吳駿等出席會議。

與會的台灣專家學者包括：台灣大學政治系教授、兩岸統合學會理事長張亞中，台灣大學心理系講座教授、國策顧問黃光國，政治評論家南方朔，前東吳大學校長劉源俊，前總統府副秘書長戴瑞明，醒吾技術學院講座教授周添城，玄奘大學文學院院長暨中文系主任李旭升，中山大學中國與亞太區域研究所教授周世雄，政治大學國際關係研究中心研究員吳東野，台灣民意學會理事長梁世武，政治大學國際關係研究中心研究員袁易，中正大學政治學系暨研究所主任廖坤榮，淡江大學財務金融系教授聶建中，中華經濟研究院台灣WTO中心研究員兼經濟展望中心主任王儷容，兩岸統合學會秘書長、佛光大學文學系主任謝大寧，兩岸統合學會執行長、台灣競爭力論壇副秘書長謝明輝等重量級學者共 16 人。

大陸方面與會者包括中國社會科學院台灣研究所所長余克禮，副所長朱衛東、張冠華，中國人民大學教授黃嘉樹，清華大學法學院院長王振民，清華大學公共管理學院副院長巫永平，北京大學國際法研究所所長饒戈平，中華文化發展促進會主任鄭劍，清華大學歷史系暨思想文化研究所教授廖名春，廈門大學台灣研究院院長助理李鵬、清華大學台灣法政研究中心兼職研究員陳勤浩等近 20 人。

中國評論通訊社、中國評論月刊社長郭偉峰、副總編輯羅祥喜應邀出席了研討會。

今（2009）年 9 月 12、13 日兩天，中國社會科學院台灣研究所與台灣的兩岸統合學會在北京共同舉辦「兩岸關係和平發展路徑」學術研討會，來自台灣的學者 16 人和大陸研究台灣問題的專家將近 20 人齊聚一堂，針對兩岸現階段最敏感的政治議題，包括兩岸政治定位，以及文化統合、經濟一體化等問題，進行了一次正式而具有深度的對話。國台辦副主任孫亞夫在致詞時表示：「這個會議非常有意義，希望能夠經由此一研討會的探討，為這些問題的解答，找到必要的理論支撐」。

在第一場討論會上，兩岸統合學會理事長張亞中教授就兩岸定位問題，提出「一中三憲，兩岸統合」的構想，引起了與會學者的熱烈討論。我除了發表一篇引言論文之外，同時還負責在會議閉幕式上做總結，因此對兩岸學者發言的針鋒相對之處，印象特別深刻。在我看來，雙方反覆論辯的問題，其實就是當前兩岸關係最不易解決的難題。因此，僅就個人記憶所及，對雙方學者發言的重點加以整理，並對雙方學者爭議不下的焦點問題，提出個人的看法。

兩岸關係的原點

中國評論通訊社、中國評論月刊社長郭偉峰在主持討論時指出，解決兩岸關係的結構問題，必須有哲學思維，回到原點，找到新起點。然則，什麼是兩岸關係的「原點」？

自從 1949 年國民政府撤退到台灣之後，海峽兩岸便在其有效統治領域之內分別各自實施一部憲法，也各有一個「中華民國政府」及「中華人民共和國政府」，

　　兩個政府之間尚未簽訂任何的和平協定。目前台灣在國際公法上的地位，是一個「處於內戰局面的既定事實的政府」，是一個有限制地位的政府。它雖然能夠與外國簽署條約，並履行若干的國際責任和義務，也能夠在它有效控制的領土上承擔一般國家的任務，但並不是一個正常的國家。

　　然而，儘管「中華人民共和國」已經因為聯合國 2758 號決議的生效，而於 1971 年取代「中華民國」在聯合國中的席位；儘管「中華人民共和國」已經得到大多數國家的承認；從國家「主權」嚴謹的定義來看，「中華人民共和國」也不是一個正常的國家。針對這一點，中國人民大學教授黃嘉樹，清華大學法學院院長王振民，清華大學公共管理學院副院長巫永平，都不約而同地指出：「目前兩岸的兩個政府都無法充分代表中國的主權，唯有台灣和大陸加在一起才等於整個中國」，獲得了與會人士的一致共鳴，認為這是繼中共副總理錢其琛提出「一中新三段論」後，最重要的「第四段論」，也可以看做是兩岸關係的「原點」。

　　王振民教授指出：「承認問題、接受問題是消滅問題的最好方法」，面對兩岸關係這樣的客觀現實，我們該如何「承認問題、接受問題」？

　　台灣完成二次政黨輪替之後，馬英九在 2008 年 5 月 20 日就職典禮上明白宣示：「未來我們將與大陸就台灣國際空間與兩岸和平協議進行協商」，胡錦濤於 2008 年 12 月 31 日也再次鄭重提出「協商正式結束兩岸敵對狀態，達成和平協議，建構兩岸和平發展框架」。然而，當兩岸要簽署「和平協議」時，雙方便面臨了「如何彼此定位」的難題：

　　黃嘉樹教授很正確的指出：目前兩岸政府在「法理上」雖然是「互不承認」，在「現實上」卻不得不「互不否認」，雙方都必須承認兩岸存有兩個互不隸屬的「法政系統」、「公權力系統」或「政府」，否則雙方便不可能簽訂「和平協議」。

「一中兩憲」

　　可是，兩岸統合學會卻認為：兩岸現狀固然可以從不同的角度來加以描述，能夠解開當前僵局的最佳描述方式，應當是強調「一中兩憲」，正視目前兩岸存有兩個各自運作的「憲政秩序主體」。在題為〈高瞻遠矚、名正言順：兩岸簽訂和平協定的前提〉的引言論文中，我很清楚的指出：所謂「一中兩憲」，是指：中共在大陸實施一部「中華人民共和國憲法」，台灣則在「台澎金馬地區」實施「中華民國憲法」，這兩部憲法各有其有效統治範疇，卻都建立在「一個中國」的原則之上。由於任何一個政治實體都是以憲法制定的，只要堅持「一中兩憲」的立場，雙方便可以對等政治實體的立場展開談判，不僅可以建構兩岸間穩定的和平關係，而且可以讓台灣參與國際社會。

　　如果海峽兩岸都能夠接受「一中兩憲」的主張，將來雙方要以「政治實體」的立場，簽訂「和平協定」或其他條約，既然不能使用現有的國名，不妨使用「台北中國」（TaipeiChina）和「北京中國」（BeijingChina）的名稱。在這兩個名稱中，「台北」和「北京」分別代表兩個「政治實體」的首府所在地，也可以作為「中國」的形容詞，其意義分別為

「台北的中國」和「北京的中國」，代表兩個對等的治政實體，誰都沒有被誰「矮化」成「地方政府」。

用國民黨所主張的「一中各表」來看，「台北中國」指的是在台北的「中華民國」，「北京中國」指的是在北京的「中華人民共和國」，但是大家都是中國，完全符合「九二共識」，「一中各表」的精神。

從中共的角度來看，「台北中國」與「北京中國」也符合中國大陸「一國兩制」的精神。但卻又不是中共目前在香港實施的「一國兩制」。目前「一國兩制」的「香港模式」，是在「中華人民共和國憲法」之下，再制訂一部「特別行政區法」，如此一來，台灣將淪為中共轄下的一個「特別行政區」，這種安排，不要說泛綠民眾不會接受，即使是大多數的泛藍群眾也不會接受。

「一中三憲」

張亞中教授則在「一中兩憲」的基礎上，更進一步提出「一中三憲，兩岸統合」的構想。他很清楚地指出：「一中兩憲」雖然是在定位目前兩岸的法理現狀，「一中兩憲」也當然不等於「兩國論」。但是台北的政治人物總是有辦法將其玩成「兩國論」或「台灣前途未定論」。因此，兩岸必須將「一中」從雙方的憲法規範，拉高到另一個具有拘束力，能夠明確與清晰地規範兩岸互動原則的協定或憲法層次，將「一中」再實體化、再憲法化。這個超越兩岸憲法的法律架構，與兩岸憲法並

存，可以稱之爲「第三憲」。

　　他根據歐盟國家制訂「歐盟憲法」的經驗，指出：歐洲可以透過一連串的條約，建立高於國家的歐洲秩序，兩岸也可以經由多個協定，建立高於兩岸憲法的憲政秩序。因此，他呼籲兩岸簽訂基礎協定，而在此一協定中，開宗明義約束雙方「承諾不分裂整個中國」。透過這個有約束力的協定，「一中」對於兩岸已不再只是各個憲法的自我約束，而是相互對堅守「一中」的承諾與保證。因此，未來的兩岸和平（基礎）協定，不僅是結束敵對狀態、開啓兩岸關係正常化的一個協定，其實也是兩岸進入「第三憲」的第一份文件，所以未來的兩岸和平（基礎）協定，本身就是第三憲的一部份，而且是基石。

　　張教授指出：「第三憲」可以是一部傳統的憲法，但是目前或近期的未來，看不出兩岸有共同建構傳統憲法的可能。因此，最佳的方法是用搭橋建樓的方式，依兩岸實際需要，一步一步往前走、往上推，就像「歐盟憲法條約」一樣。

　　張亞中教授的構想，獲得了與會人士的一致讚賞。中正大學政治學系暨研究所主任廖坤榮認爲：「一中三憲」是解開兩岸僵局最爲可行的理論建構，爲未來兩岸關係的和平發展提供了良好的戰略構想。兩岸統合學會執行長、台灣競爭力論壇副秘書長謝明輝則引用「槓桿原理」說：「給我一個支點，我就能夠撐起一個地球」。他認爲：「一中三憲」就是未來撐起兩岸關係的「支點」。大家基本上都同意：兩岸目前的法理現狀爲「一中兩憲」，當兩岸簽署和平基礎協定，包括雙方承諾不分裂整個中國、兩岸爲憲法上的平等關係時，其實就已經進入「一中三憲」，即「和平統一、一國兩制」的機制。各項統合政策都是在豐富「一（整）個中國」的內涵、讓「第三憲」

逐漸取代兩岸「兩憲」的功能。至於能夠取代多少，需要時間多久，這要取決於兩岸的共同努力，不是法理或學術可以回答的。

不對稱的結構

　　雙方學者觀點最不一致之處，是兩岸簽訂和平協定時所使用的「名稱」，也就是兩岸關係定位的問題。黃嘉樹教授指出：目前大陸和台灣事實上存在著「大小不對稱的結構問題」，一方有 13 億人口，另一方只有 2300 萬，土地大小更是不對稱。在未來雙方的互動中，大陸能讓步的地方都會讓步，雙方卻不能不正視這樣的客觀現實。中華文化發展促進會主任鄭劍認為：未來兩岸簽署的和平協定應當能夠適度反映這種「大小不對稱的結構關係」，雙方地位不能說是「1 比 1」的「完全平等」，最少也應當說是「1 比 0.6」的關係。中國社會科學院台灣研究所副所長朱衛東進一步表述這個問題後，指出：目前兩岸關係的定位應當是「一國兩區」，兩岸和平協定應當由「大陸地區」和「台灣地區」雙方領導人來簽署，其名義不妨用「中國台灣」和「中國大陸」。

　　兩岸統合學會秘書長、佛光大學文學系主任謝大寧立刻指出：「一國兩區」的概念在台灣已經被妖魔化了。馬英九當選總統之後，2008 年 9 月 3 日，在接受墨西哥《太陽報》專訪時表示：兩岸關係是特殊關係，卻不是國與國關係。總統府發言人王郁琦接著補充說明：兩岸關係是「台灣地區對大陸地

區」,「兩個地區是對等地區」,「每個地區上都有統治當局」。
這是馬總統上任後,對兩岸關係所作的首度論述。

「一國兩區」的妖魔化

　　「地區論」一出,立刻招到綠營菁英的強烈抨擊。在綠
營看來,「兩區論」可能把台灣貶成和香港一樣的「地區」,
根本是「喪權辱國」,「是可忍孰不可忍?」所以痛罵他是「馬
區長」,並決定發起 1026 大遊行。在民進黨舉行 1026 大遊行
前夕,馬英九接受中央社專訪時表示:把台灣和大陸定位成中
華民國的台灣地區和大陸地區,是兩岸人民關係條例定的。在
李登輝任內制定,民進黨執政八年,修改三次都沒動過,「為
什麼他們能認同的東西,現在變成我的罪惡?」
　　在我來看,這是今天兩岸關係難以突破的最重要關鍵因
素。如果大陸堅持「一國兩區」的立場,要求兩岸用「中國台
灣」和「中國大陸」的名義簽訂和平協定,
　　我認為當前的台灣應當沒有任何一個政治人物敢冒天下
之大不韙,簽訂這樣的「城下之盟」。在研討會上,台灣名政
治評論家南方朔語重心長地提出警告:自從李登輝有計畫地大
力提倡以來,「台灣主體性」的概念已經在台灣取得了「道德
正當性」。對 40 歲以下的年輕人而言,民進黨主張的「台灣
中國,一邊一國」已經深入人心,現在國民黨根本提不出任何
論述來與之對抗。如果不及時建立兩岸和平發展架構,將來兩
岸關係也可能發生逆退。台灣民意學會理事長梁世武,引述各
種民意調查的資料,說明有愈來愈多的台灣年輕人,認為自己

「是台灣人，不是中國人」。政治大學國際關係中心研究員吳東野，也現身說法，說明連他的小兒子，也已經有這樣的想法。

「平等而不對稱」的關係

我在作總結時，因此特別強調：未來兩岸的定位，應當是「平等而不對稱」關係。所謂「平等」，是指簽約雙方都是完整的「法人代表」，他們所簽的協議，是兩個法人主體依其自由意志所作出的決定。所謂「大小不對稱」，則是協議中若有某些條文涉及雙方「不對稱」的結構時，必須如實地反映出來。比方說，在這次研討會中，台灣玄奘大學文學院院長暨中文系主任季旭升教授就兩岸文化統合中有關「兩岸文字趨同化」議題，提出了具體建議，希望大陸方面能考慮針對一些容易引生混淆的簡化字，開放允許繁簡互用，並具體提出 157 個字，建議優先考慮。清華大學歷史系暨思想文化研究所教授廖名春也從歷史和文化的角度，發言支持季教授的建議。假設將來兩岸要搞「文化統合」，簽訂這方面的協定時，雙方的地位是「平等」的，完全不涉及「大小不對稱」的結構問題。

相反的，中華經濟研究院經濟展望中心主任王儷容在研討會上發表論文，討論〈兩岸貨幣整合之先決條件、限制與內涵〉；醒吾技術學院講座教授周添城在他的論文〈兩岸經濟走向統合的路徑〉中，討論未來「兩岸經濟合作框架協議(ECFA)及金融合作備忘錄(MOU)」應如何簽。在思考這類問題的時候，當然要考量雙方經濟實力「大小不對稱」的結構問題，但

雙方的地位仍然是平等的。

　　基於這樣的考量，兩岸簽訂和平協議所使用的名稱，必須強調雙方地位的「平等關係」，而不是「一中央，一地方」或其他形式的「主從關係」，也不能反映兩岸「大小不對稱」的結構關係。2005 年 3 月 14 日，中共全國人民代表大會通過的《反國家分裂法》第七條說：「國家主張通過台灣海峽兩岸平等的協商和談判，實現和平統一。協商和談判可以有步驟、分階段進行，方式可以靈活多樣」。其中「平等的協商和談判」就是強調這樣的精神，也是雙方展開和平談判的前提條件。和平協議的目的，在於展現簽署雙方對於共同未來的願景和期盼，和平協定的條文或雙方使用名稱必須出自雙方的自由意志，如果其中蘊涵有任何「不平等」的意味，或反映兩岸「大小不對稱」的結構關係，則和平談判根本不可能再進行下去。

「互為主體性」的哲學

　　目前海峽兩岸的實力確實存在「大小不對稱」的結構關係。「平等的協商和談判」是要讓雙方有尊嚴的坐上談判桌。如果大陸方面忘掉《反國家分裂法》第七條的精神，而堅持要在雙方使用名稱上反映這種「不對稱」的關係，必然會使台灣覺得很「沒面子」，而不願坐上談判桌。唯有顧全台灣的「面子」，才能創造出「兩岸雙贏」的裡子。談到這一點，我們就不能不進一步分析「面子」在中華文化傳統中的重要性。

　　在這次研討會上，中山大學中國與亞太區域研究所教授周世雄從「歐洲聯盟」的發展經驗，深入討論發展兩岸關係的

可行之道。我非常同意：歐盟發展的經驗，有許多值得我們借
鏡之處。第二次世界大戰之後，許多歐洲哲學家深入反省二戰
前歐洲流行的「主體性」哲學，認爲笛卡爾「主／客」二元對
立的哲學過分強調人與世界的對立，因而改弦易轍，提倡「互
爲主體性」(Intersubjectivity)的哲學，而逐步發展出歐盟的理
論。在「台獨」派將「台灣主體性」高唱入雲的今天，「歐盟
經驗」中「互爲主體性」的哲學，正可以作爲發展兩岸關係的
哲學基礎。而兩岸「平等的協商和談判」就反映了「互爲主體
性」的哲學。中華文化發展促進會研究部主任鄭劍主張：兩岸
關係的發展不僅要促進「形而下」層面的物質交流，而且要在
「形而上」的價值層面上找到共識。在我看來，「互爲主體性」
的哲學就是未來兩岸建構和平發展框架最重要的「形而上」共
識。

儒家社會的「面子文化」

「歐盟經驗」固然有值得我們借鑑之處，但是我從不認
爲：兩岸關係的發展可以完全套用「歐盟模式」。周世雄教授
說得好，第二次世界大戰結束至今 60 年，歐洲國家已經發展
出龐大的歐洲共同體，可是，兩岸之間卻連簽訂一個和平協定
都還困難重重。這就不能不歸之於東、西文化的差異。如衆所
知，西方歐洲國家的「罪感文化」有源自基督教文明的「告解」
傳統，個人發現自己做錯了事，必須向上帝誠心的懺悔。二戰
後，許多歐洲國家都建立了「猶太紀念博物館」，收集當年他

們幫助納粹，殘害猶太人的惡行劣跡，自己坦承過錯，誠心懺悔，同時也教育他們的下一代，不可再犯類似的錯誤。

相較之下，東亞社會的「恥感文化」深受儒家傳統影響。世俗化的儒家文化十分重視「面子」。我在最近出版的《儒家關係主義：哲學反思、理論建構與實徵研究》一書中，便有一章，專門討論「儒家社會中的面子與社會行為」。舉例言之，二戰期間，日本侵略中國，做了許多傷天害理的事，屠害了許多無辜生靈，時至今日，日本政府不僅不願意主動認錯，許多右派政客還故意去參拜「靖國神社」，以爭取選民的支持。這難道不是「面子」因素在作祟嗎？話再說回來，國共內戰結束已經六十年。海峽兩岸的執政當局，除了講一些「相逢一笑泯恩仇」的感性言語之外，敢不敢理性反省自己在內戰期間的所作所為？我一向認為：不敢面對歷史，就一定不敢面對現實。時至今日，兩岸還在為雙方用什麼名義簽署和平協定相持不下，這難道不是「爭面子」因素居中作祟？

「面子文化」的正面功能

來自廈門大學台灣研究院的李鵬副教授在研討會上提出論文，討論「兩岸文化整合」的功能和路徑，提出了許多重要的論點。我並不認為我們有必要或有能力改變我們的「面子」文化。我們所要做的是：正視這樣的文化傳統，發揮「面子」文化的正面功能，因勢利導，在雙方談判時，對涉及的各項事務都作出合情合理的安排。只要大陸在雙方簽署兩岸和平協定上改變觀點，讓台灣覺得「有面子」，則未來的兩岸互動必定

可以得到「共創雙贏」的「裡子」。

　　這個道理其實不難瞭解。在這次研討會上，中國社會科學院台灣研究所政治研究室主任謝郁指出：兩岸簽訂和平協定之後，兩岸將可以進一步建立正式談判機制、軍事互信機制、法律保障機制，雙方官員也可以互訪；廣東省政協委員陳勤浩更熱心地擬具了「兩岸人民協商員章程草案」，作為他對雙方正式談判機制的構想。北京大學國際法研究所所長饒戈平則從國際法的角度仔細說明：兩岸和平協定簽訂之後，雙方應當如何經由正式協商機制，解決台灣參與國際組織、國際公約和外交關係各方面的問題。這些都可以說是雙方建構「一中三憲」的「裡子」。只要兩岸能夠以「平等」的立場簽訂和平協定，雙方便立刻可以邁上「一中三憲，兩岸統合」的康莊大道。相反的，如果雙方為了簽署和平協議的名稱相持不下，甚至妨害雙方「實質」關係的發展，這豈不是犯了中國人的老毛病「為爭面子，不顧裡子」？

和平協議的前提

　　中國社會科學院台灣研究所所長余克禮說：「兩岸在結束敵對狀態、完全解除台灣同胞在軍事安全及其他方面的種種顧慮後，台灣不論哪個政黨執政、哪位領導人當權，當應摒棄台獨，不得再有台獨分裂政策。這應當是結束兩岸敵對狀態、簽訂兩岸和平協定所要堅持的一條很重要原則」。余所長所提這一點，確實十分重要。如果兩岸能夠以「平等」的立場簽訂

和平協定，這一點就可以不必多所顧慮。中國社科院台灣研究
所副所長張冠華指出：將來兩岸在和平協定之上所發展出來的
各種「機制」，包括正式談判機制、軍事互信機制、法律保障
機制，必然具有「不可回溯性」，雙方都必須嚴格遵守。

政治大學國際關係研究中心袁易教授在本次研討會中，
提出一篇題爲〈規範建構主義與兩岸關係：理論與實踐〉的文
章，詳細析論國際關係學界中的「建構主義」主張：國際間的
能動者（agency）應當以溫特（Wendt）所倡議的「互爲主體
性」信念爲基礎，通過「團體能動體」（corporate agency），
形成具有建構和制約雙重屬性的規範，來約束國家的行爲，國
家也必須通過學習來內化此一規範。

換句話說，當海峽兩岸邁向「一中三憲，兩岸統合」的
康莊大道之後，雙方所訂的各種協議，都將成爲雙方必須學
習、內化並實踐的規範，不能有所違背。

反過來說，將來台灣如果不能以「平等」的立場和大陸
簽訂和平協議，這份和平協議草案送到台灣的民意機構，必然
引起軒然大波。立法院在討論此一議案時，在野黨立委一定強
力杯葛，甚或全體缺席，表示抗議。屆時執政黨固然可以藉著
多數優勢，強行通過和平協議。然而，如果，在野黨借題發揮，
造成台灣社會的擾攘不安，甚至造成第三次政黨輪替，那該怎
麼辦？第三次政黨輪替之後，如果新的執政黨對國民黨執政時
期和大陸簽的和平協議又翻臉不認帳，那又該怎麼辦？

宏觀的歷史視野

在研討會的最後一個單元，淡江大學財務金融系所教授聶建中細數 1949 年以來兩岸人民由「互不往來」到「水乳交融」各個階段的歷史變化；在此之前，曾任中華民國駐教廷大使的資深外交官、前國家統一委員會諮詢委員兼召集人戴瑞明，則以「外交老兵」的身份提出論文，討論「一個中國」問題，由「互不承認」、「互不否認」到「尊重現實」的歷史演變；曾任東吳大學校長的劉源俊教授，則以他參加保釣運動的經驗，呼籲兩岸當局不可再鷸蚌相爭、漁翁得利。我在作總結時，引用一句流行的說法，反映半世紀以來歷史的變化：「1949年，社會主義救了中國；1979 年資本主義救了中國；1999 年，中國救了社會主義；2009 年，中國救了資本主義」。

從宏觀的視野來看，中華民族的偉大復興可以說是歷史的必然。在這個歷史機遇的關鍵時刻，大陸方面的決策者應當緊緊抓住《反國家分裂法》第七條的精神，讓兩岸可以順利地展開「平等的協商和談判」，積極促成中華民族的偉大復興。唯有顧全台灣的「面子」，才有可能創造出「兩岸雙贏」的「裡子」。千萬不可拘泥於一方的利益，斤斤計較，到頭來是因小失大，甚至成為妨礙民族歷史發展的罪人！兩岸當局，可不慎哉！

台灣內部對於
兩岸政治定位的看法

羅祥喜

為凝聚台灣內部共識,兩岸統合學會邀請世界領袖教育基金會、台灣大學政治學系歐洲研究中心於 2009 年 12 月 20 日共同主辦「兩岸政治定位」學術研討會。隸屬遠東集團的徐元智先生紀念基金會及台灣競爭力論壇參與合辦,邀請各方不同政治立場的俊彥一起探討兩岸政治定位。該研討會亦是台灣內部第一次就「兩岸政治定位」議題進行公開討論,有其意義。本文為香港《中國評論通訊社》所做的報導。

台灣學者研討「兩岸政治定位」

中評社台北 12 月 21 日電／當民進黨在台中號召群眾遊行抗議第四次江陳會時，12 月 20 日上午在台灣大學社會科學院國際會議廳正在就「兩岸政治定位」進行熱烈的學術討論。

「兩岸政治地位」研討會是由兩岸統合學會、世界領袖教育基金會、台灣大學政治學系歐洲研究中心主辦，隸屬遠東集團的徐元智先生紀念基金會及台灣競爭力論壇合辦。會議由代表徐元智基金會的戴瑞明大使與世界領袖教育基金會秘書長余艇教授致開幕詞。旺教黃清龍社長擔任主持人，兩岸統合學會理事長張亞中為引言人，與談人包括國策顧問黃光教授、民進黨台獨理論大師林濁水、第三社會黨發起人周奕成、中央研究院人文社會研究中心副研究員陳宜中、文化大學中山暨大陸研究所所長邵宗海教授、佛光大學文學系系主任謝大寧教授。

戴瑞明在致詞中表示，與以往研討會不同，這次參與研討會幾乎都是年輕人，大多是各大學院校的意見領袖，總共有約 200 名以上者出席，整個會場爆滿，顯示台灣年輕人對於這個問題並不如外界以為的冷漠，這是可喜的現象。戴瑞明並表示，兩岸未來必然會碰到兩岸政治定位問題，不可能永遠只是「一中各表」，研討會的目的，就是未雨綢繆，希望能夠凝聚台灣的共識，找出可能的解決方案，提供兩岸政府參考。

余艇秘書長在致詞時也表示，「和平是人類的最高境

界」，「世界領袖教育基金會」致力於推動世界和平與兩岸和平。兩岸問題不只是透過瞭解就可以達成，而是需要用智慧去找尋解決方案。今天這麼多青年領袖出席這個研討會，就是希望能夠瞭解與如何建構未來的兩岸和平工作。

旺報社長黃清龍表示，二戰後，南北越以武力統一，東西德則是採取先政治後經濟、先上層達成共識後再達到民間統一，目前只剩下南北韓與兩岸間存在分裂狀態。雖然兩岸2008年以後交流逐漸密切，但是兩岸未來終究必須要面對與超越政治定位問題。黃清龍認為，兩岸間必須尋找出第三種模式來談兩岸問題，目前兩岸採取先經濟後政治的方式，但是政治在兩岸是不可逃避的問題，因為這是最根本的。

張亞中教授在引言時，將「一中三憲、兩岸統合」做了簡潔的介紹。張亞中表示，任何一個理論的論述必須要在現實的基礎上形成。兩岸目前的現狀是，第一、兩岸目前的憲法都是堅持「一中」，為「一中憲法」；第二、兩岸目前在憲政治理上互不隸屬。在這個基礎上，兩岸可以透過和平協定的簽署，為兩岸確定彼此的政治定位。兩岸和平協定以兩個重要內涵來建立基本互信。一是雙方互相承諾不分裂中國，即等於台灣保證不走向獨立；二是中國大陸接受兩岸彼此在憲法上的平等關係。

在互動上，張亞中提出「平等而不對稱」原則與兩岸以統合方式成立共同體兩個概念。「平等而不對稱」表示兩岸在憲政位階上是平等，但是在政治權力上的地位並不對稱，或許在國際代表權上，北京享有比較有優勢的地位，但是在兩岸經貿互動過程中，由於兩岸的不對稱，大陸也應該給台灣更大的

優惠。「統合」意指，兩岸可以在相關議題上建構「超兩岸治權」的共同體機制，並在相關議題上推動「共同政策」。張亞中並以圖表說明，「一中三憲、兩岸統合」呈現的是兩岸「你中有我，我中有你；互爲主體、共有主體；合中有分、分中求合；兩岸不是國與國的外國異己關係；中國主權爲兩岸全體人民所共有與共享；透過統合與共同體，兩岸可以建構同屬中國的重疊認同」。張亞中說，兩岸統合不同於歐洲統合，歐洲統合是由「主權獨立國家」合作爲出發點，兩岸統合則應該在「整個中國架構內」開始進行，透過超兩岸機構建立共同政策，逐漸累積成爲兩岸統合的第三憲法。

黃光國教授除了將「一中三憲、兩岸統合」的辯證發展做了介紹以外，並表示任何一個理論或論述都不可能完美的，在沒有更完美的論述前，我們必須要找尋一個比較好的論述，「一中三憲、兩岸統合」就是在這個基礎上進行思考，在沒有更好的理論以前，我們可以接受做爲推動的依據。

台獨理論大師林濁水首先對於兩岸統合學會致力於尋找解決兩岸根本問題表示欣佩。林濁水稱，獨立到統合間的光譜依次爲「一邊一國、特殊國與國、同盟、邦聯、一中各表、歐盟、一國兩制、單一國」等，因爲中國有遠比台灣大的影響力，所以把價碼拉到最高，堅持「一國兩制」，但是中國又無決定權，所以兩岸只能陷入未定論格局。

林濁水認爲，「一中三憲、兩岸統合」的主張「在形式邏輯上無懈可擊，但可行性很小」，因爲它在現實上不符合現實主義的權力邏輯，在世界觀上和中國的觀點格格不入，「中國的世界觀基本上是以天朝秩序十多元帝國十西伐里亞秩序十沙文民族主義十霸權渴望的混搭」，因此，北京可能很難接

受「一中三憲」的主張。

中國大陸與兩岸問題專家邵宗海表示,兩岸定位最大的困難不在於兩岸自己對自己如何定位,而是把兩岸放在一起,界定兩岸之間是一個甚麼樣的關係。「一中三憲」就是把兩岸放在一起來討論,這是非常難的事,也是一個可能的方向。

邵宗海表示,兩岸關係定位很重要的一個原則,就是「對等性」(相對性,relevant),即你是甚麼,我就是甚麼,如果中國大陸是國家,台灣就是國家;如果中國大陸是中央政府,台灣就是中央政府,所以北京方面一直沒有接受對等性這個看法。但是在實際的做法上,雙方已經用「對等性」來處理兩岸關係,例如海基會與海協會。在兩岸關係的互動上,兩岸並沒有否定公權力的授權,也沒有否認政治實體的操作,這就是一種「定位」的形式。用「兩岸」彼此定位,就是為了避免用「兩國」來定位。馬英九用「兩區」定位,即使民進黨執政,在修改兩岸關係條例時,也沒有更改這種表述方式,顯示民進黨也沒有多強,基於現實,在這個問題上也必須有所妥協與調整。

邵宗海特別回應林濁水對「一中三憲、兩岸統合」,「在形式邏輯上無懈可擊,但可行性很小」的說法提出回應。他說,任何事情都有理性與感性面的雙重面貌,理性不能夠完全解決感性的發展。例如東西德在 1990 年突然統一、蘇聯的瓦解、歐盟的里斯本條約通過,都是幾年前認為不可能的事。同樣的,我們也必須了解,「獨立」雖然不一定不可能,但是「統一」或「統合」也不一定是不可能。目前政治大學、成功大學都已經成立了「兩岸統合中心」,今天有這麼多的年輕人願意來關心這個問題,這也都是我們以前很難想得到的。

　　周奕成表示，對於兩岸統合學會的努力表示感佩，也希望更多人能夠共同加入來解決這個難題。周奕成稱，要解決兩岸政治定位問題的前提是台灣人民能夠可以接受，其次是大陸可以接受。台灣內部要達到共識不容易，這不是因為台灣內部沒有共識，而是因為共識沒辦法表達，甚而被分化。台灣現有的政治體系沒有辦法去處理這個問題，很多複雜性的問題透過兩黨，就變成只有兩種聲音。

　　周奕成認為，接受兩岸目前為「特殊國與國關係」是進行高度統合的前提。他表示，目前兩岸的現實就是「一中一台」，在名目上是「兩個中國」，一個中華人民共和國、一個中華民國，兩岸都是個合法獨立的國家，但是其中一方或雙方均片面地宣稱擁有對方的領土與主權。這兩個國家關係並非一般的國家與國家的關係，因為雙方並不排除高度的統合，甚而積極地向統合方向實踐，這使得兩岸的關係非常特殊，是一種特殊的國與國關係。這種特殊的國與國關係，並不阻礙兩岸未來的統合。如果排除未來的統合可能性，那麼就可以稱之為一般的國與國關係，而不是特殊的國與國關係。

　　周奕成並稱，「正常的國家也不應該是台灣追求的目標，台灣追求的目標應該是成為一個獨特的國家」。他認為，目前的「一中」，只是個文化的概念，一個未來有政治機構的一中，必須在現有的兩國基礎上建構。

　　陳宜中表示，有人期望的「和平獨立」主張是不可能實現的。如果台灣想以魁北克為經驗，那麼必須要期望中國大陸變成加拿大，這幾乎是不可能的。目前馬政府僅僅強調兩岸平等互不隸屬，但是迴避「一中」；由於北京始終不願接受台北所期盼的兩岸平等互不隸屬，而堅持主從關係下的一國兩制；

因此，兩岸雖有愈來愈深的民間交流與經貿往來，但政治僵局仍難以化解。陳宜中認為「一中三憲、兩岸統合」是目前關於兩岸和平發展的論述之中，稱得上是思慮最週延者，值得肯定與推動，但是他也語帶憂心的說，這可能需要十年或二十年的努力才會有成果。

謝大寧教授也回應林濁水的看法，認為尊重兩岸為憲政上的平等關係，與承認兩岸為兩個國家關係是完全不同的；統合並不會帶來多元的消失，反而是尊重多元。

謝大寧並稱，從政治上的可操作性來說，任何涉及兩岸關係的論述大概都要具備幾個要件，首先，它當然必須相當程度上可以保住台灣的最基本價值與利益，其次，它必須滿足所涉及之對岸與國際各造之相對利益，再者，它也必須能夠某種程度描繪出台灣一個可以看得見的遠景。「一中三憲、兩岸統合」的論述，不僅符合上述三個要件，更有意義的地方在於，它為台灣勾勒出了一個遠不同於和平保台論的遠景。它以「一中三憲」為背景，以此將台灣納入整個中國崛起的世界格局中，通過「兩岸統合」的制度安排，去一起「經略世界」。這樣的想法當然不只是在經濟上運用大陸市場而已，它更是一種跨領域的，全面的把台灣帶向一種積極進取道路的方略。

http://www.chinareviewnews.com/doc/1011/7/4/0/101174052.html?coluid=0&kindid=0&docid=101174052

謝大寧與林濁水辯論「一中三憲、兩岸統合」

　　中評社台北 12 月 31 日電／近日由兩岸統合學會等單位所主辦的「兩岸政治定位」座談會中，出席的幾位與談人，特別是民進黨籍前立法委員林濁水，與兩岸統合學會秘書長謝大寧之間，就兩岸統合學會張亞中理事長所提出的「一中三憲、兩岸統合」的主張，展開了一場激烈而精采的辯論。

　　對於一中三憲，林濁水基本上認爲，這是一個能夠兼顧「統、獨、維持現狀」各種台灣對兩岸主張之特色，而且在形式邏輯上「無懈可擊」的一項主張。然而他也認爲，邏輯上的完備並不意味著它具有可行性，或者說是政治上的可操作性。

　　對於這樣的判斷，林濁水提出了幾個論證的角度，其一，他認爲這樣的講法挑戰了國際上已經習以爲常的政治秩序，這使得它被具體實踐的難度太高；其二，統合也意味著多元性的消失，而這將成爲現狀的倒退；其三，它不符合兩岸現狀權力並不均等的權力邏輯；其四，此一構想以歐盟爲模範，但兩岸連當年兩德的模式都不具備，就奢談統合，這是犯了程序上的跳躍；而他認爲最重要的一點則是這樣的世界觀和中國天朝上國一統天下的帝國式想法不合。以此，他以爲這想法是華而不實的。

　　關於一中三憲的主張是否具有可行性，與會學者多認爲它在現實政治上充滿著挑戰，確實不是那麼容易，但對林濁水

的批判也未必以為然。

　　謝大寧就指出幾個觀點，第一，一中三憲的確在某種程度上，需要把憲法和主權國家這兩個概念脫鉤處理，這使得已經對憲法等於國家習以為常的人，多少會感到錯愕，但這種處理方式也未必不能成功，聯邦制國家就是在處理一個統一憲法與內部多個憲法的包容問題。第二，若說統合就會扼殺了多元性，誠不知此論何所依據，難道今天的歐洲統合過程中就扼殺了歐洲的多元性嗎？第三，一中三憲的構想從未機械式地套用歐盟模式，只是借用歐盟經驗，所以它也未必要以兩德模式為基礎，其實此一構想反而比較接近中國傳統的「天下」思想。第四，今天中國人往往誤解了所謂人一統的意思，傳統的大一統思想其實是個文化概念，它意味著國家的治理必須循著某種文化理想與理則，如果台灣真對自己的制度有自信，就不該因為畏懼而汙名化此一概念。

　　當然，基於兩岸權力的不對稱，許多學者也都同意，這會是個難題，但是謝大寧以為，其實只要大家努力，也未必不能成功，這些年來大陸在相關立場上已經做了許多務實的修正，而且事實上一中三憲也未違背大陸的利益，焉知它不可能成功？反倒是台灣內部藍綠的民粹式對抗，使得此一議題根本很難理性地進入現實政治的論域之中，這反而是最難克服的問題，也有待所有人的共同努力。

http://www.chinareviewnews.com/doc/1011/7/4/0/101174061.html?coluid=0&kindid=0&docid=101174061

強化兩岸政治互信之道：
國家球體理論的提出

劉國深

做為中國大陸南方的代表性學者、廈門大學台灣研究院院長劉國深教授於 2009 年 11 月在《兩岸一甲子》學術研討會中發表〈試論和平發展背景下的兩岸共同治理〉一文，在該文中提出「國家球體理論」，嘗試為兩岸政治定位找尋一個合乎情理法的空間。隨後《中國評論》2009 年 12 月號（總第 144 期）以《加強兩岸政治互信 ABC》為文再次介紹其觀點。

本文認為，「加強政治互信」就是雙方在既有的互信基礎上，繼續擴大兩岸領土和主權一體性的認知交集，默認或接受「一個中國境內兩個競爭中國代表權的政權差序並存」的現實。同時在政策上採取互助和互利的行動，增強兩岸人民的利益聯結和命運共同體的意識，為最終解決政治分歧奠定更加穩固的政治架構。兩岸政治互信的強化，除了鞏固基本的原則性共識外，也有賴雙方在具體的政治互動中保持與人為善的態度，並形成互相體諒、避免為難對方的政治行為規範。

　　1895 年，清政府在甲午戰爭中失敗，中國被迫割讓台灣給日本。對於台灣人民來說，這是何其悲慘的一場災難。儘管台灣人民沿街哭號，要求清政府收回成命，儘管十八省舉人聯名「公車上書」反對割台，清政府仍然置若罔聞，不僅下令禁止抵抗，而且還揚言「台灣是鳥不語，花不香，男無情，女無愛的地方，棄之不足惜也」。清政府的腐敗無能到了這種程度，不能不令人扼腕。國土淪喪和台灣人民的苦難卻也換來了中國歷史的劇變，「公車上書」的失敗，激發出多少仁人志士毅然決然地鼓起變法維新的風潮。而維新變法的失敗，直接促成早期的中國國民黨人和中國共產黨先驅選擇了不同的救亡圖存道路。也正是這樣的路線之爭導致了一甲子前的兩岸分離局面。今天，當我看到黃花崗烈士陵園裏，孫中山先生手植青松依然挺立在烈士的英靈旁邊，當我看到連戰、吳伯雄、江丙坤等國民黨領導人和中共領導人一同前往祭掃烈士墓，當我看到大陸的共青團員和少先隊員烈士相聚在烈士墓前舉行入黨、入團宣誓……我不停地在問自己：一百一十年過去了，兩岸的中國人究竟領悟到了什麼？60 年一甲子過去了，我們還不能超越自我，為了國家和民族的利益，建立起我們共同的價值嗎？

　　2005 年春天以來，特別是 2008 年春天以來，度盡劫波的國共領導人終於走到一起來了，兩岸關係出現了積極的變化，兩岸雙方開始共同尋找並確立我們的共同理想和價值，兩岸人民也開始共用和平發展的成果。我想，這只是兩岸關係改善的開始，其實，更大的和平紅利還在我們的前方。我們期待著兩岸政治互信的進一步強化，我們期待兩岸人民之間的經濟、社會、文化交流合作更加便利和順暢，我們期待外人口中的「CHIWAN」品牌和中華民族獲得全世界各國更多的掌聲與

喝彩。

　　今天我們聚集一堂，是因爲我們都認識到，前方的路還是荊棘密佈，兩岸之間的政治互信還很脆弱，我們還要以更大的耐心和更大的努力才有可能攜手並肩，克服各種困難，讓人民確確實實享受到更大的和平發展紅利。這是一項良心的事業，這是一項智慧的工作，讓我們走好這第一步，從政治互信的 ABC 開始。

何謂兩岸政治互信

　　依照美國政治學者阿爾蒙德的解釋，「政治信任的問題影響公民爲實現政治目標而同他人通力合作的意願，也影響領導人同其他集團結成聯盟的意願。」（G. A. 阿爾蒙德：《比較政治學：體系、過程、政策》P44，上海譯文出版社 1987年）無論是政治行爲者個人，還是政治行爲者的集合體，在與其他政治行爲者或政治機構互動時，彼此之間的信任度決定了他們的合作意願。如果彼此之間具備良好的政治互信，雙方就可能採取通力合作的政策作爲；如果缺乏政治互信，彼此之間就有可能走向敵視，並採取一系列敵對邏輯下的政策行爲。

　　筆者認爲，所謂「兩岸政治互信」，就是海峽兩岸雙方彼此以口頭、書面或行爲默契的方式，展現出共同維護兩岸同屬一個中國的法理和政治現實之意志，建立起相互包容和信任的政治關係。而「加強政治互信」就是雙方在既有的互信基礎上，繼續擴大兩岸領土和主權一體性的認知交集，默認或接受

「一個中國境內兩個競爭中國代表權的政權差序並存」的現實。同時在政策上採取互助和互利的行動，增強兩岸人民的利益聯結和命運共同體的意識，爲最終解決政治分歧建立起更加穩固的政治架構。

兩岸政治互信的強度直接影響到雙方彼此之間的認知、情感和價值取向，影響到各自的政治判斷和政策傾向。兩岸政治互信的強度越大，相互之間的合作意願和政治包容度就越大；相互猜忌的程度和不安全感就越低；相互之間的商業交易成本、用於軍事對抗和參與國際活動消耗也會大幅降低。而且，兩岸政治互信的強化，也有助於各自政治系統內部的和諧和安定。

兩岸政治互信的強化是一個逐漸累積的過程，必須分階段達成目標。筆者認爲，兩岸政治互信可以分以下五個步驟達成：第一步，兩岸雙方堅持「九二共識」，維護一個中國框架，是構築兩岸政治互信的基石，這是最基本的政治互信。第二步，兩岸雙方在確認同屬一個中國的基礎上，進一步默認並接受「領土主權一體，政權差序並存」的現實，並表示願意共同維護這一政治格局的相對穩定性，形成兩岸政治互信的運行框架。第三步，兩岸雙方在維護台海地區政治格局穩定性的基礎上，呼應人民的要求，共同努力，最大限度地拆除影響和限制兩岸人民交流合作的各種人爲障礙，兩岸政治互信內化成爲強大的政治生產力。第四步，兩岸雙方由背靠背的「政權分治」，走向面對面的「共同治理」，並以適當的方式共用中國對外主權，兩岸政治互信外化成國際社會的穩定力量。第五步，兩岸雙方在經濟利益一體共構、社會和文化高度融合的基礎上，以平等和民主的方式，最終達成兩岸政治關係模式的終極安排，

兩岸政治互信從美好的願景，變成人民安和樂利的現實。

　　兩岸政治互信的建立絕不僅僅是官方之間或政治領導人之間表面的政治宣示和口頭的承諾，而是必須與一系列實際的政治行為相聯結。互信是基於共同的利益和安全要求下的相互信賴、尊重和包容，在互信的基礎上，雙方的行動都要有一定的瞻前顧後，都要彼此照應，相互支持。否則，互信的基礎就有可能受到損害。

加強兩岸政治互信的必要性

　　恩格斯說：「國家權力對於經濟發展的反作用可能有三種：它可以沿著同一方向起作用，在這種情況下就會發展得比較快；它可以沿著相反方向起作用，在這種情況下它現在在每個大民族中經過一定的時期就都要遭到崩潰；或者是它可以阻礙經濟發展沿著某些方向走，而推動它沿著另一種方向走，這第三種情況歸根到底還是歸結為前兩種情況中的一種。但是很明顯，在第二和第三種情況下，政治權力能給經濟發展造成巨大的損害，並能引起大量的人力和物力的浪費。」（恩格斯：《致康·施米特（1890 年 10 月 27 日）》。《馬克思恩格斯選集》第 4 卷 P482-483）筆者認為，恩格斯的這段話對於分析當前的兩岸政治和經濟關係仍有一定的啟示意義。對照當前快速發展中的兩岸經濟關係，兩岸政治關係是否能夠相應取得新的突破，已經成為制約或推動兩岸經濟進一步發展的關鍵。其實，兩岸政治關係何止影響兩岸經濟關係，兩岸社會、文化、

人員交往關係也都受到政治關係的影響。

兩岸經濟關係的發展必然對兩岸政治關係格局提出新的要求，兩岸政治關係如果不能符合經濟關係發展的需求，要麼就會阻礙經濟關係發展，要麼就必須進行變革。當前，兩岸雙方加強政治互信的目的，是爲了更好地回應經濟、社會乃至文化發展的要求，建構更加穩定和諧的兩岸政治關係。促進兩岸政治關係發展的目的，是爲了雙方更有信心地爲兩岸民間關係的進一步發展謀劃更加寬鬆的制度環境；在強化兩岸政治互信的基礎上，ECFA 問題、軍事互信機制問題、台灣人民迫切需要的參與國際活動問題都有可能得到更快更好的解決。相信大陸資金投資台灣的配套政策問題、台灣民眾在大陸地區的權益保障問題、大陸人民來台自由旅行的願望、兩岸學歷互認問題，甚至台灣參與海峽西岸經濟區建設等等問題都有可能朝更加符合人民期待的方向發展。一句話，加強兩岸政治互信的終極目的還是爲了兩岸人民過上更加富有、安寧、尊嚴和美好的生活。

「集團間的敵視會因不斷衝突而加劇，成爲政治文化的一部分，甚至一些細小的問題也很容易使這種彌漫的敵意轉化成憤怒和暴力……各集團間的疏遠和敵視感很可能造成政治衝突，甚至會使相對來說是例行的政治決策過程難以進行。」（G．A．阿爾蒙德：《比較政治學：體系、過程、政策》P45，上海譯文出版社 1987 年）兩岸雙方對於政治互信缺位的負面影響都有深切的體會。1992 年 11 月，兩岸兩會達成的「九二共識」主要是基於雙方對一個中國原則表述的交集部分：大陸海協會的表述內容是：「海峽兩岸都堅持一個中國的原則，努力謀求國家的統一。但在海峽兩岸事務性商談中，不涉

及『一個中國』的政治含義」。台灣海基會的表述內容是：
「在海峽兩岸共同努力謀求國家統一的過程中，雙方雖均
堅持一個中國的原則，但對於一個中國的涵義，認知各有
不同」。儘管雙方表述的文字不盡相同，但交集是明顯的，
這就是雙方均堅持一個中國的原則。正是有了這樣的交
集，兩岸雙方才有了基本的政治互信，兩岸兩會後來的交
往以及取得的成績也是建立在這樣的基礎上。過去 10 多
年兩岸關係互動的經驗與教訓告訴我們：每當「九二共識」
的政治基礎受到破壞，兩岸政治互信就會變成嚴重的政治
不信任，兩岸兩會的交流合作就受到嚴重的衝擊，兩岸關
係就會陷於動盪不安，雙方都將因此付出極大的代價，甚
至影響到亞太地區的和平穩定。

　　建立政治互信對兩岸互動的重要性也體現在兩岸政黨交
流上。2005 年 4 月 29 日下午，中共中央總書記胡錦濤在會見
中國國民黨主席連戰時，提出了發展兩岸關係的四點主張，其
中第一條就強調要：「建立政治上的互信，相互尊重，求同存
異」。連戰也表示：「我相信雙方假如繼續加強相互理解和信
任，一定會給兩岸人民帶來更好更多的安定和繁榮，同時更重
要的是給兩岸帶來亮麗光明的希望和未來」。5 月 12 日下午，
胡錦濤在會見親民黨主席宋楚瑜時指出：構建和平穩定的兩岸
關係，必須建立共同的政治基礎，也就是要建立最基本的政治
互信。宋楚瑜回應表示：「我們希望搭起兩岸之間互信之橋，
搭起我們溝通之橋，更重要的我們要搭起一座兩岸感情心靈之
橋」。筆者認為，2005 年春天以來兩岸幾個主要政黨之間關
係之所以能夠快速發展，主要還是得益於政治互信的強化。

　　兩岸政治互信給兩岸人民帶來的利益，更明顯地體現在一年半以來的兩岸關係快速發展上。2008 年 5 月 20 日以來，兩岸人民之間如此密切地交流，台灣海峽局勢如此和諧穩定，世界各國近乎一致地高度肯定，說明兩岸政治互信是多麼的可貴和重要。筆者認為，兩岸政治互信的強化，使兩岸關係至少出現了以下三個方面的積極變化：

　　第一，兩岸雙方交流交往的層級大幅提升，交流範圍進一步擴大。兩岸兩會恢復對話和商談，兩岸高層直接對話的管道也正在建立中。兩岸政黨交流常態化，國共兩黨中央和地方層級官員頻繁交往，台灣其他政黨與大陸方面的互動增加。正因此，兩岸關係的不確定性因素正在減少，可預期性增加。參與兩岸交流的行為主體日益多元化，兩岸地方層級公權力部門、政黨組織、社團組織、工商業界等組織機構、階層和群體紛紛加入兩岸交流交往大潮之中，兩岸各層級的溝通從來沒有如此綿密過，兩岸民眾確確實實從中得到了好處，兩岸政治關係的內涵更加豐富多彩。

　　第二，兩岸雙方在海內外良性互動的格局正在形成。兩岸在國際場合配合默契，基本上不再出現進行惡性競爭的情況，雙方因此避免了大量的不必要的內耗。大陸方面更多地思考如何解決台灣民眾參與國際活動的要求，台灣方面也不再作徒勞無功的盲目的政治衝撞。在中國大陸的支持下，台灣方面的衛生部門負責人以觀察員身份首次出席「世衛」大會（WHA）。台灣方面也改變訴求，今年的聯大會議期間未再提案要求加入聯合國。雙方在國際場合差序共存，相互照顧的情況越來越普遍。在兩岸之間，兩岸共同打擊犯罪和司法互助方面取得的新進展、台灣方面對「7‧5 暴亂」的譴責、中國大

陸的秋季軍事演習刻意避開東南沿海地區等等，都是互惠互利
的良性互動表現。

第三，兩岸人民利益共生關係進一步強化。隨著「三通」
的基本實現，兩岸各方面的交流交往成本正在下降，兩岸交流
的路徑和形式出現新的變化。雙方提出了一系列有利於交流交
往的政策，兩岸民間交流合作更加方便。一年多以來，面對國
際金融危機，兩岸經濟相互取暖，海峽兩岸成為全世界經濟最
安全的、最有活力的區域。不僅如此，兩岸人民之間的感情也
進一步密切，「八八水災」期間，大陸同胞最早向台灣伸出援
手，大陸也成為災區最大的外援來源地，兩岸雙方互相支援、
相互關懷，顯示出和平發展的強大力量，兩岸人民的感情更加
密切了。

政治互信的奇妙之處還在於它可以讓雙方更加理性和智
慧地處理突發性事件，避免引發更大的危機。兩岸之間存在著
政治上的分歧和差異不必諱言，正因此才需要我們建立互信，
增強相互包容的能力。在建立政治互信基礎上，我們有可能學
會彼此包容乃至欣賞這樣的差異。彼此的信任可以讓我們變得
更有定力和遠見，不為一時的挫折或別有用心的挑撥所迷惑。
筆者相信，在強化兩岸政治互信的基礎上，雙方將獲得更加和
平穩定的發展環境，一些目前十分棘手問題可能將變得不再那
麼棘手，兩岸內部和兩岸雙方的資源將得到更加合理的配置。

最後，兩岸政治互信的建立還有助於大陸和台灣內部的
政治趨於理性和穩定。在大陸，人們將更加理性地看待台灣各
方面的發展，更加理性地看待中國大陸的對台政策新思維；在
台灣，兩岸長期政治對立映射到台灣政壇的特殊的政治邏輯關

係將從此失去自圓其說的理論基礎,極端主義的政治狂熱將難再蠱惑人心。人們有理由相信,兩岸政治格局已不是少數人可以專斷獨行的事情,在平等、互信和公義的基礎上,兩岸人民可以透過更加自由、便利的交流合作,彼此瞭解,增進共識,爲兩岸政治關係良性發展建立和諧穩定的社會基礎。

如何加強兩岸政治互信

兩岸之間的政治互信首先要建立在各自的自信心基礎上。我們相信,無論任何政黨和領導人,只要是真正站在中華民族的、國家整體利益的基礎上,就一定會得到絕大多數人民的擁護和支持。在今天的兩岸關係和國際政治現實中,任何一方都不可能不計後果地採取片面改變現狀的行動。過去30年的兩岸風風雨雨已經證明,台灣方面沒有採取片面行動成功地改變兩岸政治關係現狀的能力,大陸方面也沒有不惜一切代價訴諸武力的主觀意願和必要。經過20年的交流合作,兩岸利益已經緊密地結合在一起,維護兩岸和平發展大局才是兩岸關係的最佳選擇。在彼此充分瞭解自身價值和對方意圖和能力的基礎上,在相信交流合作會帶來穩定力量的認知基礎上,雙方的自信心都會逐步提升,雙方可以理性地、穩步地深化政治互信。同時又可以以強化政治互信來增進雙方自信,實現良性迴圈。

1992年的「九二共識」是在當時兩岸交流大門初啓的時空背景下雙方的最大政治公約數。在兩岸三通基本實現、兩岸經濟相互依存關係實現幾何級增長後的今天,兩岸民眾對雙方

公權力的要求今非昔比，兩岸關係已經面對更高的要求和更大的挑戰，比如兩岸共同治理的問題和台灣民眾要求擴大國際參與的問題，等等。為此，雙方需要進一步增進政治互信，而現階段的政治互信深化已經不能迴避一個中國的具體政治含義問題。筆者認為，這個問題或許不是短期之內可以解決，需要有一個較長時間的磨合。在雙方已有的「法理一中」交集下，學術界直接的進一步對話或許可以先行一步。

筆者認為，在目前的情況下，兩岸政治領導人以各自的方式進一步強調「同在一個中國屋簷下」等論述非常重要。2008年12月31日，胡錦濤對兩岸政治關係的定位提出新的表述，他指出：「1949年以來，大陸和台灣儘管尚未統一，但不是中國領土和主權的分裂，而是上個世紀40年代中後期中國內戰遺留並延續的政治對立」。2008年8月26日，台灣領導人馬英九公開表達了「海峽兩岸不是兩國關係」的政治立場。這些講話雖然未明確表明兩岸具體「是什麼關係」，但至少已排除「國與國」關係，對於兩岸政治互信的強化來說，這些講話具有十分正面的意義。在兩岸關係進一步發展的今天，兩岸在政治上究竟是什麼樣的關係，這個問題不可能完全回避。筆者長期以來一直認為，以「球體國家」理論來描述當前的兩岸政治關係，不僅形象易懂，而且能夠兼顧雙方主張的合理成分。

我們可以把國際社會比作由200個左右的「球體國家」構成的「國際星系」，按照聯合國憲章規定的國家關係軌道運行。各「球體國家」擁有特定的領土、人民和政府，分別是這個球體的內核、主體和球面。各「國家球體」必須保持領土和主權完整性，以避免因球體變形而出現顛簸甚至逸出軌道，造

成「國際星系」的動盪不安。所謂的中央政府（或政權）就是附著於「國家球體」的保護層，行使對內鎮壓與管理，對外保護所在球體不受傷害的主權行爲。

中國是「國際星系」中一個重要的「國家球體」，同樣是由土地、人民、政府、主權構成的一個整體。與世界上絕大多數「國家球體」的球面只有一種顏色代表這個國家不同，中國這一「國家球體」的表皮目前是由紅藍雙色構成的，因爲中國境內存在著兩個競爭國家代表權的政權，她們分別在不同的空間和場合代表著這個球體，雙方形成了事實上「一體兩面」的關係。儘管兩塊「球面」所附著的面積大小懸殊，卻在各自的空間裏行使著對內鎮壓與管理，對外保護的功能。只不過由於敵對關係的性質尙未改變，兩者之間的關係形式是一種「零和」的不穩定狀態。

基於上述「球體理論」，兩岸雙方的政治關係是「領土主權一體，政權差序並存」的政治狀態。第一，無論台灣方面是否願意心平氣和地接受，在目前的國際政治現實中，中國大陸方面在絕大多數場合代表著中國，特別是得到聯合國的承認，這樣的事實已穩如泰山。第二，無論大陸方面如何定位台灣，台灣方面所堅持的「中華民國政府」在一些特定的場合事實上依然行使著「代表中國」的政治功能，對內管理、對外保護著在台灣地區的中國人民。在國際的場合，雙方繼續以背靠背的方式各自堅持己方代表中國的政治主張，一甲子過去了，這樣的局面無損兩岸同屬一個中國的法理本質。只不過，由於兩岸雙方的政治關係尙無共同的明文規則去約束，充滿著風險和不確定性。爲了降低兩岸政治衝突的風險，提升公權力部門的合作層級，兩岸雙方必須基於事實存在的政治關係狀態，努

力達成台灣方面提出的「正視現實、建立互信、擱置爭議、共
創雙贏」和大陸方面提出的「建立互信；擱置爭議；求同存異；
共創雙贏」的共識。

　　兩岸之間政治互信的深化，不僅在有賴於高層之間更加
密切的政治互動，兩岸人民之間建立在交流交往、互利合作基
礎之上的相互理解和信任更加重要。長期分離之下出現的中國
政治文化大系統下的兩岸文子系統差異，使兩岸政治分歧的解
決變得更加複雜和困難。爲此，雙方必須儘快促進兩岸交流交
往的無障礙化，讓人民有充分的時間和空間彌合裂痕，共同打
造新的中國政治文化大系統。如此，兩岸高層之間的互信才有
可能得到人民之間的認可和支持，兩岸間的政治互信才有可能
取之不盡，用之不竭。

　　筆者認爲，兩岸政治互信的強化，除了鞏固基本的原則
性共識外，也有賴雙方在具體的政治互動中保持與人爲善的態
度，並形成互相體諒、避免爲難對方的政治行爲規範。阿爾蒙
德說：「精英人物之間聯盟的形成，一方面取決於各個不同的
集團對重大政治問題所持的立場，另一方面也取決於各集團之
間能否信守政治交易以及談判中能否真誠無欺的信任程度」
（G．A．阿爾蒙德：《比較政治學：體系、過程、政策》P45，
上海譯文出版社 1987 年）。爲此，兩岸雙方還應注意以下五
個具體的問題：第一，兩岸政治互信的強化需要有一系列有形
無形的規則、機制、共識和默契來支撐。第二，兩岸政治互信
的強化不能停留在政治口號和和平協議上，更應該落實在具體
的政治行爲中。在兩岸政策上，就是表現爲擴大兩岸人民的交
流交往，盡力促成兩岸經濟的、文化的、人員交往的無障礙化。

第三，在「兩岸同屬一中」的共識基礎上，積極推進和落實兩岸在國際參與領域中的互利舉措，相互扶持，相互尊重。第四，在建立軍事互信機制方面，兩岸現有的政治互信已足已支持雙方進行初步的建立軍事互信機制的技術層級的商談，隨著政治互信的強化，可以相應地提升軍事互信機制談判的層級。第五，兩岸政治互信的強化需要更加密切的溝通協調，雙方公權力機關之間如何進行對口接觸的問題已經可以進行實質性的討論。

最後，筆者要特別重調的是，兩岸政治互信不僅是國共之間的事情，國共雙方都要注意聽取包括民進黨和台聯黨朋友們在內的兩岸各界的不同意見，包容和理解他們的主張和關切。政治溝通是首要的政策選擇，不僅國共之間要保持順暢的溝通，國共雙方與台灣其他主要政黨之間也要保持良好的溝通管道。筆者在此特別呼籲民進黨和台聯黨的朋友，為了台灣的利益、為了政黨的生存和發展，務必採取積極主動和開放的政策，在兩岸和平發展的基礎上與中共之間展開接觸和對話。只要兩黨的朋友們確信自己能夠代表台灣多數民眾的利益要求，就不必害怕被扣紅帽子或被吃掉。民進黨和台聯黨的幹部要深入中國大陸考察和瞭解大陸方面新的變化和發展，一方面向大陸方面表達兩黨對重大問題的關切，另一方面也聽取大陸方面的意見和關切，以此獲得足夠的資訊和政治舞臺，爭取在兩岸和平發展進程中扮演建設性的、更加重要的角色。

筆者同意陳孔立教授的觀點，「建立互信是一個漸進的過程，逐步積累的過程。」（新加坡《聯合早報網》2009 年10 月 29 日）「冰凍三尺，非一日之寒」。在加強兩岸政治互信的過程中，雙方都要有更大的耐心，相互理解和包容各方的

意見分歧，切勿因偶發的、個案性的突發事件中斷理性的溝通和對話。兩岸雙方在給予對方更大空間的同時，也給了自己更大的空間。相信發展可以解決兩岸政治關係中存在的一切難題，在人民之間的交流交往進程中，解決兩岸關係問題的美好未來一定會水到渠成。

「一中三憲」與「國家球體理論」接軌戰略

謝明輝

本文作者為台灣競爭力論壇執行長、兩岸統合學會執行長。謝明輝積極鼓吹兩岸和平發展理論應該接軌，本文為實際嘗試，為「一中三憲」與「國家球體理論」之同異進行分析，特別將其納入，供與會者分享。本文刊載於《中國評論》月刊 2010 年 2 月號（總第 146 期）。

　　謝明輝認為：「一中三憲」是兩岸法律的框架，而「共同體」則是讓整個框架更堅實的樑柱。透過兩岸協議所形成的共同體愈多，兩岸統合的實質內涵就愈豐富，而這些協議都是「第三憲」的基礎。當兩岸在各個領域均逐漸融為一體時，兩岸問題也就自然解決。劉國深教授的「國家球體」論述之最終目標，在於追求兩岸中國人民更加美好的生活這一理想。從「球體理論」到「完全統一」之間，兩岸須經過共同治理的接軌過程。此兩種論述接軌，意味著增加兩岸和平發展的穩定性。其真正的內涵在於兩岸關係定位有共同的認同與互信，不僅可弭平內部爭議，也可成為兩岸關係永久不變之穩定基礎。

和平發展需尋找新的論述與解決途徑

　　馬政府執政後，兩岸交流與互動越趨頻繁。但在兩岸關係上，尤其是政治議題相關的互動，卻仍無法輕易的有所邁進。如何將兩岸良性互動實質落實到政治層面，並且同時符合多數兩岸人民的期待，是馬政府未來亟需努力的方向，也是國際高度重視的焦點。兩岸政府雖然在 2008 年 520 以來，突破多重難題，順利展開四次的江陳會，達成了 12 項協議、1 項共識。但有關兩岸的政治協議，仍是停滯不前，先經濟後政治成為最佳的擋箭牌。兩岸和平協議一日不簽，則兩岸武裝衝突可能危機便一日不解。馬政府如果在兩岸政策上政治無法有所突破，台灣人民便一刻也不能放鬆。因此，兩岸關係之發展有必要從現行層面進行檢討，並且也要尋找新的論述與解決途徑，為兩岸和平發展帶來更長遠穩固的未來。

　　在台灣方面，兩岸統合學會理事長、台灣大學張亞中教授長期專研兩岸關係、國際關係與歐洲統合，為台灣重要的學者，相關著作已數百餘萬字，從 2008 年 10 月起陸續在《中國評論》月刊發表其兩岸論述理念，得到兩岸菁英與政黨高度重視。2009 年 8 月，在〈一中三憲：重讀鄧小平的「和平統一、一國兩制」〉一文中（《中國評論》，2009 年 8 月號）提出一中三憲理論，認為兩岸為了將「一中」從雙方的憲法規範，形成具有拘束力、且能明確與清晰地規範兩岸的互動原則的協定或憲法層次，則必須將「一中」再實體化、再憲法化。因此，張亞中建議，可建構一個超越兩岸憲法的法律架構，與兩岸憲

法並存，並且將其稱之為「第三憲」。

此外，無獨有偶的是，2009 年 11 月，大陸廈門大學台灣研究院院長劉國深教授，在台北舉行的兩岸一甲子學術研討會發表的〈試論和平發展背景下的兩岸共同治理〉一文中，提出了國家球體理論以回應兩岸政治關係目前所面對的定位問題。劉國深教授將兩岸政治現狀建構為同一國家球體下的兩個競爭性政權關係。具體來說，他認為中國這一「國家球體」的球面是由中華人民共和國和中華民國兩個競爭中的政權構成，她們分別在背靠背的空間和場合代表著中國，雙方形成了事實上「一體兩面」的關係。這種競爭關係缺少共同的憲政架構的認可與保護，因而仍是一種內戰架構下的「零和競爭」關係。

此兩種論述，分別代表著兩岸學者對於目前兩岸關係現狀的另一種論述，也將可能成為未來影響兩岸和平發展最新的論述。因此，下列段落中，將分別整理此兩位學者的論述，並且比較此兩種的共同點與相異處。

一中三憲與國家球體理論之概述

張亞中教授在〈共同體：兩岸統合與第三憲的樑柱〉一文（《中國評論》，2009 年 9 月號）中，點出目前兩岸和平發展，首要解決的就是認同問題。張亞中認為，建構兩岸共同體為兩岸統合與一中三憲的重要樑柱。而共同體的建構，主要來自於雙方對於彼此的認同。但是，長期的歷史因素造就了兩

岸認同差異與認同問題。張亞中認爲，由於兩岸長期分隔、台灣有操弄的政治力、台灣有操弄所需要的恐懼等因素，因此導致了認同問題與兩岸認同在國族與制度上的認同分歧。因此，爲了解決兩岸認同上的差異，張亞中建議可藉由功能性途徑的統合方式解決，透過共同體的形成讓兩岸統合可以更加落實。此外，在〈論海峽兩岸建立互信〉（《中國評論》，2009 年 10 月號）一文中，更指出「兩岸和平發展另一關鍵，始於互信。沒有核心共識就沒有互信、沒有自信就沒有互信、需讓互信不可逆轉」。因此，他認爲「一中三憲」應該是未來「和平協定」的基本原則，它可以讓兩岸的互信透過協定約束而不再逆轉。北京所強調的「一個中國」與馬英九所呼籲的「正視現實」中找到了交集。「一中三憲」是兩岸建立核心共識的互信基礎，「和平協定」是這個互信基礎的機制。這個互信機制兼顧了原則與現實，更包含了理想。

綜言之，張亞中認爲「一中三憲」與「兩岸統合」可以化解認同危機。在〈一中三憲：重讀鄧小平的「和平統一、一國兩制」〉一文中，將兩岸關係現有的定位爲，「整個中國內部的兩個憲政秩序主體」，或可簡稱爲「一中兩憲」。而爲了讓一憲實體化，張亞中建議，應建立「第三憲」，其可以是一部傳統的憲法。可以像「歐盟憲法條約」一樣，未來的「第三憲」也可以透過建立一個包括在各種協定在內的「中國憲法協定」（The Agreement establishing a Constitution for China, ACC）完成。「一中三憲」是兩岸法律的框架，而「共同體」則是讓整個框架更堅實的樑柱。透過兩岸協議所形成的共同體愈多，兩岸統合的實質內涵就愈豐富，而這些協議都是「第三憲」的基礎。共同體就是鞏固兩岸未來合作與發展的樑柱，其結果不

止是兩岸人民共利，兩岸的認同也將因而強化，當兩岸在各個領域均逐漸融為一體時，兩岸問題也就自然解決。

劉國深教授的國家球體論述，其基於兩岸雙方所各自皈依的最高法源都規定兩岸一國的法理事實，劉國深認為國家領土意義上的一個中國不需要去追求，需要的是兩岸共同去落實和維護。在〈試論和平發展背景下的兩岸共同治理〉一文中，劉國深指出兩岸雙方雖然已經有了一定的政治共識，但這樣的共識基礎還很脆弱，雙方對兩岸政治現狀的認知存在很大的紛歧。因此，兩岸雙方有必要進一步重建兩岸人民之間有關中國政治知識的共同基礎。對此，劉國深在 2009 年 11 月 13 日在台北所舉行的兩岸一甲子學術研討會提出國家球體理論，首度承認兩岸主權領土同一下的政權分立狀態，兩個敵對政權目前是在一個中國框架下分別治理著各自有效控制區域。劉國深認為，在政治學意義上，政權（政府）就是附著於「國家球體」表面的保護層，行使對內鎮壓與管理、對外保護所在球體不受外來侵害的職能。劉國深表示，中國這國家球體的球面是由中華人民共和國政府和中華民國政府兩個競爭中的政權構成，他們分別在背靠背的空間和場合代表著中國，雙方形成了事實上「一體兩面」的關係。

換言之，劉國深提出他的「國家球體理論」，重新對兩岸政治關係的現狀定位加以詮釋，試圖提出兩岸政治分歧的「解決途徑」。此外，也為兩岸擱置「政治符號」之爭的「路線圖」劃出另一種兩岸雙贏的模式，同時也呼應了兩岸雙方領導人必須在正視現實、擱置爭議、直面矛盾和衝突的情況下，著力化解矛盾和衝突的一種理想模式。劉國深認為，兩岸關係

和平發展的願景得到雙方高層的認同,專業研究人員開始有條件尋找兩岸共同治理的共識基礎、路徑與模式。兩岸共同事務的概念內涵非常豐富,除了各自境內事務外,與兩岸相關的所有事務,都可稱為「兩岸共同事務」。他建議,兩岸可考慮成立「兩岸共同事務委員會」,共同策劃、組織、協調、控制和監督兩岸共同事務的合作問題。此外,劉國深建議,將公權力的行使區分為政治性事務和行政性事務,兩岸擱置爭議的部分,應嚴格限制在高階政治議題,低階行政層面問題可逐步展開交流合作,逐步走向共同治理。劉國深此論一出,即造成兩岸政治論述強大震撼波,與張亞中教授「一中三憲、兩岸統合」之論述有異曲同工之妙。因此,兩種論述的接軌為兩岸政治統合帶來無比的想像空間,也為兩岸和平發展帶來強而有力的訊號。

兩種論述之比較

進一步地來看,張亞中〈一中三憲〉與劉國深〈國家球體理論〉的異同如下:

首先,兩個理論之共同點,在於兩個均承認用中國代表對外對內的治理權,兩個均承認兩岸主權、共享共有,兩個均承認兩岸有共同使用中國的話語權。

張亞中教授認為,中國的主權原本就屬於兩岸全體人民,主權本應「共有」,追求的是如何「共享」與堅守「不分離」,在整個中國的架構中推動統合。因此,張亞中建議,兩岸從「兩制」走向「統合」也可以經由超兩岸共同體的建立,

達到「共享」及「不分離」主權的目標。同時，也可經由多個協定建立高於兩岸憲法的憲政秩序。換言之，兩岸未來可以透過不同的政治性協定，共同分享原本就是屬於兩岸全體人民的主權。因此，張亞中教授曾在〈兩岸和平發展基礎協定芻議〉一文中，呼籲兩岸簽訂基礎協定。同時，在此協定中更提出確定兩岸同屬「整個中國」、相互保證不分裂整個中國、同意兩岸平等地位、同意不使用武力、同意成立共同體、在國際組織共同出現、互設常設代表處等說明。在上述的內容中，可以瞭解到其不僅承認兩岸治理權與主權共享的論述，更認為兩岸皆有代表中國在國際社會中的發言權。

而在劉國深的國家球體理論中，其將兩岸政治現狀定位為中國國家球體的兩個競爭中政權，更是事實上的一體兩面關係。劉國深認為，儘管兩塊球面附著的球體大小懸殊，卻在各自的空間裡行使著對內鎮壓與管理以及對外保護的功能。在該論述中，不僅點出了在目前國際政治現實中，兩岸擁有各自區域的治理權，並且分別在某種場合中代表中國或其政治功能也點出了兩岸目前在不同的場域共同使用這個中國國家球體在國際社會的話語權。換句話說，大陸在與其有建交的 171 個國家代表中國，台灣則在與其建交的 23 個國家代表中國，這是一種事實存在，無關價值判斷，雙方背靠背共存的狀態構成整個中國的完整概念。

從另一方面來看，兩者的相異點分別則為：(一)張亞中教授提出建構各種協議共同體來連結鞏固整個中國有整套論述，而劉國深教授的國家球體理論尚缺完整論述，有待完整補充。張亞中教授認為，共同體就是鞏固兩岸未來合作與發展的

樑柱,因此當更多的兩岸協議所形成的共同體越趨增加,除了強化兩岸彼此的認同,也讓一中三憲更加落實,豐富兩岸統合的實質內容。明顯地,張亞中教授在兩岸統合的論述上,除了對許多問題進行分析外,也提出許多機制與路徑,讓其兩岸統合理論之架構,具有許多實質內涵。張亞中所提的兩岸統合論述,不僅包括兩岸經濟統合、國際參與、文化統合等,還包括了整個華人可以參與的「身分統合」(中華卡)、貨幣統合(華元)等,不只充分考量到了兩岸的基本立場,立足於整個中華民族的情懷與利益。相對來看,劉國深教授的國家球體理論,由於其為初步設想,雖然重新詮釋了兩岸政治關係現狀的定位,但是目前其論述稍嫌不足,仍需增加其他相關論述,以豐富其理論的完整性。

(二)張亞中教授提出的建構整個中國,含有歐盟經驗,而劉國深的國家球體論述,卻含有一國兩制的架構。在張亞中教授的論述中,提到兩岸統合可以參考歐洲統合的經驗得到啟示。除了瞭解到歐盟國家透過統合過程獲得學習效果,相當有利於奠定共同認同之基礎。此外,也認知到啟動共同體機制性的合作,對於歐洲統合發展是相當重要的。另外,也不可忽略政治性條件的重要性。最後,不同領域的統合制度與合作讓歐盟國家逐漸產生對於歐洲共同體的認同。相對來看,劉國深在其文章中曾提到,因為兩岸同屬一個國家,兩岸除了各自內部事務外,還存在更加廣泛的政治共同項,兩岸尋求共同事務合作,並不違背雙方所遵循的兩岸一國法理精神。換言之,也就是在一國兩政權的架構下,進行兩岸事務共同治理的模式。

(三)張亞中教授的「一中三憲」,以在整個中國內部進行兩岸統合為路徑。劉國深的國家球體論述為過渡性質,兩岸政

治體系的願景須在充分交流合作基礎上,由兩岸人民以和平民主的方式共同決定。張亞中教授認為「一中三憲」是有助於走向統一的統一前,也可以是成為統一後的政治定位安排。這個代表「整個中國」的「第三憲」,本身是一個促使兩岸從現狀步入統合的憲政規範,是一種「統合式的憲法」。而劉國深則在其文章中,提到兩岸應在兩岸關係和平發展的大背景下,把握機遇,以共同治理的理念維護兩岸人民交流交往秩序,為最終實現國家的完全統一奠定堅實的基礎。因此,可以瞭解到劉國深教授的國家球體論述之最終目標,在於追求兩岸中國人民更加美好的生活這一理想。從「球體理論」到「完全統一」之間,兩岸須經過共同治理的接軌過程。

兩種論述如何接軌

而為了兩岸和平發展可以更加邁進,可以將此兩種論述綜合討論,針對一中三憲與國家球體理論如何接軌加以探討。因此,筆者認為:首先,相對於張亞中的完整與嚴謹論述,劉國深應該對兩岸共同治理提出更完整深入的論述。由於兩岸政治關係現狀的定位,仍處於模糊且不穩定階段,兩岸政府也仍未尋找出最有效且雙方都能接受的方式。因此,仍有必要針對當時現況與國際情勢加以調整,以有利於兩岸和平發展之合作。

此外,兩人均必須說服兩岸執政當權者、學者、人民。而優先順序則為,兩岸學者、執政黨、政府、人民。由於兩岸

和平發展最重要的關鍵就在於兩岸認同問題，倘若兩岸當權者、學者與人民都無法對兩岸和平框架有所共識，那麼兩岸共同治理的理念就將難以達成。

另外，如何讓「一中三憲、兩岸統合」成為台灣的主流論述，筆者認為宜加強與台灣內部各界菁英溝通，並且舉辦研討會並且讓媒體廣為報導。當然，也必須讓此論述說服馬英九總統與國民黨人士。而國家球體理論，也需成為大陸政界與學界主流的共識，因此建議，應將此論述讓大陸學者與當權者瞭解，並且加以說服。因此，為了進一步取得兩岸人民共識，可共同舉辦兩岸大型研討會。

最後，筆者認為，一中三憲與國家球體論接軌最佳的時間點：為 2012 年馬英九成功連任後，與 2013 年胡錦濤主席交棒前的時間點，為此兩種論述接軌最佳的時機。由於此時兩岸政治氣氛最為融洽，政治牽制力最小，國際影響力無法見縫插針，馬胡兩人在台灣與大陸權力達到巔峰，在民氣可用之下，拍板定奪，開創新局。

接軌戰略的四大論述基礎

兩種論述在接軌施行上的四大戰略，可將其分為四點論述：

(一)可行性：兩種論述接軌後，讓兩岸雙方既有面子又有裡子。這兩種論述，對中國大陸來說，其所稱一中論述可以接受，這是面子。另一方面，中華民國憲法的存在則是台灣所要的，這是裡子。因此，此兩種論述接軌後，在執行上對兩岸和

平發展而言，具有可行性的特質。

(二)前瞻性：則是指該論述接軌後，在執行上也能較具有前瞻性，既競爭又合作，具有互補的性質。當兩岸對其論述有共識之後，則避免未來有訴諸武力統一的可能，也能進行可長可久的共同治理規劃。換言之，讓雙方對於兩岸和平發展能夠有較長遠性的考量與規劃。

(三)穩定性：此兩種論述接軌，意味著增加兩岸和平發展的穩定性。其真正的內涵在於兩岸關係定位有共同的認同與互信，不僅可弭平內部爭議，也可成為兩岸關係永久不變之穩定基礎。

(四)安全性：兩岸之所以分裂分治六十年，最大之原因乃在追求中國控制權，國共兩黨互不相讓所造成。是故，安全性乃雙方最大的考量，大陸大、台灣小，台灣怕被大陸吃掉。在互有顧慮之下，又要和平發展，當然得找出雙方在安全性有共同交集的道路。「一中三憲」與國家球體論述，分別代表台灣與大陸最頂尖的論述，找出此兩種論述共同交集，求同存異便是兩岸和平發展最安全的一條道路。

結語

「一中三憲」與「國家球體理論」此兩種論述，提供兩岸執政權之永續性，成為確保兩岸不武力衝突的安全瓣。因為，此兩者均承認兩岸政權所代表的治理權，並且共用共有兩岸主權，以及共同使用中國的話語權。所以，也代表承認兩岸執政

權之存在。

綜言之，筆者認為兩種論述應該再進一步地深化與合作接
軌，讓兩岸統合的論述得到廣大菁英與人民的瞭解與支持，在
獲得雙方人民的共識下，達成兩岸共同治理之目標。此外，由
於此兩種論述在接軌後的執行層面上，具有可行性、前瞻性、
穩定性與安全性之特質，所以可以期待兩種論述對兩岸政治發
展具有許多層面的實質效應，也有助於雙方向兩岸和平發展之
路更加邁進。

兩岸和平發展的戰略基石：
從「一中各表」到「一中同表」

張亞中、謝大寧、黃光國

我們相信這可能是台灣有關「一中」一次歷史性的對話。

從 2009 年歲末開始，《聯合報》連續以六篇社論，論述了目前台灣最核心的政治問題，也就是兩岸問題以及由之所帶起的內部整合與國家願景的問題，並清楚地表達了報社的立場。對於媒體願意以如此的篇幅，來論述這麼重要的問題，我們當然表示敬佩；而由於《聯合報》的表述，與馬總統的元旦講詞，乃至國安會所屬智庫的負責人趙春山教授在元旦的文章，其論點有著驚人的一致性，因此這些觀點也就特別值得重視與評論。

《聯合報》認為兩岸目前採行的政策，都刻意抑低了「目的論」的位階，暫時避免提及統一問題，而改以強調「過程論」的「和平發展」為主軸。對於這一觀察，我們是同意的。如果我們沒有理解錯誤，《聯合報》這六篇社論希望以「一中各表」做為國家戰略基礎，一方面為藍綠紅三大政治力量找到交集，另一方面為做為「和平發展」的核心論述。

在《聯合報》看來，只有以「一中各表」作為基石，才

能真正奠基在現狀的基礎上，為兩岸鋪平和平發展的道路。這也就是說，《聯合報》以為應該努力說服大陸接受「一中各表」，如此一來，中華民國體制就可以獲得確保，並對內吸納民進黨，化解台獨的破壞性，對大陸而言，也開闢一條讓中華民國重新得以參與締造新中國的道路，然後也才有可能讓「過程論」接軌到「目的論」之上。

很顯然的，這樣一套論述不只是《聯合報》的立場，如果我們把它當成是馬政府對大陸發動政治談判的回應與投石問路，似乎也無不可。然而這樣一套看似有理的論述，真的能具有說服力嗎？

做為關心中華民國與兩岸前途的一份子，兩岸統合學會對《聯合報《的看法有不同意見，透過《旺報》，張亞中、謝大寧、黃光國聯名發表六篇文章請教《聯合報》，並希望與《聯合報》共同切磋與思辨政府應有的大戰略與兩岸和平發展路徑的基石與方向在哪裡？以下為《六問》的全文。至於《聯合報》的《六論》可以參考，張亞中主編，《一中同表或一中各表》一書，該書有全文引述，或參考《聯合報》網站。

「一中各表」不宜作為兩岸和平發展戰略基礎

在我們看來，一套政治上的論述如果要具有可行性，至少要能兼顧到兩個方面。首先，它必須以邏輯性為必要條件，再

來則是以能兼顧相關各造的利益為充分條件。若是如此的話，我們就必須指出，聯合報的這套論述無論是在必要條件上也好，或是充分條件上也罷，它都有了嚴重的缺陷。為什麼呢？我們以為，原因出在「一中各表」這個概念上。

就邏輯性來說，「一中各表」為得是要將兩岸的主權拉平到同一層次。照聯合報的邏輯，所謂兩岸要維持各說各話的空間，大陸就得尊重在台灣的中華民國，並強調它是「主權獨立的國家」。此話的依據是中華民國從 1912 年開始它就已經是個主權獨立的國家了，而台北也尊重北京宣稱中華人民共和國是一個「主權獨立的國家」，聯合報把這個情形稱之為現狀，這也是馬英九經常說的「正視現實」，並認為非如此就不足以「維持現狀」。然而很不幸的是，實際上這樣的論述卻埋伏著一個邏輯上的陷阱，因為現狀並不是這樣說的。

兩岸現在的現狀是甚麼？它至少包括了三點，一是主權面：兩岸都宣稱其主權涵蓋全中國，兩岸均為「一中憲法」，就這個層面而言，兩岸是競合的關係；二是治權面：兩岸目前處於分治的狀態，雙方治權互不隸屬；三則是權力面：兩岸的物質權力處於不對稱的狀態。

沒錯，中華民國是一個國家，但其主權與中華人民共和國的主權重疊，現在要人家公開承認你是一個主權獨立，並與它互不隸屬的國家（或者模糊說是政治實體），那它要把自己擺到哪裡去？此時，你可以說我也不挑戰你的宣稱，大家互不否定就好了呀！可是邏輯上說，當台北只要對大陸宣稱中華民國的主權獨立，又主張主權涵蓋全中國時，已經等於否決了北京做同樣宣稱的合法性。當台灣聲稱「主權獨立」、「2300 萬

人決定台灣前途」時，等於已經放棄了主權重疊的主張。

我們認為，主權概念基本上是零和的，除非兩岸共同表達接受「主權重疊」的意願，即「一中同表」，否則兩岸根本就沒有各說各話的空間。

而另一方面，聯合報亦認為若大陸允許「一中各表」，尊重中華民國的主權地位，則這樣的論述就有可能吸納民進黨。這樣的講法，其邏輯上的謬誤就更為明顯了。民進黨會不會真心接納中華民國體制我不知道，假如它接納了，民進黨所認為的中華民國主權，也絕對是個僅包括台澎金馬在內的限縮了的主權，那麼難道聯合報亦認為中華民國的主權就是這個樣態嗎？這樣的主張是不是現狀？上述這兩個狀況所指稱的中華民國是不是同一個中華民國？這是邏輯面上的問題。

就現實上各方的利益來說，如果大陸接受了「一中各表」，它有甚麼好處？李登輝不是沒說過「一中各表」，結果他把它表成了兩國論，這殷鑑還不遠呢！對國民黨來說，它想要「一中各表」的原因，看來主要是希望兩面討好，一方面用一中來告訴大陸，我並沒有放棄一中的立場，但這也許只是佯攻的一面；其主要的想法是要向民進黨展示它守住了主權的底限，並以此證明這是一個可操作的構想，同時也可以正面主攻民進黨。

國民黨恐怕沒想到的是，假如民進黨真的很「聰明」地順勢向「一中各表」靠攏，然後要求中華民國的主權只限縮在台灣，那時搞不好才是國民黨噩夢的開始！在我們看來，從利益面來說，「一中各表」其實對民進黨才真正是個一本萬利的主張，它只要宣布接受「一中各表」，但要求國民黨與大陸接受中華民國的主權僅及於台澎金馬，民進黨就大勝了，至於剩下

的難題，就丟給國民黨和大陸去處理吧！如此，聯合報還認為這樣的講法是個聰明的主張嗎？

從以上推理可知，若以「一中各表」作為基石，無論從邏輯上或是利益上，都不足以帶來正面的好處，它不徒不足以促進和平發展的過程，也無法證明它擁有將和平發展的過程論接軌到目的論的方向上去之可能，當然也就不適宜做為國家戰略的基礎。我們覺得，這其實是一個很簡單易明的道理，但何以以聯合報的地位會看不清楚呢？這真是讓我們大惑不解！

「一中各表」做為理論的錯誤解讀與引用

多年來，聯合報一直以「一中各表」等同於「屋頂理論」，並以此做為兩岸關係定位與發展的理論依據。這個師法西德的理論，總是被誤以為是解決兩岸定位的藥方。我們必須要說，聯合報所提的看法不僅在理論解讀上有問題，在論述實踐上更不可行。

「屋頂理論」為西德學界所創，用以解決東西德的政治關係困境，我們先來了解這個理論的真正內涵與功能侷限，還有，西德又是如何處理這個侷限。

在討論前，我們必須有三個德國的概念，一個是分裂前與未來可能統一的德國，稱其為「整個德國」，另外兩個是西德與東德。西德基本法的制憲者是以「同一性理論」中的「國家核心理論」，而非「屋頂理論」做為其追求統一的理論基礎。

所謂「國家核心理論」是指：1949 年的西德與分裂前的

「整個德國」爲「同一」（identity），只是其治權僅及於現有的邦。爲了貫徹這個憲法理念，西德在制憲時奠定兩個基石。第一、延用原有 1913 年的國籍法。西德基本法第 116 條表示堅持只有一個統一德意志國籍的立場，並未藉基本法創造出西德國民的國籍。依其精神，東德的人民也是德國人，所以，如果跑到西德來，自然立刻可以取得西德的國籍。第二、加入條款。在基本法第 23 條中，明定西德的有效治理範圍包括當時的 12 個邦（這 12 個邦是核心），但是也保留了「德國其他部分加入聯邦時，應適用之」，即爾後東德各邦可以自由選擇加入西德，也是回歸德國。

「屋頂理論」產生於 1972 年，是當時西德總理布朗德爲了推動東進政策與東德、蘇聯和解下的產物。當時東德憑著華沙公約國與蘇聯的支持，倡言「不承認東德是一個主權獨立的國家，就不和解」。布朗德認知到，東西德雙方如果再不和解交往，人民情感再不聯繫，認同必然繼續撕裂，分裂必將終成定局，最後以「東德是一個國家，而不是外國（完整的主權獨立國家）」的立場與東德簽署《基礎條約》，確定兩德的定位。這就是「屋頂理論」的濫觴。

「屋頂理論」是一種通俗性的說法，正確地說是「部分秩序理論」，表示由於德國仍然處於分裂狀態，對於整個德國事務而言，東西德均非完整的憲政秩序主體（不是個完整的主權國家），雙方都只是個部分秩序主體。換言之，西德對東德的承認是整個德國內部的兩個憲政秩序主體間的相互承認，而不是外國關係的承認。布朗德並以「特殊關係」形容東西德的關係。

布朗德這個說法，並沒有得到在野黨的理解。在野黨主

張承認東德是一個國家就等於造成德國的永久分裂，認為聯邦政府已經違憲，因而向聯邦憲法法院提請訴訟。憲法法院選擇站在聯邦政府這一邊，認為聯邦政府仍然堅持「國家核心理論」，所做的妥協並沒有違反基本法中的「再統一命令」。

一般人認為德國模式只是「屋頂理論」，並以「一族兩國」（one nation, two states）表述，其間「一族是屋頂，兩國是兩根柱子」。可是，西德聯邦政府與憲法法院從來沒有這樣認為，如果他們接受「一族兩國」的說法，等於是宣告布朗德政府已經違憲了。因為「一族」在法律上是沒有意義的，德與奧、英與美都可以是「一族」，但是已經是兩個外國了。

憲法法院認定西德政府的作為並沒有違反涉及主權的「國家核心理論」，所謂的「屋頂理論」（部分秩序理論），只是為了顧及現實，以及為了改善當時東西德關係的權宜作法。基於以上考慮，西德政府認為東西德關係是不同於一般外國間的「特殊關係」；派駐東德的代表是「常設代表」而非「大使」；將東西德邊界視為西德各邦間的邊境，東德物品進入西德並不需要關稅；對於東西德所簽署的《基礎條約》，也認定只是個「臨時性」的安排，並非永久性的條約。

1990 年德國統一或許是個偶然，西德的「國家核心理論」也有可能最終只是西德的自我夢囈，可是最後德國的統一路徑卻是按照西德當初基本法設計者的原有設計進行。如果不是這個偶然，「屋頂理論」可能成為德國永久分裂的真正理論依據，布朗德也可能成為兩德永久分裂的固定者。之所以要說這一段歷史，是想與聯合報分享，「屋頂理論」從來就不是一個西德制憲者的理念，只是因為現實需要而妥協下的產物，它不是為

法理統一目的而生，而是爲和平相處過程而存在。

在中華民國，一直到目前爲此，雖然經過多次修憲，在憲法層次，「國家核心理論」始終沒有遭放棄，但是在實際政策作爲上，1994 年以後，國民黨政府已經放棄了「國家核心理論」了。李登輝開始將「一個中國」不再定位爲「中華民國」，並改變它的定義爲「歷史、地理、文化、血緣上的中國」，開始接受「一族兩國」的說法，1999 年特別選在接見德國記者時，提出兩岸爲「特殊國與國關係」的主張。布朗德與李登輝所說的「特殊關係」在法律意義上完全不同，李登輝所說的「特殊國與國」其實就是「兩個外國」關係。

2008 年 5 月馬英九雖然贏得了大選，但是在兩岸定位上並沒有挑戰，也無法超越李登輝的兩岸定位論述，馬只是不斷強調「台灣主體性」，而沒有辦法回復到兩岸「主權重疊」，建構一套兩岸「共有主體」的論述，這使得馬英九的「一中各表」更趨近於「偏安台灣」或「兩個中國」，而不再是 1992 年「一中各表」時「胸懷整個中國」的論述。

容我們坦率的說，聯合報的六篇社論沒有處理「一中各表」是否已經變質的問題，聯合報一篇社論說：「民進黨願否以告別台獨來做爲獻給中華民國的百歲生日禮物」？我們認爲，如果「一中各表」已經成爲「偏安台灣」的論述，民進黨爲何不會接受？「偏安」與「台獨」在憲法上的意涵是沒有差別的。

兩岸現在的問題不在「一中各表」，而在於國民黨對於「一中」的定義、認識與作爲已經改變，在這樣的情形下，還把「一中各表」四個字做爲兩岸的共同期許，不是有些唐突嗎？聯合報應該鼓勵馬英九政府堅持「同一性理論」中的「國家核

心理論」，而非選擇錯誤解讀「屋頂理論」的「一中各表」。

無法建立互信的「一中各表」

聯合報在社論中表示：「馬政府無論對內及對北京，皆尚未建立起明朗的論述體系。這使得內部意見紛亂如故，而對岸也持觀望態度。就此而言，一中各表是唯一方案。對台灣，非一中各表，不能維持治理；對大陸，非一中各表，不可能有和平發展」。

「一中各表」邏輯通嗎？「一中各表」真的可以解決台灣內部紛爭，又有利於兩岸和平發展嗎？我們不這樣認為！以下從三個方面來討論：第一、台灣有沒有能力與大陸進行長期的「一中各表」？第二、「一中各表」為何不利於台灣，也不容於大陸？第三、「一中各表」能夠做為兩岸基本互信的基礎嗎？

我們先談，台灣有無足夠力量與大陸進行「一中各表」。在討論「一中各表」時，往往以東西德簽署《基礎協定》時，兩德是以「同意歧見」（agree to disagree）做為借鏡，認為東西德可以在核心問題上「各說各話」，雙方亦因此加入了聯合國，也並沒有因此妨害德國統一，因此主張兩岸也可以將「同意歧見」做為兩岸建立互信或簽署和平協定的基礎。

在上一篇文章提到，東德以「永久分離」向西德開價，並宣稱如果不接受東德是一個國際法上的主權獨立國家，東德就不與西德和解。西德最後以「承認東德為一個國家，但是不

是外國」爲妥協，但是仍然堅持其與德國爲「同一」的「國家核心理論」。東德原來並不願意接受，不過，在蘇聯老大哥願意接受的情形下，東德的總書記烏布里希特只得被迫下台，換何內克上台，兩德爰達成協定。這個複雜故事背後的權力原貌是：沒有蘇聯的支持，東德根本無法開條件，當蘇聯態度改變時，東德也只好被迫調整立場。因此在本質上，東西德《基礎條約》不是西德與東德，而是西德與蘇聯簽的和平條約。兩岸不同於東西德，未來的兩岸和平協定，外國的力量很難進入，「同意歧見」的「一中各表」難有外力支持空間。

台北方面另外要自問的是，即使有外在因素，美國對台灣的支持是否高於當時蘇聯對東德的支持，當時波昂是否比今日北京的國際政治影響力大？如果答案均是「否」的話，那麼我們憑甚麼會認爲北京會接受「同意歧見」的「一中各表」？毫無疑問地，對於北京來說，「一中」是重要原則議題，我們很難想像北京會同意在原則性問題有歧異的情形下，同意簽署兩岸和平協定與建立兩岸的根本互信。台北爲什麼會認爲北京需要接受在北京看來有可能會被台灣民主操作成爲「永久分裂」的「一中各表」？

第二、爲何「一中各表」不利於台灣？我們可以想想看，北京與 171 個國家有外交關係，台北只有 23 個在國際政治上非重量級的邦交國，北京參與的國際組織又遠遠超過台北。請問世界上大多數國家會承認北京對於「一個中國」的表述，還是接受台北的表述？在「一中各表」的前提下，台北也只能最多以「中華台北」參與國際組織，講久了，不要說沒有人要聽台北的「一中各表」，連中華民國的名稱是甚麼自己都完全保不住了。對於台北來說，以前的「一中各表」還有胸懷大陸的

氣魄，現在的「一中各表」已是自己表不贏大陸，又不敢丟掉一中的說法而已。

如果我們同意兩岸物質性的權力已經有不對稱的現象，那我們必須考慮，時間拖得愈久，是否對台灣愈為不利？如果同意這個推測，那麼「一中各表」對台灣有利的解釋空間將愈來愈小。

當然，也會有人認為時間拖得愈久對台灣愈有利。這樣的思維建立在兩個假設下：第一、「中國崩潰論」。例如1990年代中期，李登輝認為中國大陸將會崩解為「七塊」，因此用「戒急用忍」的戰略處理兩岸關係。第二、「柔性台獨」或「穩健台獨」論。這種論述認為只要時間拖得夠久，兩岸認同繼續撕裂，再經過幾次大選，台灣主體意識完全形成，兩岸分裂將只需一個法律程序而已。以上的第一種論述能否成功並不操之在台灣。第二種論述正是「一中各表」不容於北京的地方，他們擔心，同意「一中各表」是否會讓「一中」永遠各自表述下去了，而結果就是「兩個中國」的定型。

如果讀者同意，兩岸和平協定是兩岸互信的展現，也是兩岸能夠和平發展的基礎，那麼我們必須要對聯合報所說，「對台灣，非一中各表，不能維持治理；對大陸，非一中各表，不可能有和平發展」這一句話表示異議。對台灣內部而言，不要說「一中」，連「中華民國」都是各自表述；對兩岸而言，各說各話的「中國」是不能建立兩岸根本互信的，沒有根本互信，兩岸目前的和平發展是極為脆弱的。

「一中各表」原本是兩岸間的「求同存異」，但是十多年來，隨著台北政府對於「一中」定義的改變，今日「一中各

表」已經變成爲求台灣內部「求同存異」的工具。聯合報希望
台灣內部與兩岸均能接受「一中各表」，可以說是已經看到了
問題，但是我們必須坦率地說，「一中各表」不僅不是如聯合
報所說的「唯一方案」，更不是個解決問題的方案。對於藍綠
紅三方來說，國家認同問題豈有「各說各話」的空間？

　　「一中各表」不是建立在互信，而是建立在自說自話之
上，這樣的論述有其實踐上的侷限性。總結本文，可以十六個
字來形容：無力實踐、不利台北、不容北京、沒有互信。我們
認爲，台北必須改變思維，依據中華民國憲法與北京進行政治
對話，就「一中」的定義尋求兩岸都可以接受的「共同表述」，
也就是「一中同表」。何謂「一中同表」，簡單地說，兩岸均
同意目前的憲法爲「一中憲法」，雙方均對不分裂整個中國做
出承諾，雙方也願意接受彼此爲平等的憲政秩序主體。「一中
各表」看起來簡單，但是邏輯上有其侷限性、實踐上也有其脆
弱性，「一中同表」看似困難，但是邏輯清楚完整，值得推動。
詳細的分析，請容後論。

「一中各表」下的中華民國與辛亥革命還有關嗎？

　　這篇評論我們想針對聯合報社論的另一個內在矛盾提出
看法。

　　聯合報的系列社論，有一個很有趣的觀點，那就是一中各
表與辛亥革命的關聯。聯合報認爲台灣正有一種論述的價值在
上升之中，那就是由辛亥革命所賦予的中華民國的價值。此一

價值的核心點在於如何建設新中國，這也就是說中華民國的命運是與新中國的建設分不開的。就這點而言，中華民國在台灣的民主建設，正指引出了這樣的方向，特別是在大陸經濟起飛，兩岸的經濟差別不是那麼大的狀況下，乃顯出了此一面向的可貴。

聯合報以上的觀點，凡是走過蔣經國主政歲月的人，大概都不會陌生，但是把這樣的觀點和「一中各表」連結起來，卻不免令人有種時空錯置之感。

當年，在以三民主義統一中國為口號的冷戰時代裡，你也可以說那就是某種意義的一中各表。那時，兩岸已經是冷和的局面，國際冷戰格局雖不變，但和解政策已成主流，所以兩岸的軍事對峙已見和緩。在那個歷史時空中，儘管台灣始終處於內外皆不利的態勢下，我們一直沒有放棄去和大陸競爭合法性與正當性。當時的國民黨政權，當然還談不上是民主，可是我們總是以此為號召，而事實上由於蔣經國對權力的某種自制，乃至解嚴，也的確為後來的民主化鋪平了道路。所以我們可以將民主化作為對大陸的政治號召，並以之建立中華民國在全中國發展的價值。這也就是我們所說的燈塔效應。但在那個時空中，國民黨政權卻絕對不會說一中各表，因為那時的中華民國仍認為對岸的政權為偽政權。

在我們看來，真正有意義的「一中各表」，其實只出現在一個很短暫的時空中，那就是國統綱領時期。照國統綱領的基本架構，它的確仍將中華民國的主權涵蓋全中國作為前提，而且把國家恢復統一作為其最終的目標，同時也設定了一些條件做為國家恢復統一的先決要件。這時的狀況的確是「一中各

表」，以一個中國爲前提，也就是說世界上只有一個中國，台灣與大陸皆同屬於整個中國，這和大陸的「一中新三句」是重合的。如果聯合報所意指的一中各表與辛亥革命的聯繫，指得是此一意思，則沒有問題，因爲國統綱領中所設定的條件的確可以視爲是建設新中國的內涵。

但是現在回頭來看國統綱領，就會發現那不過是一份歷史文獻而已，當時的李登輝政權從未認真看待過這份文件，這份文件只是李登輝拿來堵當時國民黨內非主流派的嘴的工具而已。從此李登輝所展開的民主化工程，從來就不是要建構一個燈塔，而是和本土化掛勾，要將中華民國完全轉化爲一個和中國脫鉤的政權，對於這個過程，我們可以說當他在康乃爾大學說「中華民國在台灣」時，中華民國已經成了「偏安」在台灣的政權了，而兩國論則更進一步，從此中華民國已經和辛亥革命脫鉤，也與建設新中國脫鉤。

這也就是說，台灣的民主化，其一個很重要的內涵，就是實質上完成了主權的限縮，只是憲法尚未改，所以法理上尚未完全和中國脫鉤而已。

從這個角度看，這時李登輝在兩岸對話中所說的「一中各表」，已經是個他掌中的玩物，其重點是在「各表」，只要中華民國這個名號猶在，他愛把一中各表說成方的就是方的，愛說成圓的就是圓的，反正怎麼說都有他的道理，所以當年蘇起在爲兩國論的風波辯護時，連所謂「特殊國與國」也是「一中各表」的變形。然則「一中各表」也就在這樣的操作過程中被徹底「玩死」了。我相信這一過程聯合報當會記憶深刻才是。

當然，人們或者會說，當馬政府成立後，局勢已有了本質性的改變。我們當然不否認這一年多來兩岸局勢的迅速和緩，

可是當馬政府仍然擱置國統綱領，仍然言必稱尊重兩千三百萬人對台灣前途的決定時，這樣說的「一中各表」其具體內涵會是甚麼呢？這樣表述背後，被本土化了的中華民國內涵，和辛亥革命與建設新中國還有多少本質的關連呢？試問一個完全本土化的中華民國還能不能對大陸構成燈塔效應？

如果我們根本就是以「異己」的方式在思考兩岸關係，是無法成為燈塔的。而且，冷戰格局迫使兩岸無法交往，所以不得不求之於燈塔效應，而今兩岸互動已經如此頻繁，難道中華民國還只永遠想當燈塔而已嗎？

當聯合報在論述一中各表與辛亥革命之關聯時，應該認識到目前馬政府的「一中各表」論述只是個防禦性的工具，而且防禦的對象只是民進黨，「一中各表」對國民黨而言，已經不是一個兩岸關係的政策論述，而只是企圖以此證明國民黨仍在捍衛中華民國的主權而已，至於這個中華民國的內涵為何，其實已經不暇深究了。換句話說，「一中各表」其實只是「一個中華民國各表」而已，它並沒有進取性，也不代表一個戰略構想。然則在這狀況下來提辛亥革命，不覺得有些諷刺嗎？

我以為對於聯合報的論述而言，如果它希望大陸能夠依照「一中各表」來正視中華民國的地位，並且真的讓兩岸回歸到辛亥革命的情境中去的話，那恐怕就不能不先要求國民黨把它的「一中各表」說清楚，也得問國民黨要怎麼處理國統綱領。若不能如此的話，則這個論述本身就會只是「莊孝維」（玩假的）的東西而已，不是嗎？

然則我想試問，現在台灣還有誰想進取中原？想去經略大陸，建設新中國？還有幾個人不是「偏安江左」派？現在的國

民黨政權是不是一個只想偏安的政權？這種偏安和台獨究竟
有多少距離？偏安又如何建設新中國？

何不捨「一中各表」求「一中同表」

　　聯合報在「一中各表、杯子理論、屋頂理論」社論中認
為：「在目前及可見之未來，主導兩岸互動的主要默契就是『一
中各表』。所謂『九二共識／和平發展』，或『維持現狀／和
平發展』，就是『一中各表／和平發展』，並且在文末稱「寄
望一句『九二共識／一中各表』共創雙贏」。

　　不止這篇，在整個六篇社論中，聯合報都將「一中各表」、
「維持現狀」、「九二共識」都看成同義詞，並將其做為「和
平發展」、「共創雙贏」的同位語。我必須要說，聯合報實在
太樂觀了，也太簡化了政治學中的互信。

　　我們認為，無論是「一中各表」還是「九二共識」都是
一種「擱置爭議」或「同意歧見」式的共識，這樣的共識是不
容易創造真正的互信的。至於「維持現狀」更是違反有機體的
自然法則。請問要維持的是哪一個時間點的現狀，1949 年國
共分裂時的現狀？1991 年國統綱領時的現狀？1994 年一個中
國去政治法律化時的現狀？1999 年特殊國與國主張時的現
狀？還是 2002 年一邊一國倡議時的現狀？這種語言的模糊，
根本不可能解決問題，更何況，從民意調查中可知，每一天台
灣人民對於兩岸（法律關係、認同選擇）的現狀認知都在改變，
政府又如何維持現狀？

　　聯合報的論述有一個根本性的盲點，以為「擱置爭議」

或「同意歧見」可以為兩岸建立共識，進而推動「和平發展」、「共創雙贏」。或許在一般性問題上，爭議雙方可以放下歧見，以「存異求同」的態度來處理更重要的事，但是對於核心的爭議，如果沒有辦法達到共識，現有已形成的「求同」很容易就變成「存異」了。

兩岸也有過這樣的經驗。國統綱領的立場宣示，讓兩岸可以在「一中各表」的認知下進行對話，1993 年的辜汪會議得以開啟。但是，由於當時只是「一中各表」，只有暫時的妥協，而沒有真正的互信，隨著李登輝逐漸偏離「一中」的定義，當「特殊國與國」言論出來時，兩岸的協商立刻中止，因為雙方的互信不見了。

我們來看看國際間的例子。在處理分裂國家與對抗集團間的政治關係時，西方的經驗是「先政後經、先難後易」，先處理最核心的爭議，即彼此間的政治定位。東西德如果沒有在1972 簽署《基礎條約》，不會有後來一百多項經濟、文化、社會交流協定。沒有 1975 年相當於歐洲和平條約的《赫爾辛基最終議定書》，東西歐不會開啟「信心建立措施」（CBMs）的互信機制。

即使是歧見，也是經由談判確定接受歧見，而不是雙方各說各話式的「擱置爭議」。東西德也是透過《基礎條約》中，接受了共識與核心歧見。在這樣的基礎下，東西德才可能推動日後一連串的政策互動。《赫爾辛基最終議定書》確立了二次大戰後各國的主權與領土，在這些高難度的政治問題得到解決後，東德與東歐國家才願意與西德及西歐國家建立互信。

聯合報的「一中各表、維持現狀、九二共識／和平發展、

共創雙贏」邏輯性關聯論述,讓人難免有一廂情願,爲箭劃靶心的感覺。我們不如聯合報的樂觀,很難想像兩岸可以在「同意歧見」的「一中各表」架構下長時間的走下去。別忘了,台灣幾乎年年有選舉,美國也不會對兩岸關係不發一語,簡單地說,一個沒有真正互信的「一中各表」,怎麼可能有長久的「共創雙贏」。

我們認爲,逃避與閃躲不能解決問題。與其「一中不表」,不如「一中同表」,兩岸應該在彼此認爲最重要的核心問題上取得共識。兩岸最核心的地方,對於北京來說,就是「一個中國」、「反對台獨」;對於台北而言,就是「憲政地位平等」、「主體性」。因此,兩岸應該努力爲雙方最堅持的問題找到交集。

我們與兩岸統合學會的一些朋友提出「一中三憲」的主張,做爲「一中同表」的內涵。

任何一個主張不能偏離現實,也不能違反現有的憲法。目前在憲法層次兩岸的現實是:第一、「中國」並不等於中華民國,也不等於中華人民共和國,兩個加在一起才是真正的中國,我們稱它爲「整個中國」;第二、兩岸各擁有一部在主權上重疊,但是在實際的治權上互不隸屬的「一中憲法」。因此,目前的現狀是「一中兩憲」。但是由於台灣在政治上已有將「一中」虛化的記錄與勢力,「一中兩憲」極可能會被政客操弄爲「兩國兩憲」。因此,最好的解決方案,就是把「一中」從雙方的憲法,拉高到另一個具有拘束力的協定或憲法層次,即將「一中」再進一步再憲法化,透過類似歐洲共同體的「超兩岸」與「跨兩岸」機制的統合方式,將「一中」逐漸更實體化。

未來這個超越兩岸憲法的法律架構,與兩岸憲法並存,

將其稱之為「第三憲」，這使得兩岸在法律架構內，存在著「一中三憲」。「一中三憲」顧及到兩岸是「互為主體」，但是也創造出「共有主體」。

處理的第一步，就是在兩岸未來簽訂的「和平協定」中明確約束雙方對「承諾不分裂整個中國」做出條文式的保證。因此，未來的兩岸和平協定，不僅僅是結束敵對狀態、開啓兩岸關係正常化的一個協定而已，它其實是兩岸進入「第三憲」的第一份文件，因此，未來的兩岸和平（基礎）協定，本身就是第三憲的一部分，而且是基石。

這個「第三憲」，我們可以用搭橋建樓的方式，透過不同的政治性協定，達成高於兩岸管轄權的政策，或搭建高於兩岸憲政的共同體。未來的兩岸協定就像一根根的支架，涉及政治性的協定是柱樑，事務性的協議是壁牆，它們共同組成了第三憲的內涵，當「第三憲」的權威愈來愈高、範圍愈來愈廣，兩岸不就自然成為一體了嗎？

「一中各表」是保留各說各話，「一中三憲」則是透過有約束力的和平協定，一方面兩岸共同堅守「一中」的承諾與保證，另一方面共同接受兩岸為平等憲政秩序主體。我們認為如此才能真正讓兩岸走向「和平發展、共創雙贏」。

經略大中華才是解開台灣集體焦慮的藥方

前面幾篇對聯合報社論的質疑，大致從理論與實踐面指出了「一中各表」的種種問題，而在這系列的討論最後，我們也

想從心理的層面指出，其實無論是剛性台獨、柔性台獨、偏安獨台，或者是「一中各表」這種所謂「維持現狀」派的主張，它們之所以會在台灣社會流行，其實只是反映了目前瀰漫在我們社會中的集體焦慮感而已。而它們的共同問題是，從這樣的焦慮感出發，都只能產生某種自我中心式的邏輯，這種邏輯也許可以讓自己的自我感覺良好，卻無法真正解決問題，甚至當挫折來臨時，往往只會益增焦慮。

台灣社會的集體焦慮，其來源當然只是因為必須面對正在日益崛起的大陸。當兩岸的物質實力越來越不成比例時，我們一方面看到了大陸越來越高的自信，以及「硬的更硬、軟的更軟」的姿態。而另一方面，我們也看到了某種「孤兒」的心態在台灣社會中潛在滋長，並發展成為我們集體「以躲避為能事」的行為模式。

台灣有著某種孤兒的意識，其來源當然並非始於今日，吳濁流的「亞細亞的孤兒」早已經描繪出了它的早期風貌。二戰之後，在冷戰的格局下，台灣更長期成為美國卵翼下的一個不能有聲音的養女，這當然更增添了這塊土地上人民的無力感。我們把自己的安全寄託在美國的《台灣關係法》這個國內法上，我們長久以來始終不能主宰自己的命運，遂使我們敏感而多疑，渴望別人的重視，而又很難信任別人的善意，於是在無助的悲情中，一旦稍能有自己的空間，便格外要求確立自己獨立的身分，即使冒著孤立自己也在所不惜。從而，這種獨立身分的追求往往只是螟蛉子之焦慮的外顯符號而已。

當集體焦慮成為了台灣人民的無形枷鎖時，當台灣逐漸失去在面對大陸發展時的自信時，人民選擇不是冷漠就是犬儒，不是無助就是自大，不是閃躲就是逃離，並逐漸失去面對問題

的勇氣與進取。

　　然而不幸的是，以各種追求獨立身分的方式來解除焦慮的努力，對台灣現實的時空而言，根本就是緣木求魚的事，這既包括了台獨，也包括了想要讓中華民國以獨立主權國家的身分出現的「一中各表」在內。這也是我們覺得聯合報的系列社論最沒看清楚的地方。換言之，如果上述的集體焦慮乃是事實，那麼現在台灣社會所提出的解決焦慮的「主流」辦法，偏安或台獨，恐怕就都不可能是有用的藥方。然則我們要問的是，真正有用的藥方在哪裡？

　　如果大家都還記得的話，三四十年前，台灣那段最風雨飄搖的歲月，我們在國際政治上的難題其實尤勝於今日，可是當時台灣一群可敬的企業家們，以一只手提箱就踏遍了世界，他們沒有嚷嚷要獨立，可是他們胼手胝足地爭到了市場，也爭到了自信與尊敬。在那段歲月中，我們沒有焦慮嗎？而我們又是怎麼走過焦慮的？這段故事是不是可以給我們一些啓示呢？

　　當年台灣打落牙齒和血吞，我們信奉的是經濟實力就是台灣繼續活下去的本錢，我們不爭虛名，結果二十年後台灣既有實也有名。當時我們用希望來取代焦慮，用進取來替換逃避，今天我們爲什麼不能也如此？

　　在我們看來，「一中三憲」就是一種台灣大戰略的基石，我們不爭那些不可能要得到的東西，如果一中原則某種意義上是個緊箍咒，那就接受它，並將其轉化爲我們的金箍棒。接受「一中」，不表示我們必然接受大陸爲中央，台灣爲地方，而是要求大陸和我們一起重新戴起一頂叫做「整個中國」的帽子。我們承認兩岸在物質性權力有不對稱的情形，但是我們就

有理由來要求,在兩岸政治定位上,以「平等的憲政秩序主體」之身分出現。如果我們可以保住我們的憲政完整性,試問我們的「裡子」會有損失嗎?

在此一基石上,台灣也才能真正在和平的基礎上,來思考我們更大的戰略佈局。對這佈局,我們的想法乃是如此:由於兩岸有形的對比差距太大了,所以台灣不能化整為零地進入大陸,也不能「只經不政」的與大陸交往,因為這樣只會讓台灣的力量逐漸弱化,未來的籌碼逐漸消失。

我們主張以「兩岸統合」方式與大陸共同推動和平發展。「兩岸統合」的意涵在於我們希望兩岸能以歐盟的統合經驗為師,與歐洲統合由各自主權獨立國家為基礎開始統合不同,兩岸是在整個中國的架構內開始統合。兩岸在各個不同的領域裡,由雙方以平等的方式成立各種「共同體」,透過這樣的機制學習協調共處,以制度的方式增進認同,同時也藉此一機制確保台灣不致於被消化掉。還有更重要的一點是,我們相信台灣在軟實力上所擁有的優勢,這一優勢更能夠藉助共同體的運作過程,而發揮台灣的力量,以引導整個中國的發展。而這不才真正是聯合報所說,讓中華民國回歸辛亥革命精神,以建設新中國的意思嗎?

「參與才有機會、參與才有發言權」!台灣以彈丸之地,如果總想著關起門來孤芳自賞,那不過是自斷生路;如果想要逃離地緣政治與經濟更是自取滅亡,這道理聯合報當然知之甚詳。

我們期待的是,聯合報是否真能再仔細想想,其實不只是台獨是想關起門來孤芳自賞而已,「一中各表」事實上也是種偏安式的顧影自憐,其結果仍是在自斷台灣的生路。我們當然

更期待聯合報能好好考慮我們的想法，以「一中三憲，兩岸統合」勇敢地走進大陸去，只有進去才有機會，也只有勇敢走進中國大陸，才有可能真正終結因大陸而生的焦慮。只有進取式的經略大陸，才能夠得到大陸人民的支持與尊敬。

我們都曾經陪著聯合報一起成長，也曾經為聯合報的社論而激賞與感動，但是在今天，我們必須要指出，聯合報的思路只會帶給台灣更多的茫然，不會減少一絲偏安後更深層的焦慮。我們期待台灣有個真正的大戰略：唯有敢於「經略大中華」，台灣才可能有真正的明天！

謹以總共六篇文章，提出我們的看法，就教聯合報、馬政府與社會大德先進！

再論「一中各表」的不可行性

張亞中、謝大寧、黃光國

從 2009 年 12 月 31 日到 2010 年 1 月 5 日《聯合報》對一中各表的《六論》開始，兩岸統合學會張亞中、謝大寧、黃光國等人透過《旺報》於 1 月 19-24 日進行《六問》（如上文）。

《聯合報》分別於 1 月 24 日、30 日、2 月 4 日作出回應，兩岸統合學會再分別於 1 月 25、26 日、2 月 1、2、8、9 日透過《旺報》做出再回應與申論。最後，3 月 26 日兩岸統合學會以「是中華民國還是「一中憲法」維持了兩岸的和平？」撰文以為此次辯論的總結。

本文為張亞中等三人繼續回應《聯合報》的六篇文章的綜合整理。

請說清楚「一中各表」的內涵與可行邏輯是甚麼？

非常尊重與感謝《聯合報》回應我們對《六論》的質疑，我們相信如此的辯證詰難，既可以澄清一些關鍵問題，又對凝聚社會共識有所助益。詰難只是「過程」，共識才是「目的」，因此兩岸統合學會也願針對《聯合報》對我們的《六問》之回應，再進一步的討論。

我們對《聯合報》能夠接受我們「一中三憲」的構想表示感謝，但是對於《聯合報》認為「一中各表」與「一中三憲」只是名異實同，沒有本質差別，我們有不同意見。這篇回應的主軸，就是希望《聯合報》能把「一中各表」的概念與北京或民進黨可以接受的邏輯程序，一步步地講清楚，否則恐怕就有混淆的嫌疑。而若能由此一澄清來凝聚共識，則是我們之所願！

其一、《聯合報》「一中各表」的內涵究竟何指？和李登輝所曾操作的「一中各表」有些甚麼本質的差別？和目前馬政府含混不清的「一中各表」有何不同？和一些所謂的「柔性台獨」論者所可能接受的意思又有些甚麼差別？在《六問》中我們曾提及，《聯合報》很希望民進黨能以接受中華民國為國家百歲的禮物，但若民進黨真接受了一個「主權限縮」的中華民國，《聯合報》也認為這是禮物嗎？《聯合報》的一中各表之「中華民國」這一端是這個意思嗎？如果是，那我們《六問》的質疑就是有道理的，如果不是，那《聯合報》的意思究係何

指？如果《聯合報》是以 1992 年「國統會」的「一個中國是指中華民國，其主權及於整個中國」的「一中各表」，請問是否有可能說服民進黨？

其二，《聯合報》認為一中各表是站在「一中憲法」的基礎上，這點澄清是我們歡迎的。但我們就要問了，既然如此，ROC 和 PRC 就有主權重疊的問題，這個問題怎麼「各表」呢？你只要表了，對意味著否決了對方，那對方怎麼會跟你白紙黑字在兩岸和平協定中「各表」呢？而且我們也質疑了，你和對方各表，表得贏對方嗎？國際上會接受我們片面的各表嗎？我們的主張和《聯合報》當然不同，我們認為「一中同表」的意思，《聯合報》已經看出來了，就是用「整個中國」這樣的「上位概念」來同表，而說整個中國的主權屬於兩岸中國人所共有與共享，這樣既不否決對方，也不牴觸我們的憲法，這當然不是接受對方為中央，我們為地方，但是這也絕對不是《聯合報》所稱的「豈非也是一種各表」，然則《聯合報》如何可以讓「一中各表」達到這樣的效果？

其三，《聯合報》說我們雙方的主張都是「泛屋頂理論」，這也是我們無法接受的。我們在《六問》中已經為《聯合報》詳細說明了有關屋頂理論的來龍去脈，也指出「屋頂理論」不是一個為統一而設計的理論，如何說服北京接受，此處就不再贅述。我們要表達的是，「一中三憲」主要根據的是「國家核心理論」，我們也以為只憑「屋頂理論」根本不足以解決兩岸問題。我們所說的第三憲，是基於「整個中國」透過兩岸統合與一些協定簽署的再憲法化而建構的，如果有整個中國，而這個三憲是由兩岸憲政秩序主體所共同建構而成，彼此在「同表」

的基礎上進行。我們不了解，何以《聯合報》會將其也認為是「一中各表」？

其四，「整個中國」這個概念在政治學上也絕對不等於「邦聯」。《聯合報》說，「屋頂理論就是邦聯」，這是完全錯誤的認識，兩者一點關係也沒有。「邦聯」本身不是一個國際法人，《聯合報》所認知的「屋頂」或「第三憲」將只是個在法律上是個「虛」的概念。北京早已經明確地表示不接受邦聯做為未來兩岸政治聯合體的模式。《聯合報》這樣的認知，完全還是在走李登輝所主張的，「一個中國是指「歷史、地理、文化、血緣上的中國」的老路線，也與民進黨呂秀蓮以「中華」來取代「中國」幾乎沒有差別。我們所主張的「第三憲」是兩岸主權重疊，治權共同治理，它具有真實的法律意義，而不是只是宣示性的東西而已。我們實在不能理解《聯合報》所說「若成立邦聯就會出現第三憲」的邏輯與憲法理論依據在哪裡？我們覺得討論類似問題，最好還是把概念的來龍去脈弄清楚，否則就只是無謂的纏夾而已。

其五，我們當然曉得《聯合報》主張通過簽訂和平協議來建立兩岸的政治互信，但我們質疑的地方是，你可能根據「一中各表」去簽此一協議嗎？甚麼樣的各表內容可以讓對岸願意跟你簽這個協議？我們在《六問》中已經提醒兩岸物質權力不對稱的事實，台北很難以「同意歧見」要求北京簽署。我們說的簽訂和平協定做為建立兩岸政治互信的第一份文件，乃是建立在雙方確認「整個中國」之基礎上的再憲法化之過程，這也就是說我們賦予了這個和平協定以一個「再造中國」的意義，它是有特定目標指向的，但在互相以憲政秩序主體對等的基礎上，也沒矮化台灣。而這樣的效果，以「一中各表」可能達成

嗎？可能根據「一中各表」讓對岸相信其目標指向嗎？如果這點不能有說服力，對岸「憑甚麼」跟你簽這個協議？

其六、《聯合報》提出了「憑甚麼會接受」的討論。我們也接受《聯合報》的質疑，人們的確也可以質問我們「北京憑甚麼接受一中三憲」，但我們要指出來的是，這個「憑甚麼」的意義，和「北京憑甚麼接受一中各表」的「憑甚麼」是不同的。在我們看來，北京之無法接受一中各表，涉及的是兩方面問題，一個是法理原則上他們想不出來甚麼樣的「一中各表」能跟他們堅持的一中原則相容，另一個則是現實上「一中各表」早已有被表成兩國論的惡劣紀錄。但「一中三憲」就不會有這樣的問題。

我們當然不能保證對岸會接受一中三憲，但我們認為台灣有理由根據這樣的主張去問對岸，你既然說只要接受一中原則就一切可以談，這樣的主張你為什麼不談？換言之，我們認為台灣無法在談判桌上根據「一中各表」來「開價」，因為「一中各表」在「理」上站不住腳，但是卻可以根據「一中三憲」來據「理」力爭，這就是兩種「憑甚麼」的差別。也許我們說「一中各表」也是某種孤兒意識的措詞容或過重，但一個根本無法促成兩岸真正達成政治互信，並開啓「回歸辛亥革命及孫中山之起點」的主張，不覺得講這樣的話有些大言不慚了嗎？如果《聯合報》對我們這樣的批評覺得不服，那就請拿出你有辦法逼對岸必須根據你所說的「一中各表」上談判桌的論述來，我們想這樣的要求應該不為過吧！

其七、至於「台灣前途應由兩千三百萬人決定」是不是離經叛道的言論，對本文的題旨言，就只是小事了。我們並沒

有說過「離經叛道」這四個字,我們只是說當一旦涉及主權問題時,將主權議題只交由兩千三百萬人決定,那就恐怕有涉及憲法層次的問題了。《聯合報》既然一向主張一中憲法,試問法理上憲法的實體層面若只交由兩千三百萬人決定,這個憲法的主權內涵限縮了沒有呢?這樣的中華民國是個甚麼樣的中華民國了呢?當然,基於民主原則,比如說兩岸協議了某種政治解決的決定,這個決定勢必要交由台灣民意複決,那當然就是另外一件事了,這點還要請《聯合報》仔細區別我們在這問題上的論述脈絡!

總之,這樣的討論我們真是非常珍惜的,如果我們真能藉此開闢一個公共論域,來討論這個攸關台灣前途最核心的問題,那就真的表示台灣民主的成熟度了,我們相信這也是《聯合報》和我們的共同期望!最後,我們由衷地感謝《旺報》給社會這樣一個討論的機會。

從「一中兩國」到「一中三憲」

《聯合報》30 日的社論,的確比以往更清楚地說明了對「一中各表」的內涵。從該社論結語「我們期望,在東西德及歐盟發展出來的主權觀之下,亦即在『屋頂理論』之下,兩岸關係也能找到高境界的好出路。茲歸納為『新新三句』:世界上只有一個中國,中華民國與中華人民共和國都是一部分的中國,中國的主權和領土不容分割」來看,《聯合報》的「一中各表」界定是以「一中兩國」為基礎,呼籲以東西德的屋頂理論或歐盟模式來處理主權觀的困境。

《聯合報》的「一中各表」就是「一中兩國」

從某種角度上說，《聯合報》以堅守「一中憲法」來回應是否有「主權限縮」的質疑，澄清了這點，當然就讓《聯合報》和兩岸統合學會的論點之間有了更多的銜接點。但是《聯合報》沒有說明這樣的立場要如何去說服民進黨的問題。

然而我們也必須指出，《聯合報》此次的回應其實只是回到了張亞中教授在二十年前所提出過的「一中兩國」的說法而已。《聯合報》所提的「新新三句」正是當時「一中兩國」的內涵。而時移勢易，願意與《聯合報》分享我們已經將理論修正到了「一中三憲」的過程，並藉此再度澄清一些理論問題與為何不宜再提「一中兩國」的緣由。

1990 年張亞中就參考了西德以「國家核心理論」為基礎的「一德兩國」，而非東德以「分解理論」為基礎的「一族兩國」，提出了「一中兩國」的主張，這段過程，現任國安會首席智庫的趙春山董事長知之甚詳。

「一中兩國」主張包含了兩個部分，一是依據國家核心理論提出「整個中國」的概念，並認為由於兩岸均是「一中憲法」，因此，這個「一中」是「實」的，是兩岸憲法保證它存在的，至於兩岸則可以界定為整個中國（主權共有）內部的一種特殊的國與國關係，這個特殊關係即是當時西德布朗德與《聯合報》所稱的「非外國的國家」關係。但是必須清楚指出的是，當時提出這論述的時間點，兩岸根本就還沒有開始正式交往，連國統綱領都還沒有出現，當時台北毫不懷疑統一是唯

一選項。「一中兩國」的提出是爲了讓兩岸的定位更清楚,合理地推動兩岸關係。在某種意義上,國統綱領就是以「一中兩國」的精神呈現。

「一中兩國」已經被李登輝玩死了

隨後,一個很不幸的發展就是,李登輝在 1994 年透過第一份大陸政策白皮書,即《臺海兩岸關係說明書》,將「一個中國」界定爲「歷史、地理、文化、血緣上的中國」,而不再是「中華民國」,從此,「一中」就變成了一個「虛」的概念,開始走東德的「一族兩國」模式。李登輝卸任前,1999 年再藉用「一中兩國」的特殊國與國說法,魚目混珠套用西德「一德兩國」的特殊國與國關係。李登輝或許了解,當「一中」在 1994 年被界定爲「虛」的概念時,兩岸已經不可能是「特殊國與國」,而是「外國」關係了。所謂「特殊關係」只是政治語言,唬弄兩岸罷了,至此,也可以說「一中兩國」就這樣被李登輝「玩完」了。

爲此,張亞中在 2000 年以後的著作,用更精確的文字將兩岸定位在「整個中國內部的兩個平等的憲政秩序主體」,用憲政主體來把「國」字所可能衍伸爲「外國」的意涵給淡化掉。「整個中國」描述了兩岸的主權重疊,「平等憲政秩序」描述了兩岸的治權上的分立,如此定位自然沒有彼此矮化的問題。這樣的想法,黃光國教授日後爲求簡潔,在 2005 年將其以「一中兩憲」概括之。

民進黨執政後,「一中」繼續被虛化,不僅是陳水扁在 2002 年喊出「一邊一國」,2007 年推動「入聯公投」,即使 2008 年馬英九執政後,也開始主張「台灣是中華民國」、「台

灣前途由 2300 萬人共同決定」等可能造成「限縮主權」的主張。由於台灣內部對「一中」的變化,北京接受「兩憲」有可能就等於接受「兩個外國」。

「一中三憲」的「一中同表」才是唯一出路

我們了解到了一個事實,那就是這種「一與二」的提法,終將不免出現困局。為此,2008 年起,張亞中在與謝大寧討論時,共同思考到了必須處理「一中」實體化的問題,若不能把一中在憲法的基礎上再實體化,將永遠無法擋住疑慮。兩岸必須讓「一中憲法」有相互保證的拘束力,再透過共同體等機制、共同協定、共同政策等方式共同建構一個超越兩岸憲法權威的規範,我們以「第三憲」稱之。

我們將這樣的思維化約為「一中三憲」,並認為如此符合兩岸憲法規範、也足以消弭對岸的疑慮,也確保了兩岸憲政上的平等地位,並認為在邏輯上這是「藍綠紅」三方所可能出現的唯一交集點,可能也將是維繫兩岸和平發展的唯一可能解決之道。

《聯合報》一直認為他所說的「一中各表」,對岸現階段雖不接受,但未來終將能說服大陸。容我們坦率地指出,這樣的想法根本就建築在一個無法立足的基點上,那就是「一中各表」如何祛除轉成「兩國論」的疑慮。北京會懷疑台北想要軟土深掘。而台灣的選舉正好為從「一中各表」到「兩國論」提供了操弄的推力與時間。

《聯合報》是否同意,台灣這十幾年來在認同上有著軟土深掘的問題?「柔性台獨」或「穩健台獨」就是這個邏輯下

的產物。我們之所以一直要正告《聯合報》「一中各表」的不
可行，其實病根正在這概念早已經被李登輝玩死了。難道《聯
合報》還有可能把這概念再救活不成？

「一中各表」無法處理主權爭議

　　《聯合報》在社論中提出了一個觀點：「主權不是洪荒
即有的概念，而是漸漸演變而來，也仍在漸漸演變之中。不說
別的，以分裂國家而言，南北韓、東西德、南北越，皆各自不
否認或相互承認對方的「主權」（非外國的國家），但為何只
有兩岸的「主權」詮釋出現僵局？」，《聯合報》又提出了「邦
聯」或「共同體」做為突破主權限制的思考。本文針對這幾點
回應《聯合報》。

認為分裂國家相互承認對方是「非外國的國家」是錯誤認識

　　第一、南北越在冷戰時期即完成統一，它是冷戰意識形
態對抗下的國際權力競逐，是內戰的結束，談不上是否承認對
方的主權問題。因此，我們不認為南北越的例子有說服力。

　　第二、冷戰結束後，南北韓於1991年共同加入聯合國，
從國際法的意義上來說，兩韓已經是國與國的關係，只是兩韓
均不放棄統一，做法是「先獨後統」。這與如何詮釋「主權」
無關，而是統一路徑的選擇，兩韓同意先共同進入聯合國，再
共同追求統一。在兩岸關係上，如果北京同意，我們也樂觀其

成,但是問題是,北京會同意嗎?

第三、《聯合報》認為東西德均不否認或相互承認對方的主權,接受對方為非外國的國家。我們不知道這項說法的依據在哪裡?依照我們對德國問題的了解,為了不妨礙兩德人民之間的交流,西德僅接受東德為「非外國的國家」(在《六問《聯合報》》中已有解釋),但是東德卻是認定西德是「外國的國家」,也因此才有「同意歧見」(agreetodisagree)之說。《聯合報》這項認知的錯誤,也造成對「屋頂理論」適用性的誤解。

忽略了主權與權力的關係

第一、主權與國家有其法律上的定義,也有政治上的界定。在國際法上,無論對國家、政府、甚至主權的承認都有「客觀」與「主觀」兩項要件,「客觀」是組成主權國家應有的要件,「主觀」是指自己有沒有實力讓別人承認。無論是南北越、南北韓、東西德均是國際勢力介入下的分裂,南北韓與東西德能夠接受對方主權也是拜國際勢力妥協以及雙方實力接近所賜。兩岸目前缺少這樣的條件,而不是因為被傳統的主權思路所綁住,這是我們與《聯合報》不同的認識。

第二、從「客觀」的組成要件來看,中華民國完全符合主權國家的條件,我們完全同意《聯合報》所說「兩岸其實不是被『主權』綁住,而是被自己的眼界及思路困住」。但是我們要問的是,為何會被自己的「眼界與思路困住」?答案就是「權力」。1971 年以前,由於有美國的支持,台北擁有聯合國的席位,但是由於北京的逐漸強大,台北不只在 1971 年失

去了主權國家的正當性，在 1979 年也失去了與華府的邦交。全世界目前有 171 個國家與北京有邦交，承認台北主權地位的只有 23 個小國。兩岸的物質權力目前又處於高度不對稱的狀態，這使得台北要支撐自己的「主權」出現了困難。

第三、「主權」的僵局不是不能解釋。但是台北不可能依靠國際勢力，而必須經由與北京的協商，這是兩岸與南北韓、東西德在如何處理主權爭議上最大的不同，這也就是我們為何提出「一中同表」而非「一中各表」的原因。「一中各表」很容易陷入「一個中國的主權，各自表述」的陷阱。如果我們接受《聯合報》「新新三句」的第三句，即「中國的主權和領土不容分割」，那麼台北朝野所稱：「中華民國是一個主權獨立的國家」是否已經違憲？馬英九經常掛在嘴邊的「台灣前途由台灣地區 2300 千萬人民共同決定」，是否也等於限縮了「一中憲法」的主權，也同樣違憲，我們誠摯地請《聯合報》回答我們！

忽略了「邦聯」與「共同體」的法理與政治意涵差異

第一、「邦聯」不處理「主權」問題。《聯合報》以美國早期的「邦聯制」為例，認為「邦聯」可以用來是解決各「邦」的「主權」問題。依照國際法，邦聯本身是個極不完整的國際法人，各成員才是完整的國際法人，因此，「邦聯」基本上並不去處理，更不會挑戰成員國的主權地位。如果這是《聯合報》「一中各表」未來追求統一的可能選項或過程，那麼《聯合報》的「一中各表」就是一種「先獨後統」的設計。「先獨後統」能否為兩岸建立共識，我們高度懷疑。

第二、《聯合報》提出了「今日的歐盟二十七國，亦被視爲晉階的邦聯」。我們要指出「共同體」與「邦聯」是兩個在國際法上完全不同的概念，歐洲共同體在某些方面已經是一個完整的國際法人，也是某些國際組織的正式會員。將「共同體」視爲是「邦聯」的晉階，在法律意涵上是不對的。將「邦聯」與「共同體」混淆，正是《聯合報》的「一中各表」與「一中同表」（一中三憲、兩岸統合）的最大差異。

第三、《聯合報》說「歐盟二十七國用眼界與思路解決了「主權」的問題，甚至提升了「主權」的境界與出路」，我們完全同意這樣的見解。但是我們也必須指出歐盟統合與兩岸未來統合的最大差異在於，歐盟統合是一個「主權共儲與共享」的過程，即主權原本屬於每一個成員，大家均將一部分主權拿出來儲存在共同體中，然後彼此共享共儲的主權，也是「由分到合」；兩岸統合則是「主權共有與共享」，即兩岸共同擁有整個中國的主權，在整個中國的框架內成立共同體，共享共有的主權，屬於一種「合中有分，分中求合」的路徑。

在上一文中，我們向《聯合報》誠摯地貢獻了我們從「一中兩國」到「一中三憲」的經驗，還盼《聯合報》能再仔細考慮，能否與我們一起與時俱進，來進一步考慮「一中三憲、兩岸統合」所代表的「一中同表」這樣的主張！

再論「一中各表」的不可行性

《聯合報》2月4日再以「再論兩岸應採一中各表」爲題，

繼續不點名回應了我們上一篇的質疑。在這篇文章中,《聯合報》並未提出任何新的論點,只是繼續強調,不論是台獨、維持現狀、屋頂理論的政治聯結(如邦聯或歐盟模式)或統一,「這四種『目的』,無一不需以『一中各表』為『過程』」,如果藉由《聯合報》在元旦的社論所稱,「一中各表」是唯一可以將「目的」與「過程」接軌的論述,那我們就來分析,為何我們認為「一中各表」這樣的論述無法接軌。

「一中各表」沒有指出必然的目的

《聯合報》在社論中已經否決了台獨可以做為「目的方案」的可能,將其界定為「寄生在中華民國內部的鬥爭工具而已」。這一點我們完全同意。但是我們要提醒《聯合報》的是,台獨如果是一個權力的鬥爭工具,那麼那一群權力競食者也會寄生在另外一種論述中,繼續奪權。很遺憾的,「一中各表」正是可以提供這樣機會的土壤。

我們都曾經拜讀過《聯合報》對於李登輝立場的批判。李登輝不就是個利用「一中各表」來包裝其台獨的一個典型例子嗎?以李登輝所代表的台獨路線圖是「中華民國、中華民國到台灣、中華民國在台灣、台灣是中華民國、中華民國是台灣、台灣共和國」,如果用統獨來做為光譜定點的話,李登輝們的路線圖是「統一、維持現狀、獨台偏安、台獨」。

李登輝是一個有權謀、有耐心的政治人物,他了解到,如果不堅持中華民國、不制訂國統綱領,不足以化解非主流派對他的質疑,但是他更了解,讓台灣愈本土化愈有助於他鞏固政權。在這樣的邏輯下,「中華民國在台灣」是他權力最大化的最大公約數。對他來說,「維持現狀」只是一個兩岸「未來

可以談統一，但是不必然統一、現在不談統一」的說詞而已。

李登輝在 1994 年的官方文書中把一個中國界定爲「歷史、地理、文化、血緣的中國」開始，「一個中國」已經是一個文化與血緣的概念，它就已經不是個政治與法律的實體概念，如果用《聯合報》的「目的」與「過程」來說，這個「過程」已經不是必然走向「一個中國」的「目的」了。李登輝其實已經替我們回答了《聯合報》，「一中各表」不必然是統一的「過程」。

在兩岸論述上，雖然事後證明陳水扁是一個急躁者，但是在他上任之初，他也曾提出「兩岸統合」論述，陳水扁的兩岸統合論述正是《聯合報》所主張的「歐盟模式」。在陳水扁的眼中，兩岸統合可以，但是必須先承認中華民國（台灣）是個主權獨立的國家，正如同歐洲各國也是以彼此主權獨立爲前提。

我們都了解到，傳統的歐盟模式是「由獨往合，但是不必然走向歐洲統一」的模式，換言之，它不是一個以統一爲「目的」的「過程」。《聯合報》在其四個「目的」中，將歐盟模式列爲其中的一項，也等於告訴兩岸，「一中各表」不必然走向統一。

「一中各表」可以成為「獨台」的土壤

陳水扁 2002 年以後，喊出「一邊一國」，它口中的「一國」，自然可以是中華民國，也可以是「台灣共和國」。在本質上，這與李登輝的「兩國論」並沒有差別，差別在於他太赤裸裸了，連「特殊關係」都不提了。如果用前面的光譜來看，

他直接從「中華民國在台灣」跳到「中華民國是台灣」。他缺少李登輝的耐心與權謀，但卻是李登輝的信徒。

馬英九上任以後，在論述上回到了「一中各表」，但是也從「中華民國在台灣」更進一步走到「台灣是中華民國」，並提出「台灣前途由台灣地區 2300 萬人共同決定」的論述。馬英九的這兩項論述，等於是從憲法或國統綱領的「中華民國主權涵蓋全中國」限縮到台澎金馬。這也是我們在多篇文章上說，就憲法的意義來看，馬英九已經幾乎走到了「獨台偏安」的道路，這其實是再一次推進了李登輝的路線圖。

我們想告訴《聯合報》，不只是台獨把中華民國當成內鬥的工具，很多政治人物也把中華民國這四個字當成權力鬥爭的工具。2008 年 5 月的大選，已經證明了「激進台灣」的挫敗，而且沒有機會再回來，但「穩健台獨」或「柔性台獨」隨即成為民進黨的選項，而這兩種台獨都需要「中華民國」的這個外殼掩護。他們的策略是將「中華民國」表述成一個「第二共和」的中華民國，與第一共和的分割時間點可以是 1949 的兩岸分治，1990 年代的台灣民主化，也可以是 1996 年的總統直選。換言之，民進黨未來的論述，可能選擇接受「獨台」來爭取由量變到質變的過程。

在另一方面，國民黨已經走到了「台灣是中華民國」這個類同於「偏安獨台」的路標，在心理認知上，它不敢回到「一中憲法」的主權觀，但是它又不敢經由修憲制憲丟掉「一中憲法」的主權規範，因此，國民黨所採取的做法就是「明邊暗混」，即一方面強調「一中憲法」，以求穩定北京，另一方面又發表「主權限縮」的言詞，以求選票極大化。

「一中各表」無法取得兩岸共識

我們相信這些都是《聯合報》熟悉的事實，但《聯合報》在論述「一中各表」時為何總是要迴避這些事實呢？當「中華民國」都已經可以由藍綠各表、明暗各表時，「一中」如何能夠透過「各表」在兩岸取得共識？當《聯合報》所提出的四個目的，其中台獨、維持現狀、屋頂理論的政治聯結等三個目的，都不必然是以走向統一為必然的方向時，「一中各表」如何能夠在兩岸建立共識？《聯合報》或許想藉由維持現狀、屋頂理論等模糊選項來建立台灣內部共識，但是如何處理兩岸共識？而一個不可能取得兩岸共識的論述又如何可能建立台灣內部的共識？

我們不斷地向《聯合報》申述我們的質疑，但是《聯合報》似乎都不回應，只是一再說「一中各表」是唯一可行的過程論，甚為可惜。雖說如此，我們還是想正告《聯合報》，我們建議兩岸可以通過和平協定來尋求兩個相互的保證，一是保證不分裂包括台灣與大陸在內的整個中國，亦即「一中同表」，二是保證彼此尊重憲政主體的平等，這樣既是尊重現狀，就是保證了過程；也指出了目標，就是保證了目的。同時藉助共同體的建構，以制度化地逐漸化解兩岸認同的折裂，這才是正確的解決之道。關於認同的問題，請容下篇再論。

「一中各表」只會讓兩岸認同愈表愈遠

　　我們很高與《聯合報》在 2 月 4 日再以「再論兩岸應採一中各表」為題回應時提出了認同問題，但是我們必須要說，如果用「一中各表」做為兩岸關係發展的論述，只會讓兩岸的認同愈走愈遠。這篇回應文章，即透過《旺報》與《聯合報》討論一下認同的問題，以及如何解決。

兩岸認同的分歧關鍵在於國族認同

　　一般來說，認同包括三個重要層面：國族認同、制度認同、文化認同。國族認同是指我們認同自己的國家是甚麼，在兩岸關係上，認同的是中華民國還是中華人民共和國，以及是否認同「中國」？制度認同是指我們認同的政權體制，在兩岸關係上，認同的是台灣還是中國大陸的政治經濟體制或生活方式？文化認同顧名思義則是指自己對於文化所屬的認同。

　　制度認同與文化認同在兩岸關係上問題不大，即使是北京也接受兩岸制度認同不一致的看法，因此才有「一國兩制」的設計。在台灣也沒有多少人會否認自己文化中的中國文化與血緣。因此，兩岸的認同的分歧關鍵在於國族認同。

　　所謂國族認同包括兩個問題，第一、我們的國家是甚麼？第二、我們是一群甚麼樣的人所組成的國家？第一個問題不大，在台灣幾乎沒有人會否認他的國籍不是中華民國，但是在第二個問題上，台灣內部的看法出現了很大的變化。

　　兩岸在 1993 年以前，基本上在國家認同上是有所歧見的，但是在國族認同上認爲自己是中國人（包括「是中國人也是台灣人」）的還是占大多數，但是在 1993 年以後國族認同卻開始了「剪刀型」的交叉改變。

　　1993 年正是「一中各表」的黃金期，這一年辜汪會談在新加坡召開，兩岸關係飛躍發展，但是爲何兩岸的國族認同卻是發生轉折呢？

　　1993 年可以算是李登輝開始建構台灣國族認同的元年，啓動這個建構過程的就是以「平行代表權」爲由爭取重返聯合國的動作。在冷戰時代，兩岸在聯合國之爭背後是明顯的大國權力較勁，當 1971 年華府改變與北京的戰略關係時，台北就被迫退出聯合國，從此台北也了解到聯合國不是一個必要的戰場，當時的蔣經國以務實的態度推動外交與內部建設。李登輝不是不了解在現實的國際政治下，重返聯合國幾乎不可能成功，但是他更了解，重返聯合國這個只能以國家參與的國際組織，有助於他切斷與中國的國族認同。

李登輝藉「一中各表」操弄兩岸的「國族認同」

　　如何塑造一個打壓自己的敵人，是建構自我群體認同的最好方法。李登輝非常了解，只要台北推動進入聯合國，北京方面一定會打壓，而北京的打壓可以爲其創造兩個效果，一是讓國民黨內非主流派失去再論述統一的正當性，這種效果很容易營造，因爲要與一個打壓自己的人統一不是投降是甚麼？另一是透過北京的打壓，讓台灣人民產生「命運共同體」的凝聚感，中國大陸是打壓台灣的「他群」，台灣是被打壓的「我群」，

一個在文化上雖是「同文同種」，但是在政治歸屬上是「異己
關係」的認同就這樣開始形成。

　　1994 年的千島湖事件，原本是一件旅途過程中的不幸刑
事事件，大陸方面自然有責任，但是李登輝卻把它界定為「大
陸同胞殘害我們的同胞」，進一步地深化兩岸的認同差異。

　　1994 年的《臺海兩岸關係說明書》將「一個中國」界定
於「歷史、地理、文化、血緣上的中國」，拋棄了憲法與國統
綱領「一個中國就是中華民國」的定義，徹底地把兩岸心照不
宣、可以重疊的「國族認同」部分切斷。這個時候，李登輝已
經開始用「兩國論」來處理兩岸的國族認同，但是在說法上仍
然是「一中各表」、「維持現狀」。

　　切割完了「國族認同」的「國」，即中華民國與中國的
關係，接下來就是「族」，即與中國人的關係。在 1993 年以
前，中國人是一個沒有切割的概念，但是李登輝從發表「生為
台灣人的悲哀」開始，並創造「新台灣人」此一概念，情況有
了變化。族群的認同往往是建立在相對差異面上，「新台灣人」
的概念的對應面不是「舊台灣人」，而是一個不斷在國際空間
打壓台灣的「中國人」。從此，「中國人」就從台灣人民的族
群認同中切割出去。自此已經完成了兩岸「國族認同」中「國」
與「族」的切割論述，剩下的就是等待時間強化與鞏固。

　　李登輝的國族建構忽略了一個現象，就是北京的角色。
十三億人民是否可以接受台灣切割與中國的國族建構？這不
是一個理論問題，而是一個現實必然會面對的問題，這是李登
輝沒有告訴台灣人民的，但是他的後任者，卻是按照他的步法
或激進或緩慢的前進。

「一中同表」才能建構兩岸的重疊認同

《聯合報》在社論中提到，「倘若在進入任何『目的方案』前，台灣人民對『中國』以及『中國人』的認同皆不能建立，將憑何實現『目的方案』」？我們完全同意這個觀點，我們所以要與《聯合報》分享這段國族建構史，就是希望讓《聯合報》了解，「一中各表」不僅無助於兩岸重疊認同的建構，反而掉入李登輝「台灣國族建構」的思路陷阱。原因在於「一中各表」曾經被操弄成一個刻意脫離「目的方案」的「過程方案」。

《聯合報》在社論中又提到「絕大多數的台灣人難道有可能跳過『中華民國』，而直接將屋頂理論的『第三概念中國』或任何統一後的「中國」作為自己的政治認同目標嗎？」我們同意《聯合報》的質疑，我們所提出「一中三憲、兩岸統合」為內涵的「一中同表」正是為了嘗試解決這個問題。「一中各表」是個各說各話式的表述，兩岸各說各話如何能夠建構重疊認同？用「一中三憲」來維持兩岸目前自我在各個憲政秩序的認同，但又透過兩岸承諾不分裂整個中國的約束，共創「整個中國」的國族認同，屬於一種兩岸「重疊認同」的建構與鞏固。「兩岸統合」的內涵在於透過共同體的運作，讓兩岸人民可以在整個中國的某些事務上共同治理，這正是兩岸「制度認同」的建構過程。

至於《聯合報》引述汪道涵先生的「共同締造論」，我們在這裡就不回應了，一方面是張亞中教授已經在《中國評論》

2010 年 2 月號以《論主權共享與特殊關係》爲文探討汪道涵
的觀點，《聯合報》可以逕行指正；另一方面，願意與《聯合
報》分享的是，汪道涵的思想應該不能歸屬於「屋頂理論」，
他應該也不會去支持一個「目的不定」的「過程」。

原文刊載於《旺報》民國 99（2010）年 2 月 9 日

是中華民國還是「一中憲法」維持了兩岸的和平？

我們很榮幸與《聯合報》能夠有機會就「一中各表」或「一
中同表」比較適合做爲兩岸定位的基礎論述進行討論，最後，
我們希望向《聯合報》以及國人請教的是，究竟是「中華民國」
這四個字，還是「一中憲法」的規範維持了兩岸關係的和平可
能性。

認爲只要堅守「中華民國」這四個字就等於反對台獨，並
可以維護了兩岸和平，在台灣是一個幾乎很少被檢驗的論述。
因此，我們反對「台灣是一個主權獨立的國家」，但是可以高
聲說出「中華民國是一個主權獨立的國家」，並認爲這不會影
響兩岸關係。事實好像也是如此，不過，這是有前提的，而這
個前提卻很少被認真地討論。

冷戰時期，人們都說，美國的第七艦隊保衛了台灣，這話
當然對，但也沒有完全說出真實的狀況。在冷戰格局中，中華
民國依賴美國的保護，也忠實履行了美國扈從者的角色，乃維
持了安全並免於淪亡的命運，這自然是事實。而中華民國當時
的國家目標明確，使得國家維持了一定的對抗戰力，亦是事

實。但是我們從今天的一些解密資料裡了解到,老蔣總統堅決不改變中華民國的法統地位,也扮演了一定的角色。當時大陸當然還無力犯台,但也因爲台灣還未切斷與中國的關係,使得大陸放緩了對台灣的武力進迫,這也是不可忽略的另一面向。

此後,大陸在文革後,開始改變武力解放台灣的政策,轉向和平統一,這改變固然和整個國際冷戰格局的鬆動,與轉向和解低盪的政策有關,但其中我們還是不能忽略,仍然是由於我們還未改變與中國的法統關係,正是這樣一個「不絕如縷」的紐帶關係,使得大陸有可以轉換政策的解釋空間,因而使得冷戰後期,台灣可以在美國撤除了第七艦隊保護傘之後,仍然獲得了相對的安全空間,得以全力發展經濟。當然,這樣說並不是否決了《台灣關係法》對台灣安全的貢獻,也並未忽略台灣內部由於國家目標明確所凝聚之精神戰力的重要性。

以上縷述這些事實,是希望先凸顯一個重要的議題,那就是中華民國法統對台灣安全的貢獻。然而在台灣逐漸民主化的過程中,我們也逐漸看到了一個轉向,那就是我們自己從內部開始自我挑戰這個法統。

剛開始,當挑戰只及於萬年國會時,還不出甚麼問題,可是從直選總統開始,李登輝便有計劃地逐步嘗試改變這個法統。當然,李登輝一直在小心區隔,他在言論的層次經常放言高論,比如說「中華民國只有兩歲」之類,但在法律層次則是以剝洋蔥的方式,每次修憲便撕掉法統的一層外衣,但他也始終不去碰觸那最後的憲法實體部分。這裡表示了一個事實,也就是政治人物其實心知肚明,亦即當大陸始終祭出和平統一與不排除武力的兩手策略時,中華民國憲法法統的維繫,就是

個為維護台灣安全而不能撕掉的窗糊紙,可是他們卻一直圍繞在憲法實體的周圍,來撩撥民粹的情緒,以賺取他們最大的政治利益。

這樣一種剃刀邊緣策略,從某種程度來說,是相當成功的。比如說李登輝在發表兩國論,實質上已經等於宣告採取獨台政策之後,仍然在整個危機處理的過程中,一口咬定並沒有改變「一中各表」的立場,而在國際勢力的微妙平衡關係中,這樣的說詞至少在台灣民眾看來,似乎是又一次「輕騎過關」了。於是這就逐漸累積了一個印象,這印象通俗些說,就是「很好混」,中華民國的法統,用個戲謔的說法,就是很像用過即丟,而且「完全感覺不到它的存在」的保險套,只要能向各方交代得了某些「過場」就可以了。

李登輝的這種策略,到了陳水扁手裡,更是被發揚到了極致。陳水扁最有名的策略,就是「進兩步,退一步」的做法,先是撩撥你的情緒,讓你 high 到最高點,然後再彷彿很顧全大局似的,把「保險套」拿出來用一下。他說一邊一國是如此,他「廢掉」國統綱領亦復如此。

經過這麼多的周折,台灣社會幾乎有了一個普遍的印象,那就是已經沒有人知道中華民國的法統是甚麼了,一個中華民國,大家都可以任意表述,而經驗告訴我們,只要勉強維繫著「中華民國」這幾個字,其它都可以不用太認真了。於是,今天如果在街頭做個民調,大概很多人都會說,只要不丟掉中華民國四個字,兩岸就可以「混得過去」。換言之,多數人都已經從經驗法則中得到了一個結論,即「中華民國這個名號保衛了台灣」。

我們必須指出,《聯合報》的《元旦六論》正是犯了這麼

一個可怕的認知錯誤。《聯合報》在《六論》中，反覆地提出了一個觀點，即它希望能讓民進黨也效忠中華民國，這樣就可以凝聚台灣的共識，並穩定住兩岸關係。這樣的講法之危險當然是很顯然的，《聯合報》想必知道，民進黨的台灣前途決議文早已某種程度地「接受」了中華民國，甚至更早些說，施明德在喝大和解咖啡時，也已經接受了中華民國，但民進黨所說的中華民國，是甚麼內涵，《聯合報》會不知道嗎？這樣的中華民國內涵和中華民國的法統是一致的嗎？馬英九在暢言「台灣是中華民國」、「台灣前途由台灣 2300 萬人共同決定」時，其實已經在限縮中華民國的主權範圍、這樣是否已經實質上地改變了法統？

《聯合報》在幾篇回應文章中，始終不回答我們這個問題，不回答是無法回答嗎？我們當然相信是的，這麼明顯的問題，《聯合報》當然不會不清楚。但《聯合報》畢竟還是提出了上述主張，這不是表明了《聯合報》也認為是「中華民國這個名號保衛了台灣」了嗎？

但這樣的認知，其問題在哪裡呢？台灣有一些所謂的戰略專家，理論大師，他們常有一個論調，就是認為其實是大陸根本沒有力量打台灣，其原因是因為美國與大陸自己的內部問題，所以台灣根本沒有必要自己嚇自己，我們只要不要給華府與北京下不了台，大陸就奈何不了台灣，而維持著中華民國的名號，就是不會讓美國與大陸下不了台的作法。至於其內涵是借殼上市也好，是偷樑換柱也好，根本就無所謂。

做這樣分析的人，如果不是對北京無知，就是別有居心。我們同意，大陸現在的軍事力量，的確仍差美國一截，而大陸

為爭取其戰略機遇期，以便它能順利崛起，它也的確沒有「破壞和平」的理由，所以它恐怕真的是不想打、不能打，也不應打。但是我們也的確不能忽視大陸自己訂定的反分裂法，以及這個法在政治上對大陸領導人的拘束力。反分裂法的內容規範了他們不以和平方式解決台海問題的唯一狀況，就是法理台獨，而甚麼叫法理台獨呢？我們相信這並不需要多高深的法律知識，只要看過反分裂法的人大概就會知道，只要背離了中華民國法統，大約也就碰到了那條紅線。請注意，這絕不是說，只要維持中華民國的名號，就不會有紅線的問題，這個認知是至為關鍵的。今天如果只有民進黨背離了法統，大陸也許覺得事尚有可為；但假如照《聯合報》的論點，那不就是全台灣大家一起去踩紅線了嗎？然則《聯合報》還真的認為這樣可以穩定兩岸嗎？

我們真的無意要和《聯合報》打這場筆戰，只是實在心所謂危啊！請容我們再度強調，千萬別誤認，中華民國的法統縱然不是捍衛台灣安全的唯一武器，但它絕對是台灣安全因素中的必要條件，少了它，兩岸關係就有可能從和平發展逆轉！我們願以此和《聯合報》及關心台海安全者一起分享！

對兩岸達成和平協議問題
的初步探討

謝　郁

　　本文作者謝郁現任中國社會科學院台灣研究所副所長，對於兩岸關係有長期研究。本文為謝郁 2009 年 11 月出席「兩岸一甲子」研討會之論文。謝郁表示，兩岸和平協議是兩岸在尚未統一的情況下，為兩岸最終邁向和平統一創造條件的階段性協議，並非最終解決兩岸問題的「終極協議」。她表示，和平協議的基本原則為，1.一個中國；2.平等協商；3.求同存異、循序漸進；4.互惠雙贏；5.不受外力干涉。謝郁表示，本文為個人研究心得，不代表所屬單位之意見。

前言

　　兩岸關係歷經十餘年的波折和動盪，終於在 2008 年迎來了歷史性的轉折。一年多來，兩會協商走向制度化、大三通得以全面實現、國共交流成效顯著，兩岸在經貿、文教等眾多領域的交流交往速度之快、程度之深，前所未有，顯示兩岸關係已步入和平發展的軌道。但目前兩岸關係的發展基本上還屬於經濟及事務層面，兩岸間由來已久的諸多政治分歧越來越成為影響兩岸互信、阻礙兩岸關係發展的障礙。筆者認為，兩岸關係要取得更大突破、邁上一個新的臺階，就必須面對長期存在的政治分歧問題，積極開展對話商談，尋求有效的解決途徑，為兩岸關係的繼續前行清除障礙。

　　2008 年 12 月 31 日，胡錦濤總書記在紀念《告臺灣同胞書》發表 30 周年座談會上鄭重呼籲：兩岸在一個中國原則基礎上，協商正式結束敵對狀態，達成和平協定，構建兩岸關係和平發展框架。為進一步推動兩岸關係指明了方向。日前，國民黨榮譽主席連戰公開表示，兩岸要深化和平根基，就要討論和平協定。兩岸學術界也積極展開討論，提出各種思路與建議，為兩岸關係和平發展貢獻心力。本文擬就兩岸達成和平協定的若干問題發表一些淺見，就教于各位專家學者。

達成兩岸和平協議對兩岸關係具有重大意義

　　兩岸達成和平協定是構建兩岸關係和平發展框架,實現兩岸政治關係正常化、法律化的重要步驟,對於增進兩岸互信、保持兩岸和平發展勢頭,具有重大而深遠的戰略意義。其一,可正式結束自 1949 年以來兩岸之間持續數十年的敵對狀態,實現兩岸關係正常化。其二,可以「兩岸共同協議」的形式將「大陸和台灣同屬一個中國」法制化,從而為今後進一步推進兩岸關係和平發展提供法律與政治基礎。其三,可通過協商對話妥善解決長期存在兩岸間的諸多重大政治分歧。其四,可以構建兩岸軍事安全互信機制,為台海局勢穩定及兩岸關係和平發展提供保障。其五,可使兩岸共同維護國家主權與領土完整的義務明確化。其六,將極大促進兩岸交流合作的深化發展,加強兩岸民眾的溝通與瞭解。

兩岸探討和平協定的條件漸趨成熟

　　2008年以來兩岸關係取得的進展及和平發展的趨勢,為兩岸就和平協定展開探討創造了諸多有利條件。

　　首先,2008年台灣局勢發生了重大而積極的變化,兩岸關

係迅速緩和改善，出現了難得的歷史性機遇，這爲兩岸展開對話協商、討論兩岸和平發展前景及架構提供了有利的環境和條件。

其二，推動和平協定是目前兩岸執政當局的共識。近幾年來，兩岸領導人都多次明確、公開表達了推動和平協定的意願。2005年國共兩黨達成的「兩岸和平發展共同願景」中明確提出「促進正式結束兩岸敵對狀態，達成和平協定，建構兩岸關係和平穩定發展的架構」。現任國民黨主席馬英九曾於2006年2月在英國倫敦政經學院演講時表示，「兩岸和平發展的中程目標應在於：雙方協商出一個可行的和平協定，並以此作爲指引未來數十年間兩岸和平互動的基本框架」。之後，在2008年選舉前馬英九又表示，「若執政，將和對岸結束敵對狀態，簽訂和平協定」。2007年10月15日，中共十七大報告中鄭重呼籲，在一個中國原則的基礎上，協商正式結束兩岸敵對狀態，達成和平協定，構建兩岸關係和平發展框架，開創兩岸關係和平發展新局面。2008年12月31日，中共總書記胡錦濤在紀念《告臺灣同胞書》發表30周年時再次呼籲，「在一個中國原則的基礎上，協商正式結束兩岸敵對狀態，達成和平協定，構建兩岸關係和平發展框架」。這表明，兩岸執政黨領導人面對兩岸關係的客觀形勢，都有推動和平協議的意願

其三，兩岸兩會之間的接觸商談及政黨交流互動爲兩岸協商和平協議累積了寶貴經驗。2005年以來開啓的兩岸政黨交流機制，多次就兩岸交流與協商等政經議題進行了深入的討論。2008年6月至今，兩會在共建互信、求同存異、循序漸進、先易後難的原則下，成功舉行了三次會談，共達成九項協議、一項共識。這爲下一步展開政治議題的對話協商建立了初步的互

信，累積了成功對話協商經驗。

其四，日益密切的兩岸經貿與社會交流為兩岸協商和平協議提供了現實物質基礎。

其五，最為重要的是，達成和平協定在兩岸都有強大的民意基礎，長期以來，「求和平、求穩定、求發展」一直是兩岸主流民意，兩岸同胞對簽訂兩岸和平協定普遍抱持較高期待。絕大多數台灣同胞樂見兩岸關係緩和與改善，2008年5月台灣《遠見》雜誌公佈的民調顯示，71.6%的民眾認為應該簽訂兩岸和平協定。大陸的民眾更是高度期待兩岸能通過和平協定實現兩岸關係長久的和平與穩定。兩岸黨、政、商、學各界也都在不同時期不同場合提出過兩岸達成和平協議的種種主張。因此，討論和平協議不僅是兩岸關係發展的形勢所需，更是兩岸同胞的民心所向。

對和平協議的幾點思考

對於和平協定的定位及內涵，兩岸政商學界都有人士本著為兩岸和平謀求有效途徑的良好初衷，提出過多種建設性意見，發人深省，以下是筆者的幾點淺見。

(一)關於和平協定的性質

1.和平協定應是在兩岸尚未統一的情況下，為確保兩岸關係和平發展、為兩岸最終邁向和平統一創造條件的階段

性協議，並非最終解決兩岸問題的「終極協議」。

2.和平協定是將「兩岸同屬一中」法律化、固定化，並就
兩岸間若干重大分歧性問題做出初步安排的基礎性協
議。

3.和平協定應是針對兩岸關係和平發展的整體架構及未
來方向進行規劃的綜合性框架性協議。

4.和平協定並非國際間的條約或協定，是一國內部的協
議。

(二)關於和平協定的基本原則

筆者認為，兩岸圍繞和平協定的商談及和平協定的最終達
成，應體現和貫徹下列原則：

一是「兩岸同屬一中」原則，這是和平協議的核心與基礎。

二是平等協商原則，通過平等協商尋求雙方都能接受的最
佳方案，確保協議的公正性及合理性。

三是求同存異、循序漸進原則，應該分步驟、分階段落實。

四是互惠雙贏原則，應在總體上兼顧兩岸利益，根據互惠
雙贏原則規範雙方的權利與義務。

五是不受外力干涉原則，應體現兩岸事務由兩岸中國人平
等協商解決的基本原則，排除外部勢力干涉中國內部事務。

(三)關於達成和平協定的途徑與進程

本人認為，由於兩岸長期存在諸多分歧，達成和平協定很
難一步到位，必然要經過相對複雜和漸進的過程。

第一步：深化兩岸交流，增進兩岸互信。持續加強兩岸交

流與合作，通過經濟、文化、人員交流等議題的對話協商，建立相應的合作交流機制，積累經驗、營造氣氛，增強互信，為展開政治協商與對話創造條件。這一階段，兩岸在堅持「九二共識」、共同維護「一個中國」上展現明確的態度與積極的作為，是建構兩岸政治互信的關鍵所在。

第二步：展開政治談判。在條件和時機成熟時，啟動兩岸政治談判，可首先就正式結束敵對狀態展開談判，達成共識。

第三步：達成和平協定。兩岸圍繞重大政治議題如兩岸政治定位、涉外事務、軍事安全等展開深入晤談，最終促成兩岸建立軍事安全互信機制，達成和平協定，並對兩岸關係的未來走向和目標做出規劃。

（四）關於和平協定的內容

本人認為，作為基礎性、框架性、綜合性的協定，和平協定內容主要應包括：統一前的兩岸政治關係、結束敵對狀態、建立軍事互信機制，以及兩岸涉外事務、經濟合作、文化交流等。主要是立足於從政治和法律角度確立兩岸關係現狀與未來走向的制度性框架。具體如下：

1.世界上只有一個中國，大陸和台灣同屬一個中國。1949年以來大陸和台灣尚未統一的狀況，是上個世紀 40 年代中後期中國內戰遺留並延續的政治對立，不是中國領土和主權的分裂，也沒有改變「大陸和台灣同屬一個中國」的事實。

2.兩岸正式結束長達六十餘年的敵對狀態，消除政治對立

和軍事對峙，共同致力於維護台海地區的和平穩定。

3.海峽兩岸從中華民族的整體利益和長遠利益出發，共同維護中國領土主權的完整，堅決反對以任何形式謀求台灣「獨立」和分裂中國的行爲。

4.海峽兩岸在「九二共識」基礎上，通過協商談判、以和平方式解決兩岸分歧。

5.兩岸同意本著和平與合作的精神，開展軍事對話與交流，建構軍事與安全互信機制。

6.兩岸通過務實協商，在不造成「兩個中國」、「一中一台」的前提下，對共同參與國際組織活動做出妥善安排，並加強合作，共同維護中華民族的整體利益和兩岸同胞的合法權益。

7.兩岸在互利雙贏原則上，建立經濟合作機制，簽訂經濟合作協定，實現兩岸經濟關係正常化，並尋求兩岸共同參與地區經濟一體化進程的合理途徑。

8.兩岸共同攜手弘揚中華文化優秀傳統，增強民族精神，凝聚共同意志，擴大文教交流，簽訂兩岸文化教育交流協定。

9.加強兩岸各界交流、擴大人員往來，增進相互瞭解及互利，不斷完善兩岸交流機制。

結語

目前兩岸關係的良好勢頭，得來不易，進一步增進互信，

化解分歧，推進兩岸關係向更高更深層次發展，是兩岸同胞的共同心願。維護中華民族的整體利益，維持兩岸關係的長期保持和平發展，是歷史賦予兩岸中國人共同的責任和使命，時不我待，義不容辭。（本文不代表所屬單位之意見）

解決兩岸政治談判中
「台灣定位」的問題

邵宗海

本文作者邵宗海教授是兩岸著名的大陸問題與兩岸關係學者,著作等身、學養豐富,為人風趣幽默,對於兩岸交流的典故瞭若指掌,談吐之間呈現一部活生生的兩岸關係史,其對於主權與一個中國的見解,所提以「領土和主權完整的說辭」來取代「一中原則」的觀點值得參考。邵教授對於大陸對「台灣政治定位」問題已有思想解放的趨勢、「中華民國」至少不被否認的觀察,也是值得台灣方面高度重視。邵教授目前擔任中國文化大學中山與中國大陸研究所教授兼所長一職。

　　張亞中教授提出「一中三憲」的主張，最重要是要解決兩岸在進行整合時所面臨的一些挑戰。其中「台灣的政治定位」問題在張亞中教授構思中，應是維持「中華民國」的合法及合理的存在。在作者尚沒有能力思考到兩岸整合的解決方案之前，如對於「台灣政治定位」問題的解決，特別是在兩岸政治談判來臨之前夕，覺得有其必要來提供双方政治定位的建議。那麼下面三個維持「中華民國」的合法及合理的存在方案，實際上也是作者在今年 2 至 4 月份所撰寫的三篇文章，或許可協助張教授在維持「中華民國」的合法及合理的存在的努力中，盡一份綿薄之力。

回到「1949 年的中國」：讓「中華民國」名義面臨談判

　　中共 2010 年 1 月下旬海協會理事會議與對台工作會議同時在北京舉行，檯面上瞭解的訊息，是中共積極應對兩岸經濟合作機制的建立、兩岸文化交流協議的推動、以及大陸各省市一級領導目前過於密集訪台的規範。

　　但是隨即胡錦濤在春節期間南巡福建，發表對台灣人民的有利談話，並重申對台灣人民的承諾，卻讓外界嗅到不尋常的政治訊息。

　　這樣一連串的現象，很難讓人不跟下面的一些可能發展方向形成聯想：

　　（一）兩岸關係即將進入「和平發展」的階段，爭取台灣民心必須貫徹「寄希望台灣人民的方針」，特別在兩岸尚有

歧見與矛盾的地方，設法直接向台灣人民說明。

（二）北京在台北的視窗是馬英九以及執政的中國國民黨，前者在民調支持度日益下降，後者在重要幾次縣市長及立委補選均有挫敗，影響所及，讓 2012 年大選充滿不確定的變數。北京開始有憂慮與緊迫感。

北京當然希望與台北儘快進入「整合」，但那必須有政治議題先部份搬上檯面，才能讓兩岸有所「契合」。可是政治談判所涉及的「一中原則」與「台灣政治定位」，仍是目前兩岸最有歧見與矛盾的地方。

胡錦濤在 2008 年最後一天，針對《告台灣同胞書》政策發表三十周年紀念的集會上，發表了《攜手推動兩岸關係和平發展，同心實現中華民族偉大復興》的六點看法。就是希望對兩岸一些問題的不同看法，提供一個疏解的方向：

談話中特別強調「大陸和台灣儘管尚未統一，但不是中國領土和主權的分裂，而是中國內戰遺留並延續的政治對立」，是定調兩岸的現狀。

另外提到了「有利於兩岸談判，可以就在國家尚未統一的特殊情況下的政治關係展開探討」，是要替兩岸相互定位找出方向。

其實，體會胡錦濤談話的精神，又能兼顧目前北京與台北的關注所在，就是作者建議：是否兩岸同意若有政治談判，包括正式結束中國自 1949 年以來的內戰狀態，不妨「回到 1949 年當時中國的狀態」。因為當年 10 月 1 日時中華人民共和國雖已建政，但中華民國仍是法理上的中國政府，只是南遷到廣州，而且許多外國政府駐華使節也將使館遷到廣州。雙方雖然

互不承認對方合法性，但並沒有脫離「一個國家」的範疇。

這種分裂雙方仍處於「一個國家」的說法有其意義，因為若以當時背景為主，基本上符合北京一直強調的「一中原則」與「主權不可分割的立場」。例如德國談到統一，必然會說要回到虛擬的 1945 年「德意志」一樣，表示有個完整主權的假像可以框限。

另方面這也是對台北的一種保護：一是 1949 年它仍是法理上的中國政府，另一則是台北得以合理的使用「中華民國」的國號。

張亞中教授在《兩岸主權論》一書中，曾經對「回到 1949年當時中國的狀態」提供了下列的探討：他提出「同一性理論」，指分裂國的一方與原被分裂國為「同一」(identity)，具完整的國際法人格地位。用在中國問題上，即中華民國或中共兩者間有一個與一九四九年以前的「中國」為「同一」，具完整的國際法人地位。

將兩岸拉回到「1949 年的中國」，試圖從那時開始分裂的內戰狀態作一結束，一方面這樣兩岸的政治談判不是「領土與主權分裂」的再造，而是「政治對立」的劃下句點；另方面也能使得兩岸各自願意用的國號代表一個國家裡兩個政府，從對立走向和解，有其意義。

以「領土和主權完整的說辭」來取代「一中原則」：「憲法一中的中華民國」

「一中原則」對北京來說，在兩岸交流之前根本不存在問題，因爲自始至終它就認爲自己是代表中國。所以，1979年《告台灣同胞書》、1981年「葉九條」、以及1986年「鄧小平談中國大陸和台灣和平統一設想」等重要文書與談話內容裡，都沒有提及一旦中共在與台灣進行接觸或談判時，要有「一中原則」作爲前提。

可是等到 1987 年台北開放大陸探親，兩岸開始展開交往，不過交流中衍生了一些問題要解決，所以双方要進行協商，而且尚需準備簽署協議，因此 1991 年 11 月兩岸兩會首度在北京協商時，「一中原則」已經被提及。

儘管「一中原則」在 1992 年兩會暫且達成共識，並促成了 1993 年的「辜汪會談」舉行，但是「一中原則」仍然在兩岸爭論不休。而且重要的是，北京仍在這項爭議裡，堅持自已不但是代表中國，而且在領土定義上也涵蓋了台灣。1993 年 8月發佈的《台灣問題與中國的統一》白皮書裡，有關一個中國的說法就是：「世界上只有一個中國，台灣是中國不可分割的一部分，中央政府在北京」，明顯就將一個中國與「中華人民共和國」劃上等號。

從此，「一中原則」在台灣開始受到排斥，甚至到了不願接受的地步。1994 年台北公布的《海峽兩岸關係說明書》

就直接明說，所謂一個中國就是「歷史、地理、文化、血緣的中國」，連 1992 年台北認為一中是現實的中國，亦是 1912 年創立迄今中華民國的說法，都完全予以推翻。

1995 年江澤民發表「江八點」，將「一中原則」的政治意涵重新定位。在談話中江曾強調：「堅持一個中國的原則，是實現和平統一的基礎和前提。中國的主權和領土決不容許分割」。雖然汪道涵在解讀「江八點」時，是將江的「一中原則」認為他只是談及「原則」而已。不過作者另外一種看法，則是覺得中共自此之後，對「一中原則」的強調，是開始把重點放在「中國的主權和領土不容分割」這個層面上。這可由下列幾個重要文件中發現趨勢確是如此走向：

1997 年中共十五大政治報告中，對此問題的立場是：「要堅持一個中國的原則，反對分裂，反對『台獨』，反對製造『兩個中國』，『一中一台』，反對外國勢力干涉，絕不允許任何勢力以任何方式改變台灣是中國一部份的地位」。在這裡，可以充分說明北京對主權和領土的堅持。

到了 2000 年 2 月，北京再發佈《一個中國的原則與台灣問題》白皮書時，「一中原則」與「中國的主權和領土不容分割」的一體兩面更趨明顯。除了一中三段論提出新的說法，堅持「世界上只有一個中國，台灣是中國的一部分，中國的主權和領土不容分割」，仍然強調主權和領土的完整之外，另外也明確說明：「對台灣而言，堅持一個原則，標誌着承認中國的主權和領土不容分割」。

到了 2002 年中共十六大政治報告，一中三段論雖然更新為「世界上只有一個中國，大陸台灣同屬一個中國，中國的主權和領土不容分割」，但是仍見主權和領土的強調。至於 2007

年中共十七大政治報告雖然還是在凸顯「堅持一個中國原則，是兩岸關係和平發展的政治基礎」。但更強烈是主張「儘管兩岸尚未統一，但大陸和台灣同屬一個中國的事實從未改變」。這裡的「同屬一個中國」，更見是主權和領土的框架。

最具代表性當然是 2008 年 12 月 31 日胡錦濤發表的「胡六點」談話，其中一段提到「恪守一個中國，增進政治互信。維護國家主權和領土完整是國家核心利益。世界上只有一個中國，中國主權和領土完整不容分割」。加上再提醒說「1949年以來，大陸和台灣儘管尚未統一，但不是中國領土和主權的分裂」，更加可以確定「一中原則」與「中國的主權和領土不容分割」，根本就是相同意義的說法。

當「一中原則」在台灣逐漸被妖魔化，而「九二共識」的「一中各表」仍不被北京在政治議題談判時全盤接受時，作者則是建議兩岸當局能以「領土和主權完整的說辭」來取代「一中原則」。正確的說法可以如此表達：「兩岸在進行政治議題談判時，應該宣示：兩岸都同意目前兩岸現狀是呈現主權與領土的重疊，双方立場是強調在各自在憲政法律的規範下，不容主權與領土分割」。這既符合台北的「憲法一中」立場，也不違反北京的「一中原則」，更重要的是，能讓台灣人民在「一中原則」之外多個選擇，應是項突破，值得兩岸當局深思。

大陸對「台灣政治定位」問題已有思想解放的趨勢：「中華民國」至少不被否認

「雙英辯論 ECFA」之後，馬英九在民調上顯示贏了這場辯論，而且在台灣民眾的支持度與滿意度上也跟着揚升，這不僅說明兩岸簽署經濟合作框架協議的可行性益強，而且對內「五都選舉」的發展、以及對外「兩岸關係」的推進，也有極大的助力。特別就後者而言，北京正在注視着這個「對手」的潛力發揮。

無獨有偶，也在「雙英辯論」之後，顯示大陸在國際社會各方面的影響力一直在攀升。五月一開始，上海世博會就要揭幕；而之前幾天，世界銀行中有關營運與貸款的業務的投票權，已將中國提升到 4.42%，僅次於美日躍居為第三大股東；而甫才發表的《2010 中國城市競爭力藍皮書》，已經透露中國的國家競爭力 2008 年在 G20 國家中排名第九。面對既合作又有競爭的「對岸」，台北當然不能悼於輕心。特別是 ECFA 簽署之後，政治議題將不可避免，兩岸在政治談判時的彼此定位問題勢必又將浮上抬面。

下面是大陸最新的情勢的發展，顯示出北京對「台灣政治定位」問題已有思想解放的趨勢，值得大家關注：

曾經擔任過中共國台辦副主任，也曾經是大陸海協會副會長，與台灣進行談判交手多次的唐樹備，雖然已經全部自官職上退休下來，但在 2006 年 4 月曾經兩度在廈門及北京發表「兩岸在政治關係定位上的衝突及建立兩岸和平穩定關係前

瞻」一文（參見《福建日報》，〈海峽兩岸論壇在廈開幕〉，2006 年 4 月 10 日）。該文雖然並無特別令人驚訝的「創新觀點」，但有一點必須值得要去肯定的，就是唐樹備能夠開創風氣之先，敢在公開場合以退休的高階涉台官員身份談「兩岸關係的法理定位」，不僅有其指標性，也有其主導性的影響力。

而人民大學教授黃嘉樹在這方面更是擊中要害的說出大陸學界對台的研究要創新。而創新依黃教授看法就是要「開拓新的研究領域，研究新問題，包括突破原有的一些『禁區』」。黃嘉樹甚至更進一步的建議：「學術研究不應有任何禁區，但政策研究則不得不有禁區」，可謂將大陸內部的研究心態說的淋漓盡致（參見海峽資訊網，〈大陸學者論文首見中華民國〉，2009 年 11 月 15 日）。

到底大陸是否在進行「中華民國」地位的研究，或是這項研究進行到什麼程度，這涉及到訊息的開放與否，很難得到確實答案。不過光是看到大陸退休高官以及學者都已經開始對過去禁忌的話題展開大鳴大放，「中華民國」地位正視的問題，實際上已在過去的中共重要文件以及領導人談話中窺見端倪。

但是，正如唐樹備所言，「兩岸對兩岸政治關係的定位，認知還有很大分歧，兩岸政治關係還未發展到雙方同意或接受把這種關係固定化、法律化的階段」。這段話如移到「中華民國」政治定位，中共應是如何研析而言，當然也可說北京應該還沒有到完全定案的地步。

再加上 2000 年《一個中國的原則與台灣問題》白皮書所陳述的北京對「中華民國」的立場，上面說明「國民黨統治集團退據台灣以來，雖然其政權繼續使用『中華民國』和『中華

民國政府』名稱，但它早已完全無權代表中國行使國家主權，實際上始終只是中國領土的一個地方當局」，這樣的立場與觀點，很難讓人相信北京中南海的領導班子，會在短短期間之內，改變原先唯我獨尊的心態，而在對「中華民國地位」問題上，作出更善意的回應。

　　不過，2008年年底胡六點提出之後，他所指示兩岸現狀是「內戰遺留並延續的政治對立」，以及暗示兩岸的政治定位「可以就在國家尚未統一的特殊情況下的政治關係展開探討」的談話，目前已經廣泛的在中國大陸的涉台系統中被點讀。這也就是說，北京必須在進入政治談判之前，要確定對台灣的「政治定位」。所以大陸學界及智庫為了協助當局來思考「定位問題」的突破，勢必要進行更深入一層的研究與探討，而「中華民國」就是其中一項的課題。在胡強調兩岸目前是「國家尚未統一的特殊情況下」，現狀又是「內戰遺留並延續的政治對立」，當然，「中華民國」定位問題在前述「思想解放」的現象之後，更加活潑的湧上台面。

　　因此，台北必須要先有初步因應的方案在手，否則北京一旦宣示對「中華民國」的事實認定，台北顯見無從適應。

讓「兄弟說」成為
兩岸定位的表述

張亞中

本文為呼應溫家寶先生之「兄弟說」，並期望「兄弟說」可以落實在兩岸的法律定位，以為兩岸關係奠定和平發展的基礎。本文從社會建構主義所創造的「敵人、對手、朋友」三種關係中，再衍生「親戚」、「兄弟」兩種關係。本文認為，「民族說」（親戚關係）與「睦鄰說」（朋友關係）均不能正確地反映兩岸關係應有性質，「一中三憲」所隱含的「親兄弟說」才應該是兩岸關係的適當定位。

中共人大會議 3 月 14 日閉幕時，溫家寶在舉行記者會提及兩岸關係時，特別再度提出「讓利說」，另外，溫家寶又特別提到，台灣方面對他的另一句重要談話卻少有報導。他說：「我看到台灣的報紙，很大的篇幅報導關於讓利的論述。可是我在在線訪談時講了兩句話，後面還有一句話因為我們是兄弟，這句話就鮮有報導」。這句沒有被廣泛教導的話，就是「兄弟說」。

從溫家寶先生所強調的邏輯來看，如果兩岸沒有「兄弟關係」，就不會有「讓利」考量。因此，「兄弟說」與「讓利說」是一體的兩面。

3 月 23 日馬英九出訪南太平洋時，在回答中評社記者提問有關溫家寶的「讓利說」和「兄弟說」時提出「同民族說」做為回應。馬英九說：「兩岸人民都屬於中華民族，這是我們一貫的看法，而且這也是事實，我們也不反對」。

「兩岸人民同屬中華民族」的「同民族說」，是否等同於「兄弟說」？希望藉此次慶祝政治大學歐盟暨兩岸統合研究中心揭牌研討會時，表示一下淺見，並為「兩岸定位」做一詮釋。

國際體系的關係種類：敵人、對手、朋友、親戚

國際關係學者喜歡用「體系」來描繪國際關係的架構與彼此成員之間的關係，一般人則習慣以甚麼樣的「社會」或甚麼樣的關係來描繪彼此之間所處的環境，以及人與人之間的關係。

國際關係中的社會建構主義論者，將國際體系區分為三種：一種是將其他成員當作「敵人」的「霍布斯國際體系」；第二種是將其他成員視為「對手」的「洛克式國際體系」；第三種是將其他成員視為「朋友」的「康德式國際體系」。

將國際體系做不同分類的目的之一，在於容易清楚地了解，每一個體系內部成員是如何地互動。

在「霍布斯國際體系」中，由於把對方看成是「敵人」，因此，「武力軍備」、「結盟」都是必要的選擇，他們認為唯有如此，才能確保和平與安全。例如冷戰時美蘇所形成的關係就是一種「霍布斯式體系」。

在「洛克式國際體系」中，彼此把對方看成是對手，而不是敵人，因此雙方並不會選擇用武力來對抗。在面對爭執時，成員國願意協商、接受用國際建制或國際組織的規範，來解決彼此之間的爭議。美國、中共、日本的目前關係可以視為「洛克式體系」。

在「康德式國際體系」中，彼此將對手看成是朋友，成員之間有共同的基本價值與信念，因此，經常選擇雙邊協商處理爭議。美國與歐盟、澳洲的關係可以歸納為「康德式體系」。美國與歐盟、澳洲都是屬於西方文化世界，彼此對於一些問題的處理方式並不會有太大的歧見，因此，他們相信很多問題可以坐下來談。

雖然以上三種體系有差別，但是成員國間都屬於一種「異己關係」，成員之間不會有「讓利說」。

我們可以將社會建構主義所主張的體系再擴充一個共同體關係的「莫內式國際體系」，用它來詮釋目前歐盟各成員國

間所形成的關係。在這個體系中,成員之間的關係是「互為主體、共有主體」,它們彼此間相互獨立,但是也共有一些超國家與跨國家的組織,在一些領域也有著共同政策。在「莫內式國際體系」內幾乎不可能發生戰爭,成員彼此已經形成一個命運共同體。它們所創造出來的和平,我們可以稱它為「共同體式的和平」或「統合式的和平」。如果我們用通俗的話來說,歐洲聯盟成員間的關係已經發展成一種「親戚」關係,他們比「朋友」關係更緊密,在這個體系中,有可能存在著大國對小國的「讓利說」。

兩岸關係界定的種類:敵人、對手、朋友、親戚、父子、兄弟

「敵人」、「對手」、「朋友」、「親戚」等不同的關係定位都出現過在兩岸。前三種與國際體系的關係種類相同,第四種「親戚」的形成方式則不同。歐盟所建立的「親戚」關係是憑藉著「共同體」所形成。「共同體」這個家園內的「親戚」關係是後天經由政治力量所創造出來的,而兩岸「親戚說」則是建立在共同的文化血緣的基礎上。

在冷戰期間,兩岸關係基本上是一種「敵人」的形態,雙方不僅有軍事上的對峙,在國際參與上也是「零和」競逐。「敵人」關係所顯示出的是雙方的不信任,在冷戰時間,雙方擔心對方是否會顛覆或取代自己的政權,而在 1990 年以後,則又多了一個台灣是否會獨立的變數。就目前兩岸關係而言,北京認為,「敵人」關係的基礎只存在於「台獨」這個可能選項。

至於台北，只有少數台獨基本教義派會將北京視為「敵人」。雖然在互動上，雙方政府已經不以「敵人」相待，不過，由於基本互信不夠，雙方迄今沒有放棄武力對峙。

台北泛綠的支持者，將北京視為「對手」與「朋友」者均有之。視為「對手」者，認為北京的最終目的是統一台灣，因此必須要強化台灣本土力量，並且不要在經濟上對大陸過於依賴。李登輝可以算是這種主張的典型人物。視中國大陸可以為「朋友」的泛綠者，希望兩岸能夠發展成為一種「睦鄰關係」，他們願意與北京友好，但是屬於一種「外國關係」的友好，也希望與大陸發展經貿關係，因為他們也了解台灣不可能忽視大陸這個龐大的經濟體，但是他們對於中國大陸沒有任何政治重疊認同。蔡英文、呂秀蓮等絕大多數的泛綠者均是這類主張的支持者。

台北泛藍的支持者，也有不少將北京在經濟上視為「對手」或「朋友」，但是在認同上，仍然認為兩岸同屬中華民族，如果要更清楚的界定，這些泛藍者在政治認同上更多視中國大陸為「親戚」。

所謂「親戚」，可以是「親如兄弟」，也可以是「遠親」、也可以是近於兩者的「表兄弟」關係。（以「兄弟」描繪，不涉及性別暗示，讀者也可以用「姊妹」界定之）。如果「中國」是兩岸共同的姓，那麼，在台北支持兩岸為「親兄弟」關係者，則主張一個是「台北（中華民國）政府的中國」（簡稱台北中國），另一個是北京（中華人民共和國）政府的中國（簡稱北京中國）。如果認為兩岸只是「表兄弟」或其它親屬關係，那麼，「中國」這個姓就不是必須堅持的，中華民國與中華人民

共和國是兩岸各自的姓，兩者是同屬中華民族的兩個國家，不是同屬「一個中國」的兩個政府。學術界通常將支持這種論述的定義為「獨台」論者。

冷戰時期，兩岸處於對峙，但是雙方均承認自己是中國，兩岸的衝突是「親兄弟」互爭正統的衝突。1991-1993 年國統綱領期間，兩岸也主張自己是中國，那時的兩岸，雖然仍有敵意，但是國民黨在基本立場上認定雙方為「親兄弟」關係，不否認對方的治權，也期盼北京尊重台北的治權，就像兄弟應該尊重各自家庭的管理權一樣，不過，那時候，北京的憲法體系，並沒有改變將兩岸視為「中央與地方」的「父子」關係，「一國兩制」是北京所主張的解決之道。

1993 年以後，國民黨改變了「一個中國」的內涵，將「一個中國」變成了「歷史、地理、文化、血緣」上的概念，到了1999 年李登輝提出「特殊國與國」，等於在認知上，確定兩岸已經有不同的姓，雖然還有親戚的特殊關係，但最多也只是「表兄弟」的關係了。

簡單來說，1993 年以前的「一中各表」，是兩個「親兄弟」相互表述，誰才能夠代表整個家庭，但是 1993 年以後的「一中各表」已經把兩岸表述成「表兄弟」的關係，已經沒有「同屬一個家庭」（即「一個中國」）的前提。到了 2002 年陳水扁提出「一邊一國」後，「一中」已經不必再「各表」，更可以丟掉了。

兩岸關係的應有定位：親兄弟關係

　　無論是「敵人」、「對手」、「朋友」、「父子」、「表兄弟」關係，都不是兩岸現有關係的法理寫照，也不是未來兩岸關係應有的定位。

　　兩岸目前的現狀有三：第一、兩岸均為「一中憲法」，雙方的主權宣示均涵蓋對方，這一點即確定了雙方為「一中」家庭內的一家人關係，而非只是血緣上的親戚關係；第二、兩岸各在其領域內享有完整的治權，兄弟都已經成年，要互相尊重對方的自主權。兩岸不是中央與地方的「父子」上下關係，而是一種兄弟的平行關係；第三、兩岸權力不對稱。就像兄弟兩人並不一定有相同的發展，有的會賺錢，有的會讀書，在外面社會上的影響力也不一定相同，但是在家庭內的法律地位是平等的。我們可以這麼說，目前兩岸的法理定位，就是一種「親兄弟」的關係，這也是北京方面願意「讓利」的理由。

　　如果台北方面不再談一中，只提兩岸同屬中華民族的「同民族說」，那麼兩岸就已經不屬於「親兄弟」的關係。而如果台北根本的放棄「一中」，希望只與北京發展成「朋友」關係，相信到那個時候，北京大概沒有興趣會將台北當成朋友，而會視台北為「數典忘祖」的背叛者，把兩岸當成「敵人」關係。

　　北京與香港的關係，在法律上是「中央與地方」的關係，香港基本法源出中共憲法，因此，中共憲法與香港基本法的法源關係上是一種「父子」關係。溫家寶再次提出兩岸為兄弟關

係，表明了兩岸不會是一種「中央與地方」的父子關係，這是
對兩岸關係極大善意的表示，更可以看成是一個政策上的宣
示，可惜，台北方面並沒有深刻地體會到這個看法的意涵。

　　從傳統的中國文化來說，「兄弟」關係是一種家人關係，
在這個基礎之上，「讓利」是再自然也不過的事，我想，溫家
寶要表達的應該是這個觀點，他的「兄弟說」應該指的是「親
兄弟」而非「表兄弟」或一般有血緣關係的親戚。至於馬英九
所強調的「同民族說」，所呈現的只是一種廣義的親屬關係，
可疏可遠，應該與溫家寶的認定還有一段不小差距。這也是我
們主張兩岸定位應該「一中同表」而非「一中各表」的道理，
畢竟，「各表」可能把兩岸關係表到三千里以外了。

　　兩岸應該要做的是讓現有的兄弟關係再確認化，台北方面
應該承諾不分裂整個中國，即堅守「一個中國」原則。另外，
即使兩岸的物質權力目前有不對稱的情形，北京方面也應該接
受台北為一個在法律上平等的兄弟，以「親兄弟」之情相待。

　　我們很高興看到北京對兩岸定位的論述已經悄悄地從「父
子關係說」轉換為「親兄弟說」，成為北京對台的新思維，我
們也希望馬英九能夠從「同民族說」提升到「親兄弟說」，讓
兩岸在定位上有明確地交集。

　　我們認為，未來的兩岸和平協定就是確認兩岸為「親兄弟」
關係的協定。兩岸統合學會所倡導的「一中三憲」就是「親兄
弟」關係的法理確認，「兩岸統合」則是兩個親兄弟在分治多
年後，如何再共同重建整個家庭的必經路徑。

本栖會談探討兩岸政治定位

羅祥喜

　　2010 年 4 月 2-6 日兩岸學者共同在第三地，但卻是中國人所屬的土地，日本的本栖寺舉辦有關「兩岸和平發展路徑」的「本栖會談」，就兩岸政治定位與兩岸和平協定應有的內涵進行研討。本文為中國評論副總編輯羅祥喜對本栖會議的報導，特以納入，以供讀者清楚了解此次會談的背景、過程、參與者、內容與心得。

　　另記：張亞中教授曾於 2003 年暑假掛單本栖寺，有感山水靈秀，並承當時住持之命，特為該寺撰《本栖寺本記》。為使讀者對該寺由來有更深入了解，錄全文如下：

　　佛法東傳，經海棠，跨東海，立足於東瀛已千年。日本雖兼奉神道，惟佛教仍為民間普遍之信仰。近百年來，日本之佛學研究有其獨特成果，為求借鏡，佛光山草創之初，即有多位女眾留學日本，習教義、弘佛法。為使法水長流東瀛，已先後於東京、大阪、福岡等地設置分別院，以期與眾生結緣共修。

二〇〇二年初，佛光再得福緣，獲富士山腳下本栖湖畔一處清幽場地。本栖原漢字為本樓，數百年前，居民避火山後重返家園而命名，有其溯源回歸之意。星雲大師初抵本栖湖，目觸此靈山秀水，憶及幼時師承之棲霞山，為溯本源，並結東瀛之深緣，爰命名新寺為本栖寺。又感源出中國禪門臨濟宗法脈，而此宗亦為日本之名宗大派，因而將該寺定全名為臨濟宗佛光山本栖寺。

本栖寺原為日本競艇協會之訓練場地，佔地約一萬五千坪，建地約四千坪。設備齊全，屋宇庭園設色柔和，深具日本美學風格。得緣享有後，二〇〇二年三月，佛光山弟子與東京別院信眾共為該地重現本相。原尚武之武道館重現為寺內主殿華藏寶殿，內奉佛像三十六尊，祥和莊嚴，可供千人禮拜。有禪堂一處，供僧眾禪修靜思。其他可容三百人之會堂、教室、齋堂等一應俱全。

富士山為日本聖山，五湖環伺。本栖寺前臨之本栖湖，為富士五湖之一。四季景色殊異，山色蓊鬱、雲霧靉靆，湖清如鑑。湖山交輝，共顯仁智之樂。山水說法、佛光普照，本栖寺真乃世外桃源、人間淨土。

本栖寺現為佛光山在日本弘法之道場，為十方所屬，亦供十方所用。殊勝因緣，前人種樹，功德無量，天上山水，萬佛所賜。我等僧眾得此佛緣，宜珍此福報，弘揚佛法，廣利眾生。

兩岸菁英共同探討兩岸和平發展路徑

　　中評社東京 4 月 8 日電（記者　羅祥喜）4 月 3 日至 6 日，兩岸和平發展路徑研討會「本栖會談」在佛光山日本本栖寺舉行，該次研討會由兩岸統合學會、臨濟宗佛光山本栖寺主辦，中國社科院台研所、亞太和平研究基金會、中國評論通訊社協辦。與會的兩岸專家學者近 40 人。

　　這是繼去年 6 月在北京由兩岸統合學會與與清華大學法學院、中美研究中心舉辦「兩岸關係高級論壇：兩岸和平協議」，以及去年 9 月由兩岸統合學會與中國社會科學院台灣研究所舉辦「兩岸和平發展路徑研討會」，和 11 月在台北召開「兩岸一甲子學術研討會」之後，兩岸專家學者就政治議題進行的又一次重要的交流、對話活動。

　　這次研討會的主題是探討「兩岸和平發展路徑」，包括兩岸的定位與一個中國的原則和內涵、兩岸和平協定（議）應有之內涵等兩岸問題中最核心的議題。

　　由於這次研討會基本上是一次閉門會議，主辦單位希望通過閉門的方式，在清靜的佛門聖地，與會者能夠暫時拋開各自的立場，更為超脫，更加理性、務實地探討問題，尋找兩岸關係和平發展的路徑。

　　本栖寺住持滿潤法師代表星雲大師致歡迎辭時說，台灣可能不很了解大陸，大陸也可能不很了解台灣，互相了解需要時間；對於兩岸很多議題，也許大家的想法不一樣，但只要大家想了解（對方），總會有辦法；對於兩岸問題，只要大家想解

決，只要大家的目標一致，一定會找到解決問題的辦法。

二十一世紀基金會董事長高育仁致辭時說，來自兩岸的與會者，都有一種歷史的使命感，希望大家超脫現實的種種限制，通過深入的討論，為中長期兩岸關係的發展，找到一個兩岸都可以接受的解決方案。

海協會副會長張銘清在致辭時則表示，兩岸和平發展的路徑，只有我們中國人自己來尋找；兩岸問題的解決，確實需要一個過程，在官方層面還沒有一個非常成熟的意見之前，兩岸的專家學者，不妨做先期工作，這次會議也是一次尋找兩岸和平發展路徑的過程；相信通過大家理性的探討和辯論，共識會越來越多，兩岸和平發展的路徑也會越來越清晰。

中國社會科學院台灣研究所所長余克禮致辭時也說，兩岸關係發展到今天，各種經濟文化交流和人員往來，取得了很大的突破和進展，但在政治層面，還困難重重，希望大家暫時拋開各自的立場，理性、務實地探討問題，尋找突破兩岸政治僵局、推動兩岸關係和平發展的有效路徑。

兩岸統合學會理事長張亞中代表主辦單位致歡迎詞時表示，星雲大師經常提醒大家要「給人歡喜、給人方便、給人希望、給人信心」，兩岸統合學會希望能夠追隨大師理念，期與兩岸四地乃至海外華人菁英共同集思廣益，致力於為兩岸關係「帶來歡喜、帶來方便、帶來希望、帶來信心」。張亞中理事長並就「兩岸和平發展路徑」，以「一中三憲、兩岸統合」為題進行會議主題引言。

亞太和平研究基金會董事長趙春山、中國評論通訊社社長兼總編輯郭偉峰也分別代表協辦單位致詞。

這次會議的與會者，都是兩岸重要智庫人士或長期研究兩岸關係相關問題非常有代表性的專家學者，堪稱一時之選。

　　大陸方面的與會者包括：中國社會科學院台灣研究所長余克禮（大陸方面團長）、國台辦研究局副局長頓世新、全國台灣研究會副會長許世銓、海協會副會長張銘清、北京大學國際法研究所所長饒戈平、中國人民大學國際關係學院教授黃嘉樹、福建省人民政府發展研究中心主任李閩榕、全國台灣研究會執行副會長周志懷、北京大學國際關係學院國際政治系主任李義虎、上海國際問題研究院台港澳研究所所長嚴安林、廈門大學台灣研究院院長劉國深、清華大學法學院院長王振民、清華大學中美研究中心主任孫哲、中國社會科學院台灣研究所研究員劉佳雁等。

　　台灣方面的與會者包括：兩岸統合學會理事長、台灣大學政治學系教授張亞中，二十一世紀基金會董事長高育仁，亞太和平研究基金會董事長趙春山，總統府國策顧問、海基會顧問、台灣大學心理學系教授黃光國，前駐教廷大使、前駐英國代表、前總統府副秘書長戴瑞明，台灣大學副校長、遠景基金會副董事長包宗和，總統府財經顧問、海基會顧問、台灣大學經濟學系教授暨人文社會高等研究院副院長林建甫，蔣經國基金會執行長、台灣大學政治學系教授朱雲漢，亞太和平基金會執行長彭壽山，中國大陸研究學會理事長、銘傳大學公共事務系教授楊開煌，旺報社長黃清龍，中國文化大學中山與中國大陸研究所所長邵宗海，政治大學國際關係研究中心研究員、歐盟暨兩岸統合研究中心主任吳東野，成功大學政治系教授暨兩岸統合研究中心主任丁仁方，中興大學中國研究中心主任、兩岸統合研究中心主任巨克毅，旺報主筆楊偉中，亞太和平基金會研究員暨企劃部主任陳逸品，兩岸統合學會營運長鄭旗生，兩岸統合學會秘書長、佛光大學文學系主任謝大寧，兩岸統合學會執行長、海基會顧問謝明輝等。

中國評論通訊社社長兼總編輯郭偉峰、副總編輯羅祥喜也參加了會議。

通過長達三天的密集研討，取得了不少成果，提出了很多新的觀點、新的看法、新的見解，新的思路。對於研討會的討論情形與成果，中評社今起將作深入報道。

http://www.chinareviewnews.com/doc/1012/8/2/6/101282602.html?coluid=0&kindid=0&docid=101282602

處理兩岸政治難題有新解

中評社東京 4 月 9 日電（記者　羅祥喜）4 月 2 日至 6 日，由兩岸統合學會與佛光山日本本栖寺主辦，中國社科院台研所、亞太和平研究基金會、中國評論通訊社協辦的「兩岸和平發展路徑研討會：本栖會談」，在日本富士山腳下的佛光山本栖寺舉行。兩岸統合學會暨兩岸重要的智庫學者近四十人，特別針對了「兩岸定位」、「一個中國的原則和內涵」與「兩岸和平協定（議）應有之內涵」等幾個兩岸問題中最核心、最敏感的議題，進行了連續三天的深刻討論。

這三天中，最聚焦的議題是一中原則與內涵的討論，大陸方面的學者集中且詳盡地闡述了大陸這二、三十年來在一中原則上的堅持，以及其內涵上的轉變。基本上，大陸學者一致認為，兩岸的問題肇始於中國的內戰，但內戰並未造成中國主權的分裂，兩岸迄今的憲法也都仍然將中國視為一個完整的國家，彼此在處理涉及兩岸事務時，也都未將對方視為是外國，中國的主權只能共享，而不能分享，一中原則是大陸方面不可能讓步的底線。

　　關於這點，清華大學法學院院長王振民特別將之歸納爲
「一中既是歷史的，也是現實的」，「一中既是法理的，也是
事實的」。換言之，一中原則乃是兩岸關係能夠維持的基礎，
它無從迴避，只是雙方也要面對現實，在一中的法理架構下，
尋求可能的寬容空間。

　　不應迴避一中，是此次研討會最具共識的一點。台灣學者
也同意兩岸主權重疊這一事實，亦即法理上的確只有一中，這
一事實早已反映在當年的「國統綱領」之中。反過來說，一中
也不能只是指歷史的、地理的、文化的、血緣的一中，而應該
是法理的一中。兩岸統合學會成員也同意不可以將「一中」虛
化或空化，而應有憲法上的約束力，主張以「一中同表」做爲
兩岸政治定位的論述基礎，並建議大陸方面，可以在「一中新
三句」後再加上一句「中國的主權由兩岸人民所共有與共享」，
並表示，兩岸目前憲法均爲「一中」，即「兩岸一中」，但是
另一個現實在於兩岸目前在治權上各有其憲政秩序。在一個民
主化台灣的內部，「兩岸平等」是台灣任何主要政黨都不太可
能讓步的底線。

　　也有學者認爲，在表述上，由於「一個中國」語意上可能
引生一些其他想法，特別是台灣同胞所可能產生的疑慮，因此
台灣學者多建議在不影響一中原則的邏輯基礎上，改變表達形
式，轉而強調主權與領土不容分割，主權爲雙方共有與共享。
也就是說，兩岸可以考慮以一種比較隱性的方式來表述一中原
則。這樣的論點獲得一些大陸學者的呼應，認爲是一個很具創
意、可以迴避許多難題的新表述方式。

　　在兩岸定位上，兩岸統合學會「一中三憲，兩岸統合」
的主張，也引發了許多討論。至於此次會談的另一個焦點議
題，是有關「兩岸和平協定（議）應有之內涵」，也引起十分

熱烈的討論。兩岸統合學會提供了一份書面的《兩岸和平發展基礎協定》草案版本，供與會者參考與討論。兩岸學者都認爲兩岸和平協定的簽訂，乃是一個確保兩岸和平發展最重要的制度性安排。至於在這樣的一份協定中，應該放入哪些內容，意見大致可分爲三個層次看：

第一個層次，在原則性問題上，大多數學者都共同主張，雖然它不該是統一協定，但應該要體現一中原則，只是表述上可以更爲技巧。而由兩岸統合學會所提供的一份草案，有學者認爲從「互相承諾不分裂主權與領土」上說，已經相當技巧，當然也可以再謀改進。整體而言，有關和平協定的問題，兩岸學者在原則問題上，還是有著相當共識的。

第二個層次，對於和平協定究竟該分步走，還是將「結束敵對狀態」與「開啓和平發展的途徑」兩個部分放在一起，有不同的看法；但無論分步與否，多數學者還是主張應該納入結束敵對狀態，也應該要能指引和平發展的願景與途徑，亦有人主張應納入軍事互信機制。

第三個層次，則是法律層次的立法技術問題。這部分包括其法律位階、締約主體、效期、監督機制等等，顯然還在很初步的討論階段。大多數與會者認爲，未來兩岸和平協定的性質，應該還是偏重在政治性的法律文件。

在此次會談的尾聲，全國台研會副會長許世銓對整個會談做了一個十分精闢的概括，他表示，此次會談以「兩岸和平發展路徑」爲主題，是非常具有意義的。兩岸今天的當局都追求和平發展，但和平發展的過程，對大陸而言乃是「過程爲了目的」，可是台灣卻是「過程決定目的」。爲了不要在追求和平發展的過程橫生枝節，兩岸有必要尋求「後九二共識的論述」，以儘速建立政治協商的基礎。

　　中國社會科學院台灣研究所所長余克禮也表示，學術應先行於政策，兩岸也許還要有更長時間的醞釀，才能進入真正的政治協商，但兩岸一定要針對「破解政治難題」儘早營造氣氛、預做準備；如果兩岸邁不過和平協議這一關，所有問題都將是無解的。余所長在總結會議成果時也表示，此次會談的確在核心的老問題上獲得許多創意與成果，並為日後的研究打下了良好基礎。

　　中國評論通訊社社長兼總編輯郭偉峰在閉幕典禮上致詞高度肯定了兩岸統合學會長期來做出的努力。他說，兩岸統合學會的統合論有三個了不起：第一個了不起，是打破了台灣長期來一中問題不能進入公共輿論領域的禁忌，讓民眾有了更多地參與。第二個了不起，是為新時期兩岸和平發展理論的構建做出了貢獻。第三個了不起，是充分考慮了兩岸因素，是形而上的，具有兩岸共同創造的新特質。

　　兩岸統合學會的張亞中理事長在閉幕典禮上表示，此次會談成果是豐碩的，也是歷史性的，兩岸知識菁英有責任讓兩岸和平發展成為一條不可逆轉與不歸路。目前兩岸關係仍有險歧。星雲大師提醒眾生，「山不轉路轉、路不轉人轉、人不轉念轉」，人生困難往往在一念之轉即可豁然開朗。兩岸統合學會期盼與關心兩岸前途的朋友一起貢獻知識，為兩岸的善念與轉念提供因緣的基礎。兩岸統合學會將會繼續在海內外廣植兩岸和平發展的福田，未來將再與海內外菁英共同舉辦類似會談，一起共同努力。

http://www.chinareviewnews.com/crn-webapp/mag/docDetail.jsp?coluid=0&docid=101284206

坦誠對話
共覓兩岸和平發展路徑

黃光國

本文是黃光教授參與「本栖會談」後的心得報告,全文刊登於 2010 年 5 月號的《中國評論》(總字第 149 號)。兩岸統合學會每次與大陸方面舉行論壇或會談後,黃教授均行文記載,並做為下一次開會之基礎。由於黃教授的記錄,得使每一次會議均能在已有的基礎上繼續累積智慧。

　　2004 年 4 月 2 日至 6 日，兩岸統合學會與星雲大師所屬的臨濟宗佛光山本栖寺共同邀請中國社會科學院台灣研究所、亞太和平研究基金會、和中國評論通訊社，在日本山梨縣佛光山本栖寺，一起合辦「兩岸和平發展路徑研討會：本栖會談」，邀請來自大陸方面的十六位重量級涉台學者，與來自台北方面的二十位專家學者參加。

　　本栖寺位於海拔 900 公尺的富士山麓，舉行「本栖會談」的清明時節，正是日本櫻花盛開的四月天，在驅車前往本栖寺的途中，一路繁花似錦，美不勝收。抵達本栖湖畔的寺廟本部，但見壯麗富士山影映照在本栖湖平靜的波面上，山光水色，令人心曠神怡。

　　本栖寺是佛光山遍佈全世界的兩百個道場之一，原本是個船艇協會的訓練基地，佛光山把它買下來後，將一座空闊的「武道館」改裝成「華藏寶殿」，把原本是練習劍道和柔道的體育館，轉化為弘揚佛法的道場。在這樣一個佛教聖地舉行「本栖會談」，本身便蘊涵有「化干戈為玉帛」的深遠意義。

　　正因為本栖寺遠離紅塵，在「本栖會談」三天期間，與會人員除了在討論會上暢所欲言，更能夠在會後充份交流意見，釐清彼此的觀點，瞭解雙方的真正想法。

走出凡塵，「和諧就是美」

　　佛光山星雲大師原本計畫親自參加此次「本栖會談」，卻因為身體健康關係無法前來，由本栖寺住持滿潤法師代表，在開幕式上致詞。滿潤法師簡略介紹「佛光山本栖寺」的由來

之後，特別強調：在中國歷史上，「廟」是「祭拜之地」，「寺」是「辦事之地」，本栖寺本來就經常舉辦各種宗教、文化、和教育活動。星雲大師提倡「人間佛教」，一向主張「兩岸關係，和諧就是美」，希望「從文化、宗教方面做些工作，以促進兩岸相互瞭解，相互關懷」，所以樂於和「兩岸統合學會」合辦研討會，希望大家一起找出「兩岸和平發展路徑」，讓眾生能夠「離苦得樂」。

　　二十一世紀基金會董事長高育仁致詞時，希望所有與會的專家學者能夠「跳脫各種政治框架」，從一種客觀的角度，為兩岸和平找到長久的解決方案。中國社科院台灣研究所所長余克禮也表示：在這佛門清淨之地，他非常贊成大家「走出凡塵」，擺開既有立場，靜下心來，用理性、客觀的態度，找出突破兩岸政治僵局的和平發展路徑。海協會副會長張銘清致詞時，則是占白居易「山寺桃花」韻，吟了一首詩：

　　　　誰言四月芳菲盡，本栖櫻花始盛開；
　　　　人間何處無春色，智慧之花兩岸來。

中國評論社社長郭偉峰也跟著吟詩一首：

　　　　本栖寺內無塵影，富士山前有漢聲；
　　　　出世何須拒入世，禪修不可熄俗燈。
　　　　智心向水水逐浪，仁者觀山山拱峰；
　　　　兩岸推敲合統業，你我都是月門僧。

找出國家現代化的道路

　　開幕式的「定向」，再加上他們兩位的詩作，使得整個研討會充滿了學術氣息。亞太和平基金會董事長趙春山在致詞時表示：國民黨的大陸政策一向認爲「兩岸和解是最符合兩岸人民利益的兩岸關係」，並沒有任何改變。馬英九總統上任之初，提出了「先經後政，先易後難」的戰略方針，也絕不會停留在原點。現在 ECFA 簽訂在即，國民黨智庫的重要任務之一，就是收集各方面的訊息，作爲進行「難」的部分的參考。

　　在兩岸統合學會理事長張亞中致詞時以星雲大師「有佛法就有辦法」一語期待大家在此佛門聖地能夠爲兩岸關係的和平發展找出最佳路徑。張亞中理事長隨即以「兩岸和平發展路徑：一中三憲、兩岸統合」做本次會談的主題引言。

　　我在第一場討論會上作引言報告時特別強調：我們應當從中國文化現代化的角度來看未來兩岸關係的發展。從 1840 年鴉片戰爭結束以來，中國知識份子最重要的使命，就是要找出一條國家現代化的道路。1949 年之前的國、共之爭，本質上是「中國現代化」的道路之爭。當時國民黨的主政者雖然作了一些錯誤的決策，但是孫中山先生所訂下的三民主義大方向基本上是正確的。1949 年之後，如果沒有「東亞四條小龍」的經濟奇蹟，鄧小平在 1979 年時，恐怕不會有那麼堅定的決心，要走「改革開放」的道路。因此，未來兩岸關係最好要設計出一種制度性的安排，把台灣看做是「中華文化現代化」的實驗室，大陸可以「擇其善者而從之，擇其不善者而改之」，

兩岸密切合作，共同謀求中華民族的偉大復興。

中華民族利益的最大化

「本栖會議」有兩個主題，分別是「一中原則」和「兩岸和平協定」應有之內涵，兩者都涉及「兩岸統合學會」最近所提出「一中各表」和「一中同表」之間的爭議。與會學者大多能夠跳脫自身的立場，從一個比較宏觀的視角，來討論這些問題。清華大學法學院院長王振民作引言時表示：「一中原則」既是歷史的也是現實的。在歷史上，中國人一向把「中國」看做是一個統一的國家；就現實而言，目前兩岸的憲法法理都堅持「一中原則」，雙方以「海協會」和「海基會」進行交往，這種機構組織的安排並未將對方視為外國。今天兩岸分治的現實，是上一世紀國、共內戰所留下來的歷史後遺症，必須加以正視。今天雙方都不可能「把對方吃掉」，因此，他建議雙方「降低期望值」，以寬容的態度，和對方妥協，接納對方，討論如何「主權共享」。國家主權可以「共享」，卻不可以「分享」；他認為：台灣和港、澳一樣，在經濟、社會、文化等各方面都有其獨特性，這些歷史遺留下來的負面因素，對中華民族未來的發展都有積極的意義。

中國大陸研究學會理事長、銘傳大學公共事務系教授楊開煌指出：目前台灣方面所遭遇到的困難是：國際上大多認為「中國」是指「中華人民共和國」，內部有人誓死反對「一中」，因此只好強調「九二共識」，以「隱性」方式表述「一中原則」，

祇強調雙方「各自遵守自己現行的憲法」。中國文化大學中山
與中國研究所所長邵宗海接著指出：「一中原則」在台灣引起
的共鳴較少，「九二共識」較容易被大多數人所接受。中共領
導人強調「世界上只有一個中國」，但台灣很多人在意的是：
「中國」到底是指什麼？馬英九雖然堅持「一個中國的憲政體
制」，將來兩岸在進行政治協商時，也只能強調：雙方在各自
憲法與法律的前提下，兩憲的現狀呈現「土地和主權的重疊」。
將來兩岸要進行政治談判，必須彼此協商，找出「雙方都可以
接受的口徑」。

由「一中原則」到「一中框架」

　　針對這一點，全國台灣研究會會長許世銓指出：大陸方
面認為「一中各表」的提法並不準確，要用低調處理的方式，
盡量迴避。當時兩岸之間為了進行事務性協商，不得不「求同
存異」。將來兩岸要向前一步，進行政治談判，必須改用「一
中同表」，「一中同表」才是「兩岸和平發展的根基」。至於
要如何「同表」，完全可以討論。大陸也注意到台灣對「一中
原則」的態度，現在盡量少提「一中原則」，多用「一中框架」，
希望找到雙方都可以接受的共同基礎。

　　余克禮所長指出：兩蔣時代，言必稱統一，反台獨的態
度十分堅決，大陸也不講什麼「一中原則」。「一中各表」因
為曾經被李登輝表述成「兩國論」，後來民進黨又利用它往分
裂的道路上走，所以大陸不能接受，而必須堅持「一個中國原
則」。十二年來，台獨勢力已經很成功地將「一中原則」汙名

化，其實大陸的態度很簡單，只要台灣認同「我是中國人」就行了。

針對這一點，北京大學國際關係學院國際政治系主任李義虎進一步表示：大陸對於「一中」的表述方式其實已經經歷了三種變化。以前大陸堅持「一個中國原則」，台灣的反應卻是「一中不表」；後來大陸改「一個中國內涵」，台灣主張「一中各表」；現在大陸講的是「一個中國框架」，台灣方面則有人主張「一中同表」或「一中共表」。他認為：這是一種好的發展，其實最好的說法是「一中原表」，「原本表述」，把兩岸關係的真相講清楚，讓雙方可以獲得共識，對兩岸和平發展有正面的貢獻。

台灣南部民眾的擔心

高育仁董事長根據他當年參加國統會的經驗指出：當時國統會原始文件對於「一個中國涵義」的說法，是「海峽兩岸均堅持『一個中國原則』，但雙方所認識的『一個中國涵義』有所不同。因為從 1971 年起，「中華民國」在聯合國的席位已經被「中華人民共和國」所取代，所以大陸主張：一個「中國」就是「中華人民共和國」，台灣是「中國」的一部份。台灣南部人民最擔心的其實就是這一點，十八年來，大陸是不是仍然堅持這個立場？

余所長表示：從 1992 年至今，整個情勢已經有很大的改變。2000 年，副總理錢其琛提出「一中新三段論」，強調「台

灣和大陸同屬一個中國」，但並沒有說「一個中國」就是「中華人民共和國」。只要台灣接受「一個中國」，將來國號、國旗、國歌都可以談。高董事長的提問說出了台灣老百姓的感受，有利於兩岸的相互理解。

「一中同表」的動力

台灣大學政治系教授朱雲漢在作第二場討論的引言報告時指出：1992 年台灣所主張的「九二共識，一中各表」，起碼可以讓兩岸達到進行事務性協商的目的。將來兩岸如果要進行政治協商，當然要改成「一中同表」，否則雙方沒有共識，一定談不成。然而，從李登輝、陳水扁執政以來，不論是國際或台灣內部的形勢都已經發生了根本的變化：「台灣主體論述」變成主流，李登輝、民進黨、和國民黨的交集，只剩下「中華民國」，二次政黨輪替之後，國民黨也盡量淡化並迴避「一中」議題。今天要談「一中同表」，最重要的關鍵性問題是：動力要從何而來？

他認為：將來兩岸必須先作學術、文化方面的「大交流」，在各種專業、社群間進行「大合作」，在這樣的基礎上，才有可能提出關於兩岸未來的「大願景」、「大論述」和「大主張」。在他看來，今天台灣內部的根本危機是西方中心的普世論述盛行，不能客觀、公正地看待「台灣經驗」和「中國模式」，將來兩岸的社會菁英必須共同參與，共同反思兩岸的歷史發展經驗，才能真正的「去殖民化」，開創出廿一世紀中華民族的新格局。

讓台灣人以當中國人爲榮

旺報社長黃清龍表示：從 1949 年之後，到大陸文化大革命搞「批孔揚秦」，台灣曾經在國際上代表中國，1971 年 PRC 取代 ROC 在聯合國的席位之後，「中華民國」開始面臨正當性危機，現在台灣有愈來愈多的年輕人認同 ROT，而不認同 ROC。在兩岸中國人缺乏共同記憶的情況下，大陸必須嚴肅思考的問題，不僅是如何對待「中華民國」，而且是「如何讓台灣人以當中國人爲榮」？

佛光大學文學系主任謝大寧舉了許多例子指出：目前國民黨對於「一中」問題，是採取「模糊處理」的方式，結果是面臨「無限後退」的危機。亞太和平基金會執行長彭壽山認爲：國民黨面臨選舉的壓力，有「不得不然」的苦境。希望台灣和大陸都能夠用「抽離、超越、照應」的態度，站在對方立場，爲對方設想。台灣大學經濟系教授林建甫從經濟學的角度指出：雖然兩岸有共同的文化根源，但台灣人民對於未來「兩岸和平發展」的願景卻沒有什麼認識。也很少人知道什麼叫「中華民族的偉大復興」。因此，他認爲「讓利不如創造共同利益」，唯有「向前看」，才能解決台灣人民的認同問題。

中國文化大學中山與中國大陸研究所所長邵宗海，則根據他多年研究大陸問題的經驗指出，近年來，大陸對待「中華民國」的方式，確實已經有很大的變化。早期大陸的出版品幾乎不可能出現「中華民國」四個字，現在大陸的媒體已經不再

避諱提到「中華民國」。尤其是在 2008 年 12 月 31 日胡錦濤提到「胡六點」之後，「中華民國」在大陸媒體的出現頻率，幾乎可以用「雨後春筍」來加以描述。因此，他認為：統一前兩岸特殊的政治關係，應當回到 1949 年之前，「一中原表」，才能解決上個世紀遺留下來的政治對立問題。

共享「中國」的主權

中國人民大學國際關係學院教授、當代中國政治研究所所長黃嘉樹指出：「一中」是兩岸「認同之本」，兩岸要進行政治對話，必須嚴肅以對，思考如何「共表一中」，不可無限後退。目前兩岸的現況可以說是「一中兩區」，也可以說是「一中兩治」；也就是在「一個中國」的領土上，存在著兩個「互不隸屬的法政系統」，這兩個系統「在法理上互不承認，在現實中卻互不否認」。將來經過雙方政治協商之後，「中國」的主權可以由兩岸人民所共享；至於「治權」，雙方六十年來都沒有共識，雙方都有自己的憲法主張，也都宣稱自己是「一國一府」的中央政府。對於這個問題，只能尊重雙方彼此的差異，暫時「擱置爭議」。所謂「主權共享」，最重要的是如何讓台灣參與國際組織，可以透過政府協商，找出解決的方法。

北京大學國際法研究所所長饒戈平認為：將來台灣的國際參與，必須從國際法來加以定位，雙方都不能自說自話。目前國際法上有所謂「一個國家原則」，即一個國家被國際上所接受的合法代表只有一個；也有所謂「有效統治原則」，必須包含政府、領土、人民、和對外獨立的主權地位。從西方數百

年國際法的語境來看，中國的合法代表者，應當是在大陸這一邊。

針對這一點，前駐教廷大使及總統府副祕書長戴瑞明提出了不同看法。他說：目前承認「中華民國」的國家雖然只有 23 個，但是從「有效統治原則來看」，它也有政府、領土、人民、以及對外獨立的主權地位，這是客觀的現實，必須加以正視。台灣在二次政黨輪替之後，執政黨採取「外交休兵」的政策，在國際關係上不再搞「金錢外交」，也不再跟中共互挖牆角，可是在非政府組織（NGO）的參與卻更加困難。在「主權共享」的原則下，該如何解決這樣的難題？

國家球體理論

廈門大學台灣研究所所長劉國深因此綜合大家的論點，介紹了他的「國家球體理論」。他說：目前兩岸的現況是「一個中國，兩個政府」，中華人民共和國和中華民國，就像宋、元、明、清各個朝代一樣，其實只是兩個政府。依照他的「國家球體理論」，兩岸應當拋開統、獨議題，對內不再談主權問題。至於對外如何講主權，大陸要想在國際上宣稱代表台灣，則必須透過雙方的政治協商，「一中同表」，用「第三憲」來排除制度性的障礙，解決「兩岸共同治理」的問題。至於「兩岸共同治理」的法制化，則必須用「兩岸和平協議」來具體落實。

針對這個問題，饒戈平表示：「一個中國」原則，在大

陸有「變」與「不變」的部份，是隨兩岸關係情況的發展而調整的。他所說「一個國家」在國際上的法律地位，目前是中華人民共和國，未來並不一定是指「中華人民共和國」，將來雙方在國號、國旗、政體方面，都可以談。他認爲：大陸「一國兩制」的提法在台灣被妖魔化了。早期大陸確實是採取「單一制國家」的思維，把兩岸關係想像成「中央」和「地方」。後來體認到台灣和大陸雙方政治體制大不相同，所以提出「一國兩制」的主張，提供一個空間，讓台灣和大陸可以保留自己的制度，用和平方式來解決歷史遺留下來的問題。

對中華民國憲法的態度

　　清華大學中美研究中心主任孫哲表示：中國大陸因爲發展太快，面臨了許多令人困惑的問題，目前大陸的政策是對內建構「和諧社會」，對外爭取「和平發展」，跟台灣簽訂「和平協定」，希望能夠打造「和諧世界」。目前，大陸並沒有急到要馬上談「統一」問題，但是希望爲下一代作準備，希望兩岸領導人能夠學習鄧小平的胸襟，促成兩岸和平演變，大陸不斷進步，台灣也能富強安樂。

　　王振民教授表示：張亞中教授所提的「一中三憲」，未來由雙方協定所構成的「第三憲」是可以鄭重考慮的。兩岸對於「兩憲」原先是「互不承認」，現在是台灣方面「單方承認」大陸的憲法，大陸方面則相對保持「沉默」，「沉默」而不是「默認」。王振民教授並稱，是否要接受「中華民國憲法」爲一個「憲法性文件」或者接受台灣的「憲政秩序」，視台灣爲

一個「憲政實體」，他個人認為很值得研究，他相信，胡錦濤一定能夠登高望遠，審時度勢，以更務實的思維，認真思考這個問題，並以更遠大的眼光和智慧來解決問題。

如何與草根聯結

　　全國台灣研究會副會長許世銓表示：兩岸簽訂和平協定是個高難度的問題，不可能在一、兩次會談中，就將所有的問題全部釐清。一定要經過不斷地反覆討論，才能夠逐步破解難題。將來我們必須面對的更大難題是：如何在島內達成共識，使兩岸統合成為主流意見？因此，他鼓勵「兩岸統合學會」繼續努力，做出成績來。因為有成果，就有信心；沒成果，就不會有信心。

　　張亞中教授表示：現在台灣社會已經塑造出一種不敢談「和平協定」與「軍事互信機制」的氣氛，「兩岸統合學會」所要作的工作，就是爭取話語權，對台灣民眾進行教育。

　　全國台灣研究會副會長周志懷也表示：張亞中教授所提的「兩岸和平協定」草案雖然是民間版本，可是它為未來的「官方版本」提供了一個基礎，有非常重要的意義。要簽訂「和平協定」之前，必須先對兩岸人民進行教育。兩岸知識菁英，在「坐而論道」之餘，還必須考慮如何跟草根聯結。不只要改變台灣的民意，也要改變大陸內部的想法，因為大陸民眾從小就是接受這個教育，必須重新學習如何面對歷史與現實。

精誠所至，金石為開

　　從去（2009）年六月以來，「兩岸統合學會」與大陸學者總共召開了三次有關「兩岸和平」的研討會。每次研討會都由我擔任總結報告引言人，因此，每次研討會我都很注意傾聽每位與會者的發言，也覺察到這三次會談的氣氛變化，有如「倒吃甘蔗，漸入佳境」。

　　《中庸》說：「誠者，天之道；誠之者，人之道」，又說：「唯天下至誠為能經論天下之大經，立天下之本」，尤其是在第三次的「本栖會談」，我深刻體會到來自兩岸三地的知識份子，都能夠「知無不言，言無不盡」，坦誠相見，將兩岸簽訂「和平協定」可能遭遇到的難題，一一拿出來討論，共同找尋「兩岸和平發展路徑」，對於未來中國該走的「道」，也有相當高程度的共識。

　　從「本栖會談」雙方學者發言的內容來看，今天兩岸關係的徵結，仍然是在「兩岸關係如何定位」，也就是如何安排「中華民國」和「中華人民共和國」之間的關係，以解決台灣國際參與的問題，真正做到「共享中國的主權與光榮」。要解決這個難題，我們不僅要說服兩岸人民，尤其是綠營的朋友，而且還要說服兩岸的領導人，讓他們有解決問題的信心，願意坐上談判桌。這是一種改變信念的過程，看起來似乎有相當高的難度，可是，「精誠所至，金石為開」，只要兩岸知識份子能夠把中國未來該走的「道」說清楚，整個問題就不難迎刃而解。

天下本無事，紛爭一念間

　　「本栖會談」在進行綜合討論時，張亞中教授引星雲大師的一段話說：「山不轉路轉，路不轉人轉，人不轉念轉」，現在我們所要做的，就是提供大家一個「轉念」的思考。余克禮所長表示：兩岸問題其實就是認同問題，只要你認同「我是中國人」，一切問題都可以拿來討論；如果沒有這樣的認同，一切免談。

　　來自香港的中國評論社社長郭偉峰提出一個「貓鼠論」的寓言：有一隻貓和一隻老鼠，貓打算吃掉老鼠，但告訴老鼠：「我尊重你的平等權利，你可以來吃我」。老鼠當然吞不了貓，貓說，你既然吃不了我，那我只好吃了你。郭社長拿來比喻兩岸間的認同：如果大陸是一隻貓，台灣硬要說自己是一隻老鼠，則兩岸間變成「異己關係」，貓非吃掉老鼠不可；如果台灣說自己是一隻貓，則兩岸間變成「認同關係」，大貓無論如何也不會吃掉小貓。會後，郭社長在閒聊時還補充說，如果台灣承認自己是一隻貓，它相對於大陸還是一隻老貓呢！

　　郭社長的寓言，惹得大家一陣大笑，大夥都希望郭社長未來能夠在中國評論上詳細地陳述其「兩岸關係貓鼠論」。平心而論，郭社長的「貓鼠論」非常傳神地闡明了兩岸關係的癥結。今天台灣面臨的關鍵問題是：要不要「認同中國」，兩岸一起共同開創「中華民族的偉大復興」？全國台灣研究會許世銓因此而吟詩一首：

　　　　　本栖本非寺，湖山隨我心；

　　　　　天下本無事，紛爭一念間。

　　「唯天下至誠為能化」，希望這一則匯聚三地智慧而成的「貓鼠論」，有助於化解兩岸三黨的心結！

兩岸應找尋統一
或統合的最大公約數

王振民
黃清龍專訪

北京重量級的學者，清華大學法學院院長王振民教授接受旺報黃清龍社長專訪時，就統一的概念提出陳釋。王振民將主權與治權做了清楚地區分，即在兩岸政治定位論述上，主權必須同一，但是治權範圍可以依協商討論。王振民以「最寬鬆地解釋統一」、「兩岸都要降低期望」期許兩岸能夠找到關於國家統一或者統合的最大公約數。他也相信未來兩岸的政治統合一定不同於港澳回歸，而是非常有創意、非常新穎獨到的，既不同於傳統的單一制，也不同於目前的聯邦制。本文刊登於201年5月9日《旺報》。

隨著兩岸關係日益增進，有關兩岸體制性問題與未來長遠的架構關係，正逐漸受到兩岸專家關注，並嘗試提出可行的解決之道，北京清華大學法學院院長王振民是其中極有代表性的一位大陸學者。

2007年，王振民發表《一國兩制下國家統一觀念的新變化》專文，總結香港回歸十年的發展經驗，前瞻未來的兩岸走向，進而歸結出目前中國已經形成或者正在形成的三種國家統一標準，引起各方關注。

在接受《旺報》獨家專訪時，王院長除了以香港爲例，詳細說明何謂「滿足了統一的最基本要求」、何謂「最大限度降低了國家統一的標準」外，也從法律的角度分析兩岸問題，並提出「兩岸互爲資產」，強調追求各方利益的最大化，任何一方不僅可以保持各自既有的一切，還可以從統一當中獲得好處等突破性見解。

王振民認爲，鑑於兩岸問題的複雜性與獨特性，兩岸都需要解放思想，雙方都要降低期望值，大膽進行理論探索和理論創新。只有如此，兩岸才能找到關於國家統一或者統合的最大公約數。他相信兩岸結合的方式一定不會與港澳回歸一樣，一定是非常有創意、非常新穎獨到的。

王振民是北京當局倚重的法學智囊，其對兩岸問題的見解，值得台灣方面重視。

以下是專訪內容：

問：身爲法學專家，您怎麼看兩岸問題？
答：過去兩岸關係都被當成政治問題，其實法律可以發

揮更大的作用，扮演很重要的角色，包括兩岸經貿、文化交流協議，都應該盡可能法律化，才不會因為政府換屆或者領導人更替而改變，這樣兩岸關係發展才更實在，這是第一點。

其次，兩岸的法制儘管不同，還是可以有許多合作，例如兩岸對於犯罪的界定分歧很小，遠比大陸和香港的分歧小得多。香港已經回歸十三年了，到現在還沒辦法達成雙邊的司法協議。反觀兩岸去年 5 月已經完成法律司法互助協議。

至於更高層次的議題，例如如何面對中華民國及其憲法的問題，必須靠兩岸發揮創意，大膽進行理論探索和理論創新。這裡面既有政治問題，也有法律問題。法律人可以發揮的空間很大。

問：2007 年您發表《一國兩制下國家統一觀念的新變化》專文，引起很大迴響；三年後的今天，您的看法有無改變？

答：基本看法還是一樣的。我在文章中提到，過去中國人的觀念是，只有全國實現「一制」，才算實現國家統一。但改革開放以後，我們關於國家統一的觀念和標準已經發生重要改變，現在我們認為同一個國家可以允許有不同的制度，這就標誌著中國人關於國家統一的觀念發生了重大變化。

減少代價降低要求

以前為一統江山，往往要經過長時間的戰爭，讓人民和國家付出巨大的代價和成本。中國人習慣講「打江山」，江山都是打出來的，中國歷朝歷代都是經過戰爭建立的，就是這個

意思。中國有五千年文明史,發生的戰爭卻多達六千多次,幾乎年年打仗。但是,反觀近代很多國家的形成,是「談」出來的,而不是「打」出來的。過去三十年處理香港澳門回歸的經驗也說明,我們可以以最低的成本和代價,乃至零代價實現國家統一。這樣就把實現國家統一的成本和代價降到最低,也在最大限度上降低了國家統一的標準。

問:以香港為例,請說明什麼叫滿足統一的最基本要求?

答:就香港來說,根據「一國兩制」和《基本法》,只需要在以下五個方面與國家保持一致,就視為實現與國家的統一。(一)統一防務,香港不能有獨立的軍隊。(二)統一外交,中央統一處理涉港外交事務。(三)名稱和旗幟統一:香港政府名稱之前冠以「中華人民共和國」。香港政府大樓要懸掛中華人民共和國國旗。香港在國際上的身分改為「中國香港」。(四)國籍上的統一:香港不能有獨立的國籍,香港居民的政治法律身分改為「中國公民」,但他們可以持有不同的中國護照。(五)憲法上的統一,必須承認中國憲法的效力,接受其權威,基本法是根據憲法制定的,在香港實行的制度由基本法規定。

一個主權不同制度

問:什麼叫最大限度降低了國家統一的標準?

答:簡單地說就是,一個國家是否統一,關鍵不是看各地實行的制度是否一樣,而是看主權上是否統一,是否滿足了統一的最基本要求。只要滿足這些最基本要求,可以允許不同

的地方保持自己原有的制度，不再事事追求全國統一，這樣就把統一的標準盡可能降到最低。

根據《中華人民共和國憲法》和《香港特區政府基本法》，在以下九個方面允許香港與內地不一樣：

（一）社會制度、生活方式可以不統一，保持香港原有的資本主義制度和生活方式，五十年不變。

（二）法律和司法制度可以不統一。香港享有立法權，自己制定本地的法律。香港原有法律除與《基本法》相抵觸或其立法機關作修改者外，均予以保留，同時，香港特別行政區享有獨立的司法權和終審權。

（三）在行政管理上不再追求全國統一。香港特別行政區政府獨立制定並且執行有關政策，管理各項行政事務，例如獨立的出入境管制（包括護照）、教育、科學、文化、體育、宗教、勞工和社會服務等。

（四）允許香港成為獨立的經濟實體。國家的有關經濟統計數字不包括香港，香港特別行政區保持國際金融中心的地位；允許香港繼續使用自己的貨幣，並為單獨的關稅地區，儘管貨幣也是主權的重要象徵。

（五）獨立的文化教育和思想，也就是說意識形態可不統一，保持原在香港實行的教育制度，中文和英文都是正式語文，香港繼續使用中文繁體字。

（六）獨立的人權保障標準和機制。保持香港居民原有的權利和自由，包括人身、言論、出版、集會、結社、組織和參加工會、通信、旅行、遷徙、罷工、遊行、選擇職業、學術研究和信仰自由、住宅不受侵犯、婚姻自由以及自願生育的權

利。

（七）允許香港有自己的區旗、區徽。除懸掛中華人民共和國國旗和國徽外，還可使用香港特別行政區區旗和區徽。

（八）內地有關國家安全的立法和標準不適用於香港。

（九）在國際上相對獨立的地位。香港可以「中國香港」的名義參加有關國際組織和國際貿易協定，包括優惠貿易安排。在有關國際組織中，香港可以「中國香港」的名義發表意見，並可採取與中國中央政府不同的立場。

上述五個方面的統一和九個方面的不統一，顯示了「一國兩制」的真諦，即「求大同，存大異」。「大同」就是國家的獨立和主權不容分割，這是我們最大的公約數。「大異」就是允許在制度、體制上不一樣。以前這種「大異」可能是妨礙國家統一的因素，現在我們從寬界定國家統一的概念，這九個方面的不統一不影響國家政治上和主權上的統一，我們只在最重要、最基本的方面求得統一，其他方面不再視為必須統一的因素，這樣就把國家統一的標準降到最低。

問：您一方面說明香港可以擁有不同的司法制度，但又強調一個國家只能有一部憲法，這當中有無矛盾？

答：一個統一的國家可以有兩套甚至多套獨立的法律和司法制度。這種情況在其他聯邦制或者單一制國家也存在，例如在英國，蘇格蘭和英格蘭就實行不同的法律制度。在美國，各州具體的法律制度也不盡相同。但是這些都不妨礙英國和美國政治上的統一。但是，即便在英國和美國，仍然只有一個司法管轄區，即只有一個司法終審機構，在英國是上議院上訴委員會（現在已經改為最高法院），在美國是美國聯邦最高法院。因此，一個國家允許存在兩個相互獨立的司法管轄區，全國沒

有一個統一的終審法院,這是中國「一國兩制」思想的獨創。

一部統一憲法、港人獲超國民待遇

　　至於憲法是國家主權的法律表現形式,全國在某種程度上、以某種形式擁有同一部憲法,是國家統一的重要法律象徵和保障,一個統一的國家一定要有一部統一的憲法。即便在聯邦制國家例如美國,各州可以有自己的州憲法,但是在各州之上還是要有統一的美國聯邦憲法,而這個統一的全國憲法對每一個州都是適用的,與各州的州憲法同時發生效力,而且州憲法不得違反聯邦統一的憲法,不能擁有主權因素。

　　問:從不惜一切代價實現國家統一到零代價、低成本,這固然是一個進步。但是,允許香港不變的,都是實現統一前已經有的現狀,「一國兩制」只不過不讓他們遭受什麼損失,究竟能給他們帶來什麼好處呢?

　　答:答案是肯定的。「一國兩制」不僅保護香港現狀,還能夠帶來更多的實惠,讓大家都從統一中得到實實在在的好處。包括:

　　(一)統一後,香港居民與全國人民一道是國家的主人,國家既是大陸內地人的國家,也是香港人的國家,「國人」不可以參與治港,香港由港人治理,但是港人卻有權參與國家事務的管理。這極大地擴大了港人的權利空間,在許多方面享有超國民待遇。

　　(二)正是基於統一的事實,中央才會在金融危機、禽

流感和 SARS 肆虐的時候，不惜一切代價伸出援手，與香港同胞一起經歷了艱難的日子，度過難關；才會有「自由行」來幫助香港度過經濟困境，也才得以簽署 CEPA《更緊密經貿關係安排》，讓香港的個人和企業在內地享有更多優惠；才會開放各種專業資格考試給香港同胞。國家「十一五」規畫首次把香港考慮進去，讓香港同胞同樣從國家發展中獲得更大的好處，這是只有實現統一才能有的安排。

（三）統一後，香港的國際活動空間不斷擴大，十三年來，香港以「中國香港」的名義參加超過 190 個不以國家為單位的國際組織；簽署超過 160 份雙邊協定。簽訂超過 90 份在司法互助、民航運輸、互免簽證等方面的雙邊協議。香港特區護照已有 134 個國家和地區給予免簽證入境或享有落地簽證的待遇。共有 117 個國家和國際組織在香港設有領館或官方機構。這一切都說明，回歸後香港的國際空間和地位非但沒有減少和降低，反而有很大的擴大和提升。香港居民陳馮富珍女士當選世界衛生組織總幹事，她就是由中國政府推薦、作為中國代表參加競選而成功的。

4.由於實行港人治港、高度自治，中央政府不派官員到特區行政、立法和司法任何部門任職，使得香港人獲得前所未有的民主權利，民主政治不斷往前推進，人權和自由也得到大大加強和提升。

問：那麼中國又從統一中得到什麼好處呢？

答：香港回歸把完成祖國統一的偉大事業大大往前推進一步，而且香港回歸不費一兵一卒，國家不傷一點元氣，當然獲益。在過去近三十年裡，香港累計給內地投資達 7000 億美元，比內地吸收來自其他所有國家和地區的投資總額還要多，

這些投資對中國改革開放事業的成功具有重大意義。此外，香港高效廉潔的管理、健全的法治、成功的市場經濟對於內地的改革具有很大的影響，事實上，內地從香港學習到不少好的經驗。相對其他社會主義國家尤其前蘇聯，中國的改革開放能夠成功，香港的貢獻很大。由此可見，「一國兩制」不僅香港受益，國家也受益。香港因為有一個強大的祖國而受益，這是新加坡所沒有的。中國因為有一個香港而對資本主義不陌生，這是俄羅斯所沒有的。

大陸汲取香港經驗

問：回歸後，香港的自治與民主發展受到普遍關注；最近港府公布政改方案，被批評是原地踏步，另外，港府和紐西蘭簽訂自由貿易協定(FTA)，這兩件事都在台灣引起關注，可否請教您的看法？

答：首先，中國對香港發展民主一直持積極的態度。1982－1984 年中英談判時，英國並沒有要求把香港普選寫入《中英聯合聲明》，因為英國自己在統治香港 156 年的時間裡根本就沒有認真發展民主。但是我們感覺香港應該走向民主，這樣在制定《基本法》時，中國主動在基本法中規定「雙普選」。

從沒有普選到可以實行普選，需要有一段時間準備和過渡，這樣，基本法和人大有關法律規定在香港回歸十年後可以考慮實行普選。2007 年全國人大常委會已經通過決定，將在十年後即 2017 年先實行行政長官選舉，2020 年實行立法會議

員普選。可見大陸對香港發展民主是真心實意的,因爲大陸自己現在也在不斷擴大民主。民主是中國人民堅定不移的政治選擇。

香港最近與紐西蘭簽訂 FTA 問題,這說明「一國兩制」巨大的空間和可能性。我前面已經提到,在目前架構下,香港在經濟上是「一國」之下獨立的經濟體,在國際經濟組織擁有自己的權利。經過中央同意,香港有權自行處理自己的對外事務,我想香港與外國簽訂 FTA 就是這方面的最新實踐。

擴大一國兩制內涵

問:即使「一國兩制」在香港實施成功,也不能保證可適用於兩岸;畢竟台灣人對「一國兩制」很排斥!

答:「一國兩制」在台灣是被誤解了。其實按照一國兩制的精神,港澳享有的高度自治超過很多聯邦制國家的成員,不但擁有自己的司法、貨幣、海關與護照,香港還和 134 個國家免簽證,香港有自己的駐外機構。中央只管外交、國防等很少量事務。對於台灣,不僅香港目前享有的,台灣都可以享有,而且還可以更多,譬如香港沒有外交權,台灣可以享有的一定比香港多。涉外經貿問題方面如 WTO,香港就是獨立的關稅區。前面提到的陳馮富珍當選世界衛生組織(WHO)幹事長,進一步說明香港人和澳門人都可以代表中國,不是只有大陸人,這是新的發展趨勢。將來香港人還有機會當上中央部長,公務員、外交官也都會考慮啓用港澳及台灣人。

如果說運用「一國兩制」解決香港問題是「求大同,存

大異」的話，那麼運用「一國兩制」解決台灣問題就是「求更大的同，存更大的異」。所謂「求更大的同」就是說只要兩岸實現和平統一，關於國家統一的標準可以更加寬鬆。所謂「存更大的異」就是說台灣在更多問題上可以採取不同的制度和政策，在更多方面可以與大陸不一致。

所以對於台灣問題，「一國兩制」只是起點，是基礎，但可以不是全部。對於將來兩岸統一，香港、澳門在「一國兩制」之下所享有的一切高自治權，台灣當然都會享有。除此之外，在一個中國的大框架下，未來統一後，台灣與大陸的關係還有更為豐富的內容和廣闊的發展空間。至於這些更為豐富的內容和廣闊的發展空間到底是什麼，「更大的同」是什麼，「更大的異」又是什麼，這需要兩岸中國人發揮聰明才智，共同去構思、去創造。運用「一國兩制」解決台灣問題，必然會極大擴大「一國兩制」的內涵和外延，形成「一國兩制」的新形式，而且必然會進一步擴大我們關於國家統一的概念。

統一同享崛起好處

根據有關兩岸統一的政策和法律，這個問題起碼在以下幾個方面是明確的：

（一）統一後，台灣人民與大陸人民一道成為國家的主人，共享中國的主權和榮耀，從中華崛起當中獲得好處。

（二）台灣可以繼續保留軍隊，這是全世界都沒有的對國家統一最寬鬆的定義。

　　（三）在外交方面，兩岸可以協商台灣地區在國際上與其地位相適應的活動空間。

　　（四）名稱方面：2005 年全國人大通過的《反分裂國家法》沒有冠以「中華人民共和國」的名稱，這為未來兩岸協商預留了足夠的空間，顯示大陸的極大誠意。概括而言，就是說只要追求兩岸統一，堅持兩岸同屬於一個國家的原則，其他問題都可以協商。至於其他方面，例如國籍問題、憲法及相關政權問題、台灣的政治地位問題等都可以在「一個國家」原則框架下得到合理解決。簡單說，我們要把台灣當成中國的資產，台灣也要把中國當成自己的財富，實現民族利益最大化。例如只要堅持一中原則，在統一後台灣的國際空間越大，對中國越好。

　　問：是不是可以這麼說，除了港澳模式之外，將來可能還會有一套新的統一模式出現？

　　答：前面說到「一國兩制」的提出及其實施，使得中國關於國家統一的標準多樣化，目前已經形成或者正在形成的共有三套統一標準。

　　第一套是適用於中國內地（大陸）31 個省、直轄市和民族自治區的統一標準，根據憲法規定，中央與這些地方的關係按照「一國一制」或者叫做「一制一國」的原則來處理。

最寬鬆地解釋統一

　　第二套是適用於香港和澳門兩個特別行政區的、根據「一國兩制」方針形成的新統一標準。「一國兩制」就是有條件維

持兩種制度的現狀,在不怎麼改變某些現狀的情況下實現國家統一,因此它極大限度地擴大統一的概念,非常寬鬆地闡釋統一的含義。人民為國家統一付出的成本和代價也降到最低。此外,任何一方不僅可以保持各自既有的一切,還可以從統一當中獲得最大最多的好處和利益,追求各方利益最大化。

第三套是適用於未來台灣地區的、正在形成的最新統一標準。這個標準同樣建立在「一國兩制」原則基礎之上,它將最大限度地擴充「一國」的概念,最為寬鬆地解釋統一的含義,形成更具有彈性的統一觀。但是,這第三套統一標準能否最終形成和實施,取決於兩岸統一的方式。如果是和平統一,這套新標準肯定可以成形和實施。反之,如果最後不得不採取非和平方式實現統一,那麼兩岸將不得不採取第一套統一標準實現最終統一。我希望兩岸統一或者統合一定要是「談」出來的,不要再重複中國幾千年的統合史,是「打」出來的。

兩岸都要降低期望

鑑於兩岸問題的複雜性、獨特性,要促進國家實現完全統一,更需要解放思想,大膽進行理論探索和理論創新。大陸方面要解放思想,台灣方面也需要解放思想。雙方都要降低期望值,大陸不要再堅持按照原來的標準實現統一,不需要事事統一,應該允許台灣在很多方面保持自己的獨立。台灣也不能堅持完全獨立,法理上能夠獨立的方面就獨立,不能獨立的方面例如涉及主權事項無論如何是不能獨立的,否則我們就成為

兩個國家了。只有如此，兩岸才能找到關於國家統一或者統合的最大公約數。我相信兩岸結合的方式一定不會與港澳回歸一樣，一定是非常有創意、非常新穎獨到的，既不同於傳統的單一制，也不同於目前的聯邦制。

創造條件以解中華民國難題

章念馳

中國大陸重要的兩岸關係專家，上海東亞研究所所長章念馳在《中國評論》月刊 2010 年 5 月號（總字第 149 期）發表專文〈中國必將走向最終統一：評曹興誠的《兩岸和平共處法》〉，認為「在共同發展的歷史新時期，兩岸關係如解放了的纏足，再塞回以前的鞋裡已辦不到了」，因此呼籲，「在這種情況下，給我們從容面對中華民國問題創造了條件」。「中華民國是我們未來兩岸關係中必須面對的問題，面對這問題是需要條件的，支持兩岸和平發展，就會給雙方創造這樣的條件」。章所長並提出兩岸的出路就是兩岸的眼界與思路問題，他說：「什麼主權觀念等等問題，都是取決於我們的意識，而意識取決於中華民族的偉大復興的需要」。章所長在該文中肯定曹興誠先生的用心，但是對於其解決方案則有不同看法。兩岸統合學會由張亞中理事長代表，曾於 2010 年 1 月間相繼在《新新聞》雜誌對《兩岸和平共處法》提出質疑（第 1191-1193 期），並與曹先生舉行電視辯論。詳細內容可參考由張亞中主編的《一中同表或一中各表》一書，2010 年，頁 145-182）

支持兩岸和平發展就是最好的和平共處

　　台灣著名企業家－－聯電名譽董事長曹興誠先生先後五次在台灣自費登報，闡述了他關於簽署《兩岸和平共處法》的建議，他前四次登報時間在 2007 年陳水扁執政期間，當時陳水扁正極力推動「入聯公投」，「台獨」的氣焰正處登峰造極地步，而他公然倡言反對「入聯公投」，提出「統一公投」，呼籲兩岸簽署《兩岸和平共處法》，可稱有驚世駭俗之大勇。陳水扁對此火冒三丈，稱曹在鼓吹《反獨促統法案》，是台灣版的《反分裂國家法》，也是台灣投降法，大有興師問罪之勢。因為曹興誠先生擊中了陳水扁一夥的要害，稱陳水扁之流是「真神棍假台獨」，是以「台獨」為手段而騙取選票為目的，稱「假台獨」以弄鬼裝神欺騙選民，其實色厲內荏，「假台獨仇中、反中、『去中國化』的政策，將讓台灣失去全球華人之同情和支持，讓台灣處境日益危險和孤單」。曹興誠先生這些諤諤之言，在當時「台獨」執政高壓統治下，是很了不起的，其勇可嘉，其言可佩。

　　我有兩度與曹興誠先生暢談之緣。他自稱自己是「台灣的老小麻雀」，在沙漠中，這只麻雀仰面躺在地上，欲以自己的兩腳去托住欲墮天空。他說「本人相信，今天兩岸的統獨問題，將隨時間而消逝」。我很欣賞他的深遠。他指出「大陸應該為台灣量身打造一套「理想」的制度，來爭取台灣百姓的認同」，而目前大陸仍然只強調台灣自古是中國領土，沒有跳出陳舊的「地權」意識，也沒有跳出傳統的「內戰遺留的問題」

意識，「至今一個多世紀過去，大陸強調『地權』時，仍只想對台灣人民進行『招安納降』，卻未認真徵詢台灣 2300 萬人的想法。滿清政府當時對台灣居民是『揮之即去』，今日大陸對台灣居民又打算『招之即來』」，「大陸把台灣問題解釋『中國內戰的遺留問題』，可以『逕行平亂』的思維，台灣老百姓也難以接受」，大陸反對「台獨」，但又不承認中華民國，「把『中華民國幽靈化』，遲早終將逼出『台灣共和國』，相信許多台灣百姓會予支持，甚至不惜一戰」。他爽直地指出了大陸對台工作中的盲點，不能不說批評得有一定道理，值得我們反思。他對兩岸均敢直抒己見，真有敢於說破皇帝新衣的勇氣。

馬英九執政後，2009 年曹興誠先生又發表五論《兩岸和平共處法》，對馬英九也多有批評。他認為馬英九「扁規馬隨」，沒有跳出陳水扁「愛台／賣台」的邏輯，沒有建立新的「台灣論述」。他認為與其簽署《和平協定》，不如制訂《兩岸和平共處法》。他一如以往，不改直言無忌的個性，煞是可愛。在眾多商人與企業家中，如此關心國事，用心闡述己見，敢於為黎民百姓講話，為蒼生請命，為兩岸前途祈福，對兩岸諸多敏感問題能提出系統己見，體現了「國家興亡，匹夫有責」的情懷，是不可多見的，也是值得讚許的。

但是，曹興誠先生在方法論上採用的是民進黨《台灣前途決議文》的基本思路：「台灣（即中華民國）是一『主權獨立的國家』，任何有關獨立現狀的更動，必須由台灣全體住民以公民投票的方式決定」。也許他認為用民進黨的理論與邏輯「以其之矛攻其之盾」，在台灣會有更多的認同，有更大的說服力。確實，經過李登輝、陳水扁二十年的「主體意識」的強

化，台灣大多數民眾認爲台灣是一個事實「獨立」國家的意識
已廣泛建立，所以曹興誠先生認爲台灣沒有「獨立公投」的必
要，只有「統一公投」的需要。

曹興誠先生這樣的邏輯是不妥當的，儘管他否定了「獨
立公投」，拆除了引發台海衝突的某種危險，但「統獨」問題
是可以通過簡單的「公投」方式解決的嗎？也許他過於樂觀，
一廂情願了。台灣與大陸同屬一個中國現狀從來沒有改變過，
台灣的「憲法」與大陸的憲法都將整個中國作爲自己的領土範
圍，只是「主權」暫不及對方範圍，因此涉及「統獨」問題應
由兩岸民眾的意志共同決定，而不應單方面決定「統獨」，無
論以大壓小，還是以小欺大，都有違平等原則，是不民主的。
民進黨的《台灣前途決議文》的謬誤即在此，這是危險的一廂
情願。

曹先生否定「台獨」的必要性是很明智的，但理由是錯
誤的，台灣是真正的已經事實獨立了嗎？如果是的，又如何解
釋台灣的「憲法」？從法制法治的角度講，這是違憲之論。儘
管台灣修憲六七次，「中華民國憲法」與當年形成的憲法有了
許多不同，但基本法統依然維持著領土範圍爲「台澎金馬與整
個大陸」；如果這一點改變了，兩岸和平也沒有了，這種「法
理台獨」國際社會與大陸十三億同胞及全球五千萬華人都不會
允許，所以台灣不論國民黨或民進黨都不敢逾越這條紅線。的
確，「台獨」是行不通的，它作爲特定歷史產物是可以理解的。
正如台灣最激烈的「台獨」追求者辜寬敏最近所言，他說「兩
國論」與「一邊一國」論都走不通，兩岸是「兄弟之邦」，同
種同文，他只希望大的一方多給小的一方一點空間。辜先生在
他的最後歲月有這樣明智之論，是有悟性的，足見「台獨」之

路是走不通的。正如曹興誠先生所言,「台獨」是個「偽命題」,是「假台獨」騙真選票。

至於統一則是一個複雜而漫長的融合過程,簡單的「公投」無以解決問題。兩岸分離已超百年,中間只有短暫的五年統一,這就決定了各走各的路,形成了不同的生活方式和社會制度,也形成不同的價值觀和意識形態,合起來需要經歷從廣泛交流、共同發展、共創雙贏、共同締造的一個過程。而兩岸近六十年又基本處於對抗與隔絕狀態,直到 2008 年馬英九上台後,才止住了「去中國化」,確認了「九二共識」,恢復了「兩會」,使兩岸進入了「和平發展期」,使兩岸有了全面「三通」,真正開啟了全面交流、對話、談判。這個歷史階段的開啟,意味著兩岸進入了歷史的新階段,走向中國最終統一的大門已打開,只是如今還處於低級的初級階段,沒有人再能讓我們走回頭路了!中國的統一是通過相互融合逐步化解矛盾的漸進式統一,而東西德統一雖很迅速,但統而不合,因為他們在統一前沒有這麼多的交流合作,而兩岸關係完全不是這樣的。中國的最終統一是不可抗拒的。曹興誠先生倘若能支持兩岸全面三通,支持兩岸的和平發展,這就是最好的支持兩岸和平共處了,不需要再用一部分人的「公投」來決定《兩岸和平共處法》了。

如何看待中華民國問題

曹興誠先生在他的《兩岸和平共處法》中強調「兩岸要

和平統一，必須由尊重中華民國開始」。這樣想法也不僅僅是
曹興誠先生一人之見，在台灣即使贊成統一的台灣民眾，其中
相當多的人也認同中華民國，他們認為統一是中華民國與中華
人民共和國的統一，中華民國是他們統一前國號，也是他們身
份的代表，他們是中華民國的國民，尊重中華民國就是尊重他
們統一前的地位，否則統一無從談起。大多數台灣同胞很計較
自己的這個身份，在統一前他們強調自己是中華民國國民，希
望我們尊重他們這身份，他們說，不承認中華民國，好比砍了
他們的頭，那麼留下四肢五臟還有甚麼用？具有這樣想法的人
未必是支持「台獨」。

　　而大陸認為中華人民共和國是代表十三億大陸民眾的唯
一合法政府，中華民國的國民黨政權在與中國共產黨的內戰中
徹底打敗了，從 960 萬平方公里的中國大地上趕到了 3.6 萬平
方公里的一個小島上，中華人民共和國繼承了中華民國在大陸
的一切權力，包括在國際上的合法權力，建立了一個新中國。
作為兩個敵對政權，從 1949 年至 2008 年，針鋒相對鬥了半個
多世紀，相互稱匪，採取漢賊不兩立做法，有你無我，不承認
中華民國由來已久，大陸至今沒有承認中華民國，成了兩岸關
係中一個敏感的禁區，不是說承認就可以承認的。

　　1949 年，毛澤東在籌建新政權時，召開了政治協商會議，
在討論新政權的國號時，毛澤東主席本無意改變中華民國國
號，因為新民主主義革命，本是對舊民主主義革命的繼承和發
展，承認共產黨是辛亥革命和孫中山的繼承人，而不是建立一
個新國家，是對中華民國的繼承，包括對中華民國在國際權力
與義務的繼承。可惜，當年參加政治協商的民主人士建議以新
國號為好，致使毛澤東構想無法實現。倘若當時沒改國號，今

天也就不存在該不該承認中華民國之爭，也許兩岸只有正統與非正統之爭了。

1949 年後，大陸不承認中華民國，是不想承認中華民國在台灣是另一個「國家」，兩岸關係不是「兩國關係」，更不是「一中一台」關係，而是一個中國尚未統一的關係；在沒有統一情況下，大陸不能承認中華民國，承認中華民國是需要一定條件的。而六十年來雙方敵對狀態未除，雙方沒有交流交往，沒有對話與談判，加上李登輝的「兩國論」和陳水扁的「一邊一國論」，讓兩岸反目為仇，當然不能承認中華民國，大陸所持立場理所當然。

如今這樣的關係發生了很大變化，尤其 2008 年後的兩岸關係更是發生了根本性變化，兩岸實現了全面三通，兩岸推動了雙向交流交往，建立了機制化經濟合作關係，建立了「兩會」交流機制，建立了國共合作平台，實行了外交休兵，降低了軍事對抗……，雙方都確認了「和平發展」的目標，短短一年多達成協定十二項、共識一項，而大陸一年多釋放善舉超過了以往六十年，開始形成一個命運共同體，開始建立一個新的民族認同，兩岸正共同走向中華民族的偉大復興。在共同發展的歷史新時期，兩岸關係如解放了的纏足，再塞回以前的鞋裡已辦不到了。在這種情況下，給我們從容面對中華民國問題創造了條件。

近些年關於中華民國與中華人民共和國關係論述有許許多多，如大屋頂理論，把中華民國和中華人民共和國比作一個大中國下的兩個政府或兩個區域或者兩個政治實體；也有杯子理論，把中華民國比作杯子，台灣人民比作杯子中的水，兩岸

關係如不要杯子，水焉能存；也有球體理論，把中華民國和中華人民共和國看成一球兩面，這個球就是中國，它們是這球的兩面而已；也有一體兩面理論，稱中華民國與中華人民共和國是一體兩面，從倫理上說，縱的關係如父子，橫的關係如兄弟，都是一家人，從 1912 年至 1949 年，中華民國曾是這個家的大家長，它曾是亞洲第一個民主國家，取得過抗戰勝利，又成為聯合國安理會五個常任理事國之一，1949 年後它在大陸的權力被中華人民共和國取代，中華民國到台灣後取得了亞洲「四小龍」成就，而中華人民共和國在大陸取得了改革開放巨大成就，兩岸憲法、人民、主權、領土都是重疊的，這在歷史上與世界上是少有的。事實證明，兩岸可以共用一個中國的尊嚴與榮譽。這些理論大體符合「兩岸同屬一個中國」之說，也符合「共同締造一個更加美好的新中國」之說。

當然還有「國中之國」論等，即承認中華民國為統一後的中國的一部分，台灣退讓一步承認統一後的中國是中華人民共和國，台灣可以享有二級外交權，好比唐朝西北有高昌、車師，東北有渤海；西南有南詔；宋朝有西遼、西夏；明朝有後金；清朝有南明……，西方也有這樣先例，這種「國中之國」不是邦聯或聯邦。類似這種觀點還有許多例子，在統一前不妨讓大家多多討論。

兩岸進入了和平發展期，開始改變挑戰「一個中國」行為，開始止住了「去中國化」行為，未來兩岸更是需要簽 ECFA 協定與和平協定，相互正視政治現實一定會浮到談判桌上，兩岸問題是必須對話與談判才會解決。很多問題都是一念之間的問題。鄭必堅先生率團訪台，提出「眼界決定境界，思路決定出路」，兩岸的出路不就是我們的眼界與思路問題嗎？甚麼主

權觀念等等問題，都是取決於我們的意識，而意識取決於中華民族的偉大復興的需要。曹興誠先生所說的「尊重中華民國」問題，不僅是大陸的過錯，台灣六十年的「三不」政策和「一邊一國」論，以及拒絕對話與談判也應負相當責任。但是，可幸的是這一切正在變成過去，兩岸正呈現出各種機遇，我們有望迎來一個健康的兩岸關係。中華民國問題是我們未來兩岸關係中必須面對的影響，面對這問題是需要條件的，支持兩岸和平發展，就會給雙方創造這樣的條件。

一中三憲與兩岸的
政治對話空間

張亞中

本栖會談以後，《旺報》在 2010 年 4 月 19、20 兩日各分別以兩個版面對該次會談做了專題的報導。由於該會談討論的主題之一為「兩岸政治定位」。黃清龍社長爰請主辦單位之一的張亞中教授就大陸學者對於「一中三憲」主張的反應，撰文為記並饗讀者。

　　富士山頂上皚皚白雪，華藏寶殿內唱法誦經。四月初春，兩岸近四十位學術界的先進大德共聚佛光山日本本栖寺，就兩岸和平發展中的最重要兩個問題進行探討：一是一個中國與兩岸政治定位，二是未來兩岸和平協定應有的內容。在這萬物知春，和風淡蕩之時，伴隨著裊裊法音，原本可以是劍拔弩張的立場爭辯，當下卻是陽春白雪般的轉念請益，本栖寺內迴盪著凜然清潔，雪竹琳琅之音。

　　促成這次會談的不是雙方的政府或白手套，而是一群心懸兩岸和平發展的學者與高僧大德，基於民族情懷，盼集思探索可能促成兩岸和平發展路徑的線頭。

　　沒有共識的政治定位很難建立真正的互信。從歷史來看，1993 年的辜汪會談能夠圓滿，是因爲有 1992 年雙方各自口頭表述堅持一個中國原則的結論，這結論後來被概括爲「一中各表」、「九二共識」。這項共識使兩岸得以展開迄今爲止的各項事務性協議。然而此一定位能否延用到兩岸的政治性協議中呢？

一中各表很難成爲兩岸政治基礎

　　在這次的本栖會談中，此一問題成爲討論的重點，而其結論是很顯然的。大陸最資深的許世銓先生即明確指出，一中各表無法成爲兩岸的政治談判的共識；這不只是因爲一中各表曾被惡意地表述爲其他意思，也是因爲一中各表並不能爲兩岸找到共同的政治基礎。他直言，和平發展的過程，對大陸而言乃是「過程爲了目的」，可是台灣卻是「過程決定目的」。大

陸方面認為如果兩岸想要從事務性協議進入政治談判，尋找「一中同表」的方式，乃是一個無從迴避的課題。

然而如何在兩岸如此敏感的議題中，找到能為藍綠紅各方都「可能」接受的表述方式，就成了一大難題。也以此，「一中三憲」的說法成為本栖會談中受到矚目的一個說法，乃具有了特殊意義。

對絕大多數的讀者而言，可能都不太了解到底甚麼是「一中三憲」。請容做一個簡單解說。一中三憲乃是兩岸統合學會提出的兩岸定位與目標主張，主要基於對兩岸現狀的「主權、治權、權力」三個基本認知。第一：兩岸現行的憲法都是一中憲法，其主權與領土宣示所及的範圍重疊；第二：目前兩岸各自在其憲政秩序下行使互不隸屬的治權；第三：兩岸目前在物質的權力上，的確處於不對稱的狀態，大陸在國際上各方面的影響力正與日俱增，兩岸有形國力的差距也在加大之中，不過台灣在某些軟權力上，當然也有著一定的優勢。

在上述的事實現狀認知下，我們認為主張「整個中國」乃是由兩岸共同組成，其主權屬於兩岸人民所共有與共享，而兩岸則是整個中國內部的兩個平等（但不對稱）之憲政秩序主體，未來用兩岸共同體的方式來建立框架，推動和平發展的路徑。

對現狀要有共識，對未來的走向也必須要有共識，才真正能夠保證兩岸和平發展。我們主張兩岸從簽訂和平協定開始，就透過種種對憲法具有拘束力的協議或是共同體的建構，來逐步搭建起一個框架，而我們就把此一框架稱之為「第三憲」。第三憲並不一定要是一本成文憲法，它可以是與現行兩

岸的兩部憲法一起,來共同維繫整個中國的主權與領土的完整,並保障兩岸人民都能共享中國的主權,共同來治理整個中國的一個橋樑式的法律架構。至於未來兩岸是否要逐步讓這第三憲取代原有的兩憲,以成為一個「一中一憲」的中國,則可以視在「一中三憲」的框架下之統合過程而定。換言之,這也就既保障了兩岸和平發展的過程,也為兩岸走向統一的目的,開闢了一條具體的道路。

就這次本栖會談的過程來看,台灣與會者大致都同意,一中三憲的主張基本上可以保障台灣的利益,若能在此框架下,台灣將可以完整地維持現狀,並通過共同治理中國來為台灣打開一條經略大中華的道路。當然,這樣的主張會斷絕了台獨的道路,因此鐵桿台獨或者會誓死反對,可是除此之外,如果從台灣跳脫邊緣化的生存戰略來看,應該都會知道這乃是一種最理性的選擇。然而大陸方面會怎麼看這個概念?

以「整個中國」概念「同表一中」

如果我們的理解與記錄沒錯的話,就「整個中國」這個概念而言,大陸目前的新三句,早已經轉成了大陸與台灣同屬中國的表述,而雖然新三句中並未納入主權共有與共享的說法,但這次會議許多大陸的與會者,都已經有了雷同的表述。這表示如果依照「整個中國」的概念來「同表一中」,問題應該是不大的。關於「第三憲」的部分,大陸也有學者清楚表示沒有問題,北京也多次說過,國歌、國號都可以談。其中唯一還有不同意見的是,大陸還無法拿定主意,是否要承認兩岸為平等

的憲政秩序主體這一點。

其實大陸這樣的態度也可以理解，由於一中三憲這個概念，意味著要把國家和憲法這兩個概念某種程度地脫鉤，把主權與治權的關係釐清，這和許多人的常識是有些衝突的。然而我們也看到了，大陸的一些傑出的法政學者，對這點已經越來越能有同情的理解了。比如說王振民教授認爲可以對於中華民國憲法做爲一個「憲法性的文件」來思考研究；黃嘉樹教授早先已經提出了「兩岸是一個中國之下互不隸屬的兩個法政系統」的說法；劉國深教授「國家球體理論」也提到了「背靠背」的關係，以及兩岸共同治理中國的說法，如果拿這些說法與一中三憲相對照，相信任何讀者都可以感受出其中所存在的對話空間。因此我們相信，一中三憲的主張應該相當程度地拓寬了兩岸政治對話的空間。

其實從情境說，凡是在本栖會談現場的人，應當都會清楚地感受到，大陸方面處理一中各表與一中三憲這兩個主張，其氣氛與措詞都是明顯不同的。特別是當大陸涉台的重要智囊都紛紛表示對一中各表的排斥態度，卻又相當鄭重地討論著一中三憲的構想時，其抑揚之間所透露的訊息，也許就不必我們辭費了吧！

如果說「一中同表」乃是台灣無可迴避的事的話，大家何妨考慮一下，就以一中三憲爲第一塊磚，好讓我們一齊鋪平兩岸和平發展的大道！

兩岸主權重疊、治權不完整

張亞中

本文係針對《聯合報》的「一中各表論」再提出不同觀點。本文贊同《聯合報》要求北京正視中華民國的呼籲，但是認為《聯合報》以「主權共生」做為兩岸的主權論述並不妥當，並且有遭政客操弄累積立論「兩國論」基礎的可能。本文強調，對於整個中國事務而言，兩岸目前的法理現狀是「憲法是主權重疊、治權不完整」。兩岸應該在這個「合（主權）中有分（治權）」的法理現狀上，相互尊重，以統合共同體的共同治理方式，推動「分中求合（治權）」。本文刊登於`《旺報》，2010 年 5 月 21 日。

聯合報在 5 月 19 日的社論,針對上海東亞所章念馳所長在《中國評論》發表〈創條件解「中華民國」難題〉的文章,以〈面對中華民國、北京應檢討「砍頭論」〉一文,再次提出其「一中各表」論,並呼籲北京應正視中華民國存在的事實。

我們贊同聯合報要求北京正視中華民國的呼籲,但是我們的論述與解決辦法與聯合報完全不同。容我們坦率地說,聯合報的「一中各表」論述,有著邏輯上自相矛盾的盲點,它不僅不足以解決兩岸的政治定位問題;而且以聯合報的地位並如此堅持,治絲益棼事小,我們擔心它將帶來許多不可測的後果。

我想從聯合報今年 4 月 8 日另一篇社論〈和平發展框架:一個中國的兩個版本〉談起。在這篇社論中,聯合報提出了「主權共生/治權雙贏」的觀點,表示大陸應依據其「新版的一個中國」,接受中華民國存在的事實,並讓中華民國與中華人民共和國都成為「一部分的中國」,如此乃能使台灣重新回到中國的認同之中。

在學術上,很容易區分「主權與治權」、「國家與政府」等兩個不同的概念,但是對於「分裂中國家」來說,這兩個概念很容易混淆。聯合報「一中各表」一系列的文章,正是犯了這個錯誤。例如,對於聯合報與國民黨而言,不會接受「台灣是一個主權獨立的國家」的主張,因為這代表「台獨」,但是會同意「中華民國是一個主權獨立的國家」。可是,我們有沒有想過,在處理兩岸政治定位時,如果我們主張中華民國是一個主權獨立的國家,領土又涵蓋整個中國大陸,那麼,中華人民共和國算是個甚麼?相反的,對方做主權獨立國家的主張,中華民國又算甚麼?這也正是分裂中國家在主權問題上的零合困境。精要的說,對於整個中國事務而言,兩岸的法理現狀

應該是：主權重疊、治權不完整。

　　「一中各表」的提出是爲了解決主權零合困境所衍生的治權問題，它的邏輯是，你說你的主權獨立，我說我的主權獨立，雙方各說各話，然後在這個基礎下推動兩岸交流。說實在的，如果雙方不計較，把「主權」當成「治權」來看，並沒有不可以，但是這樣的表述方式，只能處理涉及治權的兩岸事務性低政治議題，不太容易碰觸涉及主權意涵的高階政治，例如在國際組織的參與、軍事互信機制、兩岸和平協定等議題。這也是北京重要學者許世銓所說，「一中各表」可以看成雙方善意的一步，可以在這個基礎上推動兩岸事務交流，但是一旦進入政治協商，沒有「一中同表」是不可能達成共識的。也就是說，在主權的論述上，北京幾乎不可能接受「各表」的「各說各話」。

　　所謂「一中各表」，仍是需以「一中同表」爲核心，即兩岸都是中國（兩岸一中），只是誰代表這個中國，有各自的表述而已。我們反覆提醒聯合報，「一中各表」真正存在的生命只有在 1991-1994 的三年時間，以後的「一中各表」已經沒有「一中同表」這個核心，只剩「各表」，「一中」已經變質了。

　　從 1994 年李登輝將「一個中國」界定成「歷史、地理、文化、血緣上的中國」，而不再是中華民國開始，中華民國走上一條「獨台」的道路，這時候憲法雖然維持「一中」，但是透過增修條文的修訂，中華民國其實已經把主權限縮與治權合而爲一了。簡單地說，李登輝塑造了一個兩岸定位的新結構，這個結構以「獨台」爲基點，再進一步可以走向「台獨」，但

是絕對不是以「統一」或「主權重疊」而設計。李登輝將這個結構稱之為「特殊國與國」，其法律本質是「主權互不隸屬」，政治的表述仍然維持「一中各表」。

陳水扁選擇在這個結構基礎上往「台獨」滑動，在目標上沒有成功，但是卻為兩岸主權互不隸屬的認知累積了更多能量，相對地也強化了兩岸分離的「獨台」結構。

馬英九上任以後，的確使「特殊國與國」的結構不再向「台獨」延伸，也以「一國兩區」來形容兩岸定位，但是馬英九自己的團隊也很清楚，在經歷十餘年來的「去中國化」政治教育後，沒有幾個人真正會相信兩岸是中華民國主權下的「兩區」。從馬英九上任的種種言論與行為來看，馬英九其實仍然被鎖死在李登輝所建構的「特殊國與國」結構中。

聯合報雖然對於李登輝的「特殊國與國」曾有著強烈的批判，但是聯合報的「新新三句」（「世界上只有一個中國，中華民國與中華人民共和國都是一部分的中國，中國的主權和領土不容分割」），其實正是掉進了李登輝所建構的「特殊國與國」結構。請問聯合報，如果貴報的第一句「一個中國」也只是個「歷史、地理、文化、血緣上的中國」，那麼，第二句的主張與李登輝的「特殊國與國」有何差別？依照貴報的第三句強調中國的主權不容分割，中華民國是否還應該宣稱自己是個主權獨立的國家？

聯合報或許會說，我主張的「一個中國」是「主權共生」，而不是個「虛」的「歷史、地理、文化、血緣」概念，也就是「由虛入實」的「共生」過程，是個「未來的中國」。那麼我們必須再指出「主權共生」與我們主張的兩岸目前「主權重疊」兩個概念是不同的。國際法上並沒有「主權共生」這個術語。

如果理解沒有錯，聯合報主張的「主權共生」是一個兩岸共同建構主權的過程，「未來的中國」由中華民國與中華人民共和國兩個主權獨立的國家所共同建構。

聯合報迄今可能還是誤讀了汪道涵先生的「共同締造論」，因此也可能誤解了章念馳先生的「為解決中華民國難題創造條件說」。聯合報的「一中各表」邏輯，有可能已經落入了「一族兩國」、「先獨後統」的陷阱中去了。聯合報所稱的「屋頂」是由兩個主權獨立國家共同搭建，這樣的看法既不是當時西德的兩德定位理論，反而可能成為「兩國論」或「獨台論」的落實。

聯合報想表達的，應該是呼籲北京重視中華民國「政府」存在的事實，也就是重視中華民國是一個憲政秩序主體，但是聯合報卻是用「主權共生」、「新新三句」等表述方式，以「一中各表」為論述基礎。我們不願意說，聯合報的論述其實是助長了兩岸分離的「兩國論」，如此很難解決兩岸定位難題。

我們主張的兩岸定位包括兩個重要內涵，一是兩岸承諾不分裂整個中國，亦即雙方互相確保主權重疊，整個中國的主權不是經由「共生」而成，而是要確定目前宣示重疊的整個中國主權由兩岸「共有與共享」；二是在治理層次上，兩岸是平等的憲政秩序主體，並透過統合共同體機制累積共同治理。我們因而認為，只有「一中三憲、兩岸統合」才能為兩岸政治難題找到解決之道。

汪道涵先生的「共同締造論」是在兩岸主權重疊的框架內透過共同治理，共同締造一個治權也重疊的中國，是「合（主權）中有分（治權）、分中求合（治權）」。章念馳先生的「為

解決中華民國難題創造條件說」也是在探討北京是否可以為接受中華民國政府是一個憲政秩序主體創造條件。汪老已經仙逝，但是我不認為他是「先獨後統」主張的「共同締造論」者，我沒辦法替章念馳先生回答，但是我不認為，他即使呼籲創造條件接受中華民國，也不會是接受中華民國是個主權獨立的國家，而應是個憲政秩序的政府。

兩岸政治定位問題的回顧與思考

嚴安林

本文作者為上海國研院台港澳研究所所長，曾任上海台研所副所長，對於兩岸關係有相當深入之研究。本文大量引述兩岸官方文件，對兩岸政治定位做了完整地回顧與整理，有重要參考價值。本文發表於 2009 年第十八屆「海峽兩岸關係學術研討會」。

海峽兩岸間的政治定位一直是影響兩岸關係發展的重要問題，也將是影響兩岸關係和平發展的關鍵問題。胡錦濤「六點意見」提出.：「兩岸可以就在國家尚未統一的特殊情況下的政治關係展開務實探討」。本文試圖在對兩岸政治定位問題進行系統回顧的基礎上，提出解決該問題的若干的思考。

國民黨在兩岸政治定位問題上的基本主張

1949 年後在國共隔海軍事沖突與對立下，國民黨當局既堅持「一個中國」政策，也奉行「漢賊不兩立」的基本立場，對於兩岸間的政治定位採取「排斥與否定對方」、「獨尊己方」的基本政策立場，號稱其政權是「代表全中國的唯一合法政府」。1990 年代開始至 2000 年第一次政黨輪替前，國民黨提出的有關兩岸政治定位的主張主要有：

（一）一國兩區

1990 年 11 月 26 日，行政院大陸工作會報通過的「台79陸行字第 1523 號函」中稱：「台灣地區與大陸地區人民往來有關之事務」。

（二）兩個政權

要點有四：一是「兩岸分裂、分治為兩個政權」。1994年台灣當局回應大陸的《台灣問題與中國的統一》白皮書中提出：1949 年 10 月，國共內戰，「由於中共在大陸地區另行『建

國』,中華民國政府播遷台灣地區,從此,中國便同時存在兩個互不統轄的政權,在國際間也因此產生了所謂的『中國問題』」。「40 多年來,中華民國政府與中共政權在台海兩岸各自行使治權,乃係客觀的事實」,並「呼籲中共當局,應務實地認識到兩岸分裂、分治的事實,放棄在台海使用武力」。二是強調「制度之爭是中國分裂分治的本質」,是「兩種不同的政治、經濟、社會制度與生活方式之爭」,「尤其是兩岸經過了 40 年的分隔之後,在不同制度下,經濟與社會等發展所呈現明顯的差距,具體凸現了這種『中國往何處去』的爭執,才是台海兩岸分裂分治的本質,也是今日中國分裂的真正原因」。三是認為「中共不等於中國」,「中國一詞,包括地理、政治、歷史、以及文化等多重意涵。我們一向主張,大陸與台灣均是中國的領土,台灣固然是中國的一部分,大陸也同樣是中國領土的一部分。自民國 38 年以來兩岸仍處於分裂、分治的狀態,是不容忽視的事實,中共雖擁有大陸地區的管轄權,但絕對不等於中國,也無權代表全中國,更非『代表全中國人民的唯一合法政府』」。四是「台灣是中華民國的領土」,中華民國是國際社會的一員,中共不能代表台灣人民,「中共政權自成立以來,其治權從未及於台灣,既無權在國際間代表我們,也從未在任何國際組織中為台灣地區人民主張權利或履行義務」(本書主編按:本段文字出自《臺海兩岸關係說明書》,1994 年,行政院陸委會)。

(三)一個中國、兩個對等政治實體

1990 年 6 月台灣召開「國是會議」,提出兩岸分別為「擁

有統治權的政治實體」,會議並建議「動員戡亂時期」終止後,將中共定位爲「對抗性的競爭政權」。1991 年 2 月 23 日國家統一委員會第三次會議通過、1991 年 3 月 14 日行政院第 2223 次會議通過的《國家統一綱領》「前言」中提出:「共同重建一個統一的中國」,在第四部分的「進程」中提出:「在互惠中不否定對方爲政治實體」的主張,「兩岸應摒棄敵對狀態,並在一個中國的原則下,以和平方式解決一切爭端,在國際間相互尊重」。1991 年 4 月 30 日,李登輝宣佈「戡亂時期」自 5 月 1 日結束,公開地承認中共爲控制大陸地區的政治實體:「在憲政層次上,不再將中共視爲叛亂組織」,「中華民國政府不再在國際上與中共競爭『中國代表權』」,認爲「中國只有一個」,但是「台灣與大陸都是中國的一部分」,「中共不等於中國」,「在中國尚未達成最後的統一之前,兩者既處於分治局面,理應各自有平行參與國際社會的權利」。「中華民國自公元 1912 年創立以來,在國際間始終是一個具獨立主權的國家,這是個不爭的歷史事實。但是,在兩岸關係的處理上,雙方既不屬於國與國的關係,也有別於一般單純的國內事務。爲使兩岸關係朝向良性互動的方向發展,中華民國政府務實地提出『政治實體』的概念,作爲兩岸互動的基礎。所謂『政治實體』一詞其含義相當廣泛,可以指一個國家、一個政府或一個政治組織」。

《國家統一綱領》則正式以「一個中國、兩個對等政治實體」的架構來定位兩岸關係,其「主要內涵包括:一、中華民國的存在乃是不容否認的事實。二、『一個中國』是指歷史上、地理上、文化上、血緣上的中國。三、兩岸的分裂分治只是中國歷史上暫時的、過渡時期的現象,經由兩岸共同的努

力，中國必然會再度走上統一的道路」。「雙方在國際上互相
尊重而非彼此排斥」，「四、為兩岸的政治談判預留空間。正
因為中國目前是分裂為兩個政治實體，才要經由交流和談判，
使它合二為一」。（本書主編按：以上引述來源為 1994 年陸
委會出版之《臺海兩岸關係說明書》，第 25 頁。但是如果還
原事實，《國家統一綱領》並沒有「『一個中國』是指歷史上、
地理上、文化上、血緣上的中國」這一段話，這是當時的陸委
會刻意曲解了《國家統一綱領》）。

從上述台灣當局的基本主張中可以看出：

其一，國民黨當局不接受「一國兩制」的主張。認為：
「對兩岸目前暫時分裂分治的認定，與中共『一國兩制』的說
法，有著絕對不同的內涵」。認為「傳統觀念的中國現已分裂
為兩個政治實體，即實行社會主義制度的大陸地區，以及實行
民主自由體制的台灣地區」。中共定義的「兩制」乃是「任由
中共宰製的一種權宜措施，本質上，仍是一種主從關係，一制
代表中央，另一制代表地方」。認為：「就政治現實而言，中
國目前暫時分裂為兩個地區，分別存在著中華民國政府與中共
政權兩個本質上完全對等的政治實體。雖然雙方所管轄的土
地、人口與所推行的制度不同，但兩者在互動過程中自應平等
對待，並各自在其所管轄的地區域內，享有排他的管轄權，任
何一方並無法在對方地區內行使治權」。

其二，台灣當局既「堅決主張『一個中國』，反對『兩
個中國』，與『一中一台』」也提出了兩個並存「國際法人」
的主張，「主張在兩岸分裂分治的歷史和政治現實下，雙方應
充分體認各自享有統治權，以及在國際間為並存之兩個國際法

人的事實,至於其相互間關係則爲一個中國原則下分裂分治之
兩區,是屬於,『一國內部』或『中國內部』的性質,我們的
主張極其務實;這些主張亦與『兩個中國』或『一中一台』的
意涵完全不同」。應該說這一主張還是存在矛盾的,因爲按照
國際法,既然主張一個中國,就只能有一個國際法人,而不能
再有所謂兩個並存的「國際法人」的主張。

　　其三,兩岸雙方在「一個中國」的原則上有共識,但在
具體的內涵上有分歧。國民黨認爲「1912 年孫中山先生領導
革命所締造的中華民國,已於民國 38 年暫時分裂爲台灣地區
與大陸地區,由兩個政治實體分治海峽兩岸並各自有獨立的對
外關係,任何謀求國家統一之主張,均不能忽視此一客觀事實
之存在」。「『一個中國』是海峽兩岸所共同追求原則,但雙
方對其內涵的解釋卻有所不同。中共當局認爲『一個中國』即
爲『中華人民共和國』,並主張將來統一以後,台灣將成爲其
轄下的一個『特別行政區』」。「我們認爲『一個中國』應指
1912 年成立迄今的中華民國,其主權及於整個中國領土,但
自 1949 年以後未能在中國大陸行使統治權。台灣固爲中國之
一部分,但大陸亦爲中國之一部分,中國係處於暫時分裂之狀
態,由兩個政治實體分治海峽兩岸」。「總之,我方之『一個
中國』政策,實爲『承認分裂、推動交流、追求統一』之政策。
因爲只有承認分裂,才能面對現實;只有推動交流,才能促進
瞭解;只有追求統一,才能解決目前兩岸所存在之問題」。

上世紀 90 年代以來大陸在兩岸政治定位問題上的基本立場

(一)一個中國

　　「世界上只有一個中國，台灣是中國的一部分。中華人民共和國政府是代表全中國的唯一合法政府」。基本要點有：一是台灣自古屬於中國，抗戰勝利後，中國政府重新恢復了台灣省的行政管理機構。二是國際社會公認台灣屬於中國，「中華人民共和國成立以來，157 個國家先後同中國建立了外交關係，它們都承認只有一個中國，中華人民共和國政府是中國的唯一合法政府，台灣是中國的一部分」。三是台灣問題的產生是國共內戰的結果，「1949 年 10 月 1 日成立了中華人民共和國，中華人民共和國政府成爲中國唯一合法政府。國民黨集團的一部分軍政人員退據台灣。他們在當時美國政府的支持下，造成了台灣海峽兩岸隔絕的狀態」。

(二)台灣當局是地方政府

　　「我們之所以提國共兩黨商談，首先是考慮到台灣方面的處境。如果不是兩黨談，很難處理台灣是地方政府的問題。避免這一點，我們主張由國共兩黨對等商談。所以，李登輝先生當選國民黨主席時，我們以中共中央總書記名義發了賀電，

希望兩岸盡早統一,希望李登輝先生為統一出力。而他當選『總統』時,我們不能祝賀,因為中國只有一個,就是中華人民共和國,中國只有一個政府,在北京,台灣歷來是中國的一個省。這是不可改變的」。

(三)反對「一國兩區」與「一國兩府」主張

「我們注意到台灣當局關於『一國兩地區』的提法。這一提法在島內外已引起爭議。我們認為,這一提法和台灣當局過去所提的『一國兩府』一樣,實質上是使兩岸關係變成兩個國家之間的關係。它不可能解決兩岸關係中存在的各種問題,對國家統一是無益的」。「我們絕不能承認台灣與大陸是平等的兩個政府,因為這就成了兩個中國了。現在台灣又有人挖空心思地想出了『一國兩地區』。要統一,中央政府一定是在北京,是中華人民共和國。這是肯定的,是不能讓步的。這是最重要的原則。為避免台灣人覺得我們把台灣吞併,才提出一國兩制」。「雙方商談時,可以先不談中央、地方問題。不是說沒有這個問題,其實這是最症結的問題」。「台灣當局迄今並沒有放棄『一國兩府』的立場,在國際上繼續推行『彈性外交』」,強調:「我們堅決反對任何形式的『兩個中國』、『一中一台』或『一國兩府』,堅決反對任何旨在製造『台灣獨立』的企圖和行動」。「在『67 談話』中大陸再次提出:「我們堅決反對旨在製造『兩個中國』、『一國兩府』和『台灣獨立』的任何企圖和行動。我們決不坐視『台灣獨立』」。「時任中台辦副主任唐樹備在會見陳長文時也強調:處理海峽兩岸交往中應該遵循的五項原則,其中之二是「在處理海峽兩岸交往事務中,應堅持一個中國的原則,反對任何形式的『兩個中國』、

『一中一台』，也反對『一國兩府』以及其他類似的主張和行為」。

（四）反對兩個「對等政治實體」主張

「我們堅決反對任何形式的『兩個中國』、『一中一台』或『兩個對等政治實體』，堅決反對任何旨在製造『台灣獨立』的言論和行動」。「台灣方面企圖借解決事務性問題，製造所謂『獨立的主權』和『同等的司法管轄權』，達到追求『兩個對等政治實體』的目的」。唐樹備說：「台灣當局鼓吹『一國兩區』，大陸與台灣兩個『對等的政治實體』，這實質上仍是搞『一國兩府』，只會導致『兩個中國』或『一中一台』。對此，我們是堅決反對的」。

（五）中國的主權沒有分裂也不能分裂

1995 年大陸首次提出儘管兩岸「尙未統一」，但國家主權與領土完整沒有分裂：「雖然台灣與祖國大陸迄今尙未統一，但是台灣作爲中國領土一部分的地位從未改變，中國對台灣擁有無可爭辯的主權。世界上只有一個中國，台灣在中國的一部分，中華人民共和國政府是代表全中國的唯一合法政府。台灣已經回歸祖國 50 年了，中國人民決不容許台灣再從中國領土分裂出去」。「國家主權是不能分割的，中國主權屬於包括台灣同胞在內的全體中國人民。台灣某些人鼓吹台獨，其實質是分割國家主權的行動」。針對 1996 年台灣地區領導人產生方式的改變，大陸指出：「無論台灣領導人產生方式如何改

變，都改變不了台灣是中國領土一部分的事實，改變不了台灣
領導人只是中國一個地區領導人的事實。國家的主權屬於該國
全體人民。包括台、澎、金、馬地區在內的全中國的主權，屬
於包括台灣同胞在內的全體 12 億多中國人民，而絕不屬於台
灣某一部分人，也絕不允許由台灣某一部分人來改變。如果有
人企圖以台灣領導人產生方式的變更爲由，爲其分裂祖國的活
動披上所謂合法的外衣，這完全是徒勞的」。「中國人民不但
反對任何『台灣獨立』的言行，也同樣反對『分裂分治』、『階
段性兩個中國』等違背『一個中國』的言行。由於人所共知的
原因，祖國大陸與台灣尚未能實現統一，但台灣是中國領土不
可分割的一部分，中國擁有對台灣無可爭辯的主權。台灣當局
所謂的『兩岸分裂分治』，是鼓吹中國的主權已經分裂，海峽
兩岸是『兩個對等且互不隸屬的政治實體』，已各自成爲『獨
立的國際法人』；⋯⋯台灣當局根本目的就是要把台灣從中國
分裂出去，就是搞『台灣獨立』」。

(六)一個中國原則立場的表述上的變化

1998 年 1 月 30 日錢其琛提出：「世界上只有一個中國，
台灣是中國的一部分，中國的主權和領土完整不能分割」同年
10 月 14 日，海協會長汪道涵在會見辜振甫時提出了「86 字方
針」：「世界上只有一個中國，台灣是中國的一部分，目前尚
未統一，雙方應共同努力，在一個中國的原則下，平等協商，
共議統一。一個國家的主權和領土是不可分割的，台灣的政治
地位應該在一個中國的前提下進行討論」。2000 年 8 月錢其
琛再度提出：「就兩岸關係而言，我們主張的一個中國原則是：
世界上只有一個中國，大陸和台灣同屬於一個中國，中國的主

權和領土完整不容分割。一個中國是兩岸間能夠接受的最大的
共同點」。2005 年 3 月 9 日十屆全國人大三次會議再次強調
「兩岸迄今尚未統一，但台灣是中國一部分的地位、大陸和台
灣同屬一個中國的事實並未改變」。

（七）提出兩岸統一就是「結束政治對立」

2008 年 12 月 31 日「胡六點」指出：「1949 年以來，大
陸和台灣盡管尚未統一，但不是中國領土和主權的分裂，而是
上個世紀 40 年代中後期中國內戰遺留並延續的政治對立，這
沒有改變大陸和台灣同屬一個中國的事實」。所以，「兩岸復
歸統一，不是主權和領土再造，而是結束政治對立」。「胡六
點」提出「兩岸在事關維護一個中國框架這一原則問題上形成
共同認知和一致立場，就有了構築政治互信的基石，什麼事情
都好商量」。

馬英九對兩岸政治定位的基本主張

（一）兩岸不是「國與國之間的關係」

馬英九強調：「我們基本上認為雙方的關係應該不是兩
個中國，而是在海峽兩岸的雙方處於一種特別的關係。因為我
們的憲法無法容許在我們的領土上還有另外一個國家；同樣
地，他們的憲法也不允許在他們憲法所定的領土上還有另外一

個國家,所以我們雙方是一種特別的關係,但不是國與國的關係,這點非常重要,所以也不可能取得任何一個外國,包括墨西哥在內的雙重承認,我們一定是保持和平與繁榮的關係,同時讓雙方在國際社會都有尊嚴,這是我們的目標」。

(二)以「九二共識」作為解決兩岸政治定位分歧之道

馬英九認為「這樣的爭議是屬於主權層面的爭議,目前無法解決,但是我們雖然不能夠解決這個問題,卻可以做一個暫時的處理,這就是我們在 1992 年與中國大陸所達成的一個共識,稱為『九二共識』,雙方對於『一個中國』的原則都可以接受,但對於『一個中國』的含意,大家有不同的看法。因為對主權的問題到底能不能解決?如何解決?何時解決?目前可以說都沒有答案。但是我們不應該把時間精力花在這樣的問題上,而應該把重點擺在其它更迫切、更需要雙方解決的項目,這就是我們目前推動的政策」。總統府發言人王郁琦說,根據「憲法」增修條文第 11 條規定:「自由地區與大陸地區間人民權利義務關係及其他事務之處理,得以法律為特別之規定」。兩岸是「自由地區與大陸地區」,也就是台灣地區與大陸地區,兩岸關係不是「國家與國家」關係,也不是「中央與地方」關係,是台灣地區對大陸地區的關係。「從憲法架構下,中華民國就是自由地區,也可稱為台灣地區,涵蓋台、澎、金、馬,對岸就是大陸地區」。兩個地區是對等地區,每個統治地區上面有統治的當局,「我們是台灣當局,他們是大陸當局」。當局是以這樣的態度詮釋兩岸的特殊關係,也用這樣的態度看待兩岸的關係」。馬英九在接受日本媒體「世界月刊」專訪時

表示：「根據中華民國憲法，中國大陸亦為我中華民國領土，在憲法規定上，我方不承認中國大陸為一個國家，因此『無法適用與其他國家保持關係之法律架構』，大陸方面亦然」。馬英九明確指出：他「推動的兩岸政策，除設法使兩岸經貿關係正常化，讓台灣在國際社會獲得合理空間，最後目標是要與大陸『締結和平協定』、『終結兩岸敵對狀態』，所台灣海峽走向真正和平與繁榮的道路」。

(三)兩岸「互不否認」

2008 年 9 月 4 問上午王郁琦召開記者會表示：「中華民國是主權獨立國家，台灣與大陸雖然無法做到相互承認，至少可以做到相互不否認」。至於以地區與地區關係定義兩岸關係，是否出現矮化主權的情況？王郁琦表示：「中華民國是主權獨立的國家，這是不容否認的，政府把台灣地區與大陸地區的關係定位為對等關係，所以不會有矮化的問題」。對於馬英九提出這樣的看法是否已經與對岸溝通過？王郁琦表示：馬英九「提出兩岸是特殊關係的觀點，這是馬總統和智庫專家討論出來的結果，這樣的結果相信有助於改善兩岸關係，這樣的觀點是否獲得對岸善意反應，值得繼續觀察」。馬英九認為，「看待兩岸關係必須按照中華民國憲法的架構，以對等的方式定義台灣與大陸地區的關係」。2008 年 11 月，馬英九正式提出「正視現實，互不否認，為民興利，兩岸和平」的主張。

應該說這是在兩岸「互相承認」不可取——那會導致「兩個中國」，有違馬英九一貫的政治理念，也是在兩岸「互相承認」不可得——大陸堅決反對的現實下提出的解決分歧之道。

「正視現實」是要求正視中華民國政府的事實存在,「不否認」則是「不否認」中華民國政府的事實存在,是為馬英九在兩岸政治關係定位上的基本目標。台灣學者王曉波認為,馬英九提出的「互不否認就排除了台灣獨立和兩個中國的問題,如果互相否認就無法達成和平」。

應該看到「互不否認」主張中有其積極成分與意涵。它是以「一中」為基礎,實質是「一個主權,兩個治權」。台灣學者蔡瑋認為主張結束敵對狀態,主要邏輯是國共內戰並未正式結束,兩岸同屬一個中國,但是對其內涵各有不同的解讀,也就是「主權重疊,治權分立」。對此,台灣《聯合報》認為:「雖然雙方在法理上互不承認,卻也不能否認雙方在法理上的實際存在」即「兩岸此時所謂的『對等關係』,其實是『互不承認,但亦互不否認』。否則,談什麼市場准入及司法互助?」海外華人學者熊價的觀點是「『互不否認』在邏輯上也不能推論出『互相承認』的結論」。

關於兩岸政治定位問題的若干思考

思考之一:兩岸關係政治定位具有「兩岸性」的特點。政治關係的定位是「兩岸」之間的政治關係定位,這樣的定位只能夠局限於兩岸關係之間,與國際社會、國際組織無關。因此,在具體表述兩岸間政治定位時可以考慮用類似這樣的表述,如目前兩岸經過協商所確定的兩岸政治關係是在台灣海峽兩岸關係之間、在中國完全實現統一之前,兩岸間的政治關係是什麼,等等。

　　當然，兩岸間的政治關係定位也應該由兩岸之間人員來進行探討與協商，無需借助第三方來協調或者解決。

　　兩岸間的政治定位其適用性也只限於兩岸之間，絕對不能夠適用於國際社會中，包括國際關係與國際組織、國際場合與國際活動等。在國際上由大陸政府作為中國的代表的事實已經確立，在國際場合代表的「唯一性」決定了兩岸間的政治定位不能夠適用於國際場合。

　　思考之二：兩岸關係政治定位具有「暫時性」與「過渡性」的特點，是「在國家尚未統一」時期的兩岸間的政治關係定位，或者說是兩岸和平發展時期的政治定位，只是一個權宜之計，是當前兩岸和平發展的需要，帶有階段性的定位的特點，並非是終局性的。經過兩岸關係的和平發展，一旦未來兩岸統一的時機成熟，兩岸最終實現了統一，就會有新的兩岸定位來替代。

　　思考之三：兩岸關係政治定位具有「特殊性」的特點。儘管中國的主權只有一個，中國的主權與領土完整自 1949 年後沒有分割，也不容分割，但有鑒於 1949 年後兩岸的兩個政權在政治上的對立一直存在，彼此敵對，也都曾經彼此否定對方。為了有利於兩岸在各層面的交流合作與協商談判，以具有「特殊性質」的兩岸政治定位來規範兩岸關係和平發展，是可以考慮的一個選擇。

　　思考之四：兩岸政治定位具有「平等性」的特點。既然是兩岸通過協商來確定彼此間的政治關係，既然是通過對話的方式來解決，雙方的政治地位就應該是平等的，不存在「誰主誰從」、「誰高誰低」、「誰大誰小」、「誰中央誰地方」的問題。

兩岸政治定位的分析

楊開煌

本文作者楊開煌教授，目前任教於銘傳大學公共事務學系，並為中國大陸研究學會理事長，為長期關注中國大陸與兩岸關係的重要學者。本文清楚地陳述兩岸六十年的的政治定位變遷，並從中探索北京用語與態度的變遷，且從政治學理與法律學理對兩岸的政治定位提出分析。更重要的是，對於在面對兩岸政治定位時，台北方面應有的思考與準備，作者提出了極為宏觀與深刻的建言，值得朝野深思。基於本文之完整性，特以本文為本書的代結論。

政治定位問題浮現

　　兩岸分治已逾 60 年。在 1979 年中共發表告台灣同胞書之前，並沒有兩岸關係，只有分別的大陸問題和台灣問題，1980年代初期大家還不警覺，然而 1987 年兩岸交流開始，才真正帶出了兩岸關係這個新課題，在新的課題中，兩岸相互政治定位的問題又是兩岸關係真正得以長治久安，關係穩定的本質，所謂「政治定位」，應該是指在政治我們是如何看待對方，或是把對方看成什麼，同時由此延伸出雙方在政治上的關係。兩岸定位到目前為止，確實已經有若干正式與非正式的建議。例如 1991 年中華民國的《國家統一綱領》，提出「互不否認對方為政治實體」，又如中共在 1993 年的白皮書中，提出「統一後，台灣將成為特別行政區」的論點，但是兩岸雙方一方提出「現狀定位」，一方回應「未來定位」，完全沒有交集。其後的兩岸關係在運作不斷出現磨擦、曲折甚至以緊張、衝突，應該都與定位問題相關；對大陸而言，對「定位」問題並沒有急迫感，因為北京在國際間自有定位，不必在兩岸關係來證明自我身份，但是台灣在「定位」上的焦慮感則十分明顯，因為台灣在兩岸間的「定位」是國際定位的起點。定位問題就是名份問題，孔子時代就強調「正名」所謂「必也，正名乎」就是說名份是最重要的事，有了正確之名才能理順所有的關係：相對應對、彼此權利義務等，因此「定位」問題就一直是兩岸爭執的主要議題。

政治接觸、互動和對話的攻勢

　　中共總書記胡錦濤在 2008 年 12 月 31 日的「胡六點」講話中，提出「為有利於兩岸協商談判、對彼此往來作出安排，兩岸可以就在國家尚未統一的特殊情況下的政治關係展開務實探討」。這裡胡錦濤已經提出兩岸政治協商的重要性。到了 2009 年 5 月「胡吳會」中提出新的「六點」時，在第一點就提出「考慮到今後兩岸關係的發展前景，包括需要逐步破解一些政治難題，鞏固和增進雙方的政治互信尤為重要」。到了第五點又直接指出「兩岸協商總體上還是要先易後難、先經後政、把握節奏、循序漸進，但雙方要為解決這些問題進行準備、創造條件。雙方可以先由初級形式開始接觸，積累經驗，以逐步破解難題」的呼籲，除此之外，2009 年 4 月 26 日王毅在於南京與海基會董事長江丙坤會晤時提出「經濟為先，循序全面發展；互信為重，逐步破解難題」、「兩個不存在（兩岸關係的改善和發展，不存在過快或是過慢的問題，也不存在只談經濟不談政治的問題）」。　同年 6 月中旬王毅訪美時，強調兩岸目前已在處理政治問題（如台灣以觀察員身分參與WHA）。8 月上旬在南京召開兩岸關係研討會，大陸方面也是十分努力營造兩岸必須進行政治接觸，對話必要性的輿論。

　　2009 年 9 月 24 日美國副國務卿史坦伯格（James Steinberg）在華府演講時說時提出：兩岸能正面對話，「中國」與台灣要探討能為兩岸帶來更密切關係，以及更大穩定的「信心建立措施」，讓美國受到鼓舞。接著 9 月 30 日國防部亞太

安全事務助理部長葛雷格森（Wallace C. Gregson）在美台國防工業會議演說時也表示，美國鼓勵兩岸「在適當的時間，用彼此同意的方式」，考慮在軍事上善意互動[1]。

2009 年 11 月台灣的太平洋文化基金會在台北舉辦「兩岸關係一甲子學術研討會」時，北京派出二十九人的代表團，由中國改革開放論壇理事長鄭必堅擔任團長，團中另有三位重量級人士：中共前駐法大使、中國外交學院院長吳建民，中共前駐英大使、中國國際問題研究所所長馬振崗，退役陸軍中將、中國孫子兵法研究學會會長李際均。另有王振民（清華大學法學院院長）、楊潔勉、余克禮、黃嘉樹、劉國琛等學者參與，除經濟、文化兩組之外，主要關懷的就是政治、綜合（軍事、外交、安全）兩組的議題，台辦的發言人楊毅曾在記者中指出「這次研討會是兩岸學界一次民間性的學術研討活動，同時又是兩岸關係改善發展新形勢下，首次在島內就雙方關心的包括政治議題在內的各種議題進行綜合性探討，自然有其重要的積極意義」。印象中中共官方特別針對兩岸民間間所籌辦的學術研討活動，以往未嘗給於如此之評價的。足見中共對台當局對此會之重視。而重視什麼呢，個人以為一來模底，二來宣傳，為了模底所以派出有經驗的高層，為了宣傳所以派出了名人，其目的在於掀起兩岸政治接觸的輿論熱潮。以便改變台灣的拖延策略。

2009 年 11 月 15～18 日美國總統歐巴馬在訪問中國結束之際，發表中美聯合聲明：確立了與中國發展「夥伴關係」的方向，聲明中主動提到美歡迎「兩岸關係和平發展」，美國還

---

[1] 張宗智：美鼓勵兩岸發展 CBMs「不下指導棋」，《聯合報》，2009.09.30

提到「期待兩岸加強經濟、政治及其他領域的對話與互動,建立更積極、穩定的關係」。加上美方在公報中只提「中美三個聯合公報的原則」沒有提《台灣關係法》,使外界認為美國的天枰已經明顯傾斜,所以台灣方面感受的政治壓力是可以想見的。

　　事實上,從台灣的角度來看,也到了考慮兩岸進行政治接觸的時期:

　　首先兩岸經濟議題已經進入自我運行的階段,所謂「自我運行」是指兩岸在利益的驅動下,已經具有自我開發議題,自我解決議題的能動性,而且如今所發覺的問題,也都已經是經濟議題中涉及公權力的問題,例如兩岸的 MOU,ECFA 等議題,是以政治接觸不論名義為何,早已勢在必行,不容忽視。

　　其次從台海地區的相關國家的利害而言,美國的態度已經明確地調整,特別從中美的第四份聯合公報來看,美方以文字的形式明白無誤地說明美國的立場,公報說「美方歡迎台灣海峽兩岸關係和平發展,期待兩岸加強經濟、政治及其他領域的對話與互動,建立更加積極、穩定的關係」。而在日本方面,雖然,首相鳩山由紀夫自上任以來無論是其推動的「東亞共同體」概念還是借「普天間機場搬遷問題」強調美日同盟關係中,美日雙方關係的「對等」,都是意在實現日本政治大國化目標。在對中國的外交上,則推動相對友善的政策。所以在對華關係上,歷史問題引發關係惡化的可能性較小[2],而台灣問題自然是歷史問題的一部份,相信日本新政府不會反對兩岸的和解。

---

[2]　(張雲,〈鳩山執政後的中日美關係〉,http://www.zaobao.com/special/china/sino_jp/pages4/sino_jp090917.shtml,2009-09-17)

其三到目前為止各方的呼籲都還是只表對話、互動和接觸，並沒有使用「談判」乙詞，足見大家對兩岸關係自身的複雜度是有所了解的，各方所作的規勸，就是循序「先易後難」的原則，先接觸、互動後對話、談判。我們從「兩岸關係一甲子學術研討會」的召開來看，相信中共已經運作先學者再智庫，由智庫而二軌，由二軌而一軌的政治接觸到兩岸談判的路徑，在過程上，則是由公開而秘密，由秘密而公開，由非正式而正式的方式推動兩岸關係的政治接觸、互動和談判，以確定兩岸關係之政治發展。但是由於兩岸關係的特殊，所以不論兩岸官方任何形式的互動，都會涉及彼此的政治定位問題，也就是必須先說明「你是誰和我是誰」「你、我之間的關係」的問題，否則一切的互動就失去其基礎。以往鄧小平提出的「一國兩制」，原本也是很有創意的構想，仍而就是沒有考慮到實現「一國兩制」的兩岸政治關係應作何安排，所以只是一個響亮的口號，欠缺了實踐的方法和推行的可能性。當然鄧小平之所以忽視兩岸政治關係安排的問題，應與兩岸關係近六十年的互鬥很有相關。

六十年來「政治定位」之變化

我們如果從「政治定位」的角度來回顧兩岸關係時，我們就會發現兩岸關係經歷了「清晰定位」到「爭論定位」再到「衝突定位」，如今是「尋找定位」四個時期。簡單地說，前卅年是誰來定位之爭，後來則是相互定位之爭，所以從國際法的角度來看，兩岸的鬥爭一直是在「一個中國」原則下的鬥爭，從

兩岸關係的定位之爭，就是「一個中國」原則下的「關係」之爭。

(一)「清晰定位」時期

時間應該從 1949~1978，定位的內容在台北看來，台北是中央政府面對大陸的叛亂集團，在北京看來，北京是中央政府面對台灣這個失敗的叛逃集團。所以台北有「漢賊不兩立」政策，北京有「一個中國」原則（世界上只有一個中國，台灣是中國的一部分，中華人民共和國政府是中國唯一合法政府）的堅持。（見諸北京與外國的建交公報）在此一時期不論從台北或是從北京來看，對方都只是待消滅的對象，由於不存在非戰爭、非鬥爭的接觸，所以根本也沒有相互定位的必要，當時的定位是用以告知第三方的政治宣示；由於彼此的定位很清楚，所以相對政治目標、政策、作為都很清楚，雙方不論是在順境或是逆境都堅持此一定位。所以稱之為「清晰定位」時期。

(二)「爭論定位」時期

時間應該從 1979~1999，在這一段時間有幾件影響兩岸關係的大事：一是 1979 年的《告台灣同胞書》，這份文件宣告了北京當局的對台政策的重大轉變，從解放台灣到和平統一，當時提出此一政治號召時，北京當局應該只是從政治號召的角度，期待蔣經國的回應，並沒有任何法律意識和法律思考蘊含其中；但由於北京當局在該文件中，正式使用了「台灣當局」的字眼，從法律的意義來看，北京當局應該視蔣經國政府為未經北京當局正式承認，但可能給予承認的「政治團體」，或準

交戰團體,當然北京從未使用此一詞彙,該文件說「我們認為,首先應當通過中華人民共和國政府和台灣當局之間的商談結束這種軍事對峙狀態,以便為雙方的任何一種範圍的交往接觸創造必要的前提和安全的環境」。由此文件來看,若非北京當局視「台灣當局」具有一定的「公法人」身份,則雙方就無法談判;到了 1981 年葉劍英的談話,反而改為沒有法理顧忌的「中國共產黨和中國國民黨兩黨對等談判,實行第三次合作」,但在該文之第六條,葉劍英提出「台灣地方財政遇有困難時,可由中央政府酌情補助」。換言之,此時北京當局已注意到國共雙方在「黨」的立場可以「對等談判」,在「政」的立場,則北京是中央,而台灣是地方,這是中共對台灣的「政治定位」的明示。但留下「黨對黨」的對等性,期待蔣經國的同意。然而此一定位,實際上動搖了蔣經國政權統治的合法性基礎,也可能動搖台美之間風雨飄搖的關係,在當時當然不被蔣經國所接受,所以蔣經國的反應是「三不」,即不接觸、不談判、不妥協。台灣政治立場在這一部份一直是十分明確的。

在「定位」上,因為不接受北京的招安,所以也沒有定位的急迫感,1987 年底,蔣經國政府開放台灣民眾赴大陸探親之後,「定位」問題開始浮現,例如赴大陸探親的台灣民眾應如何稱呼大陸的各級官員,就是問題;此一問題在蔣經國時期並沒有得到解決;在八十年代末台灣經過重大的政治變遷之後,新的領導人掌權之後,就在蔣經國解除台灣地區戒嚴的基礎上,進一步「終止動員戡亂」,回歸中華民國憲法;但中共政權仍然存在的情況下,這就涉及了台北如何定位北京的問題,以及中華民國如何解釋自己的「一中」憲法法理的兩個問題;當時台灣顯然在法律層面無法解決此一複雜的政治難題,

從而將兩個問題都放置在政策思考之下去解決，最終出台《國家統一綱領》。把「一中」原則用現階段原則不變，而內容各自解釋的方式處理；至於對北京當局「定位」的問題，則由於暫時無解，只待採用模糊政策，即所謂「互不否認對方為政治實體」的定位方式，為了體現「互不否認對方為政治實體」的定位，因而有了「中介團體」的構想，之後依此政策的調整，才有了《兩岸人民關係條例》，從法律的角度來看，這是環環相扣的政治邏輯，台北當局也只能作此安排，從「歷時性」的政權更替的思考，轉為「共時性」的思考，這是十分重要轉變，台北當局從一開始的政治思考，否定北京，到如今以法律面思考政治議題，故而轉為「互不否認對方為政治實體」立場，當然也是一種進步。

　　然而北京當局在各個方面佔有優勢的情況下，自然不願意也不可能接受這種「互不否認」的模糊定位方式，因而提出兩岸談判時，可以談「台灣的政治定位問題」的建議，在「江八點」時，就提出「在一個中國的前提下，什麼問題都可以談，包括台灣當局關心的各種問題」。對北京而言，就是暗示，台灣的政治定位問題，也可以透過雙方的談判尋找兩岸可以接受的方案，至於北京當局對台灣的定位，從原來叛逃的省份，1979年可以轉為未授權的地區政府，再到如今的可以討論，這是對台灣的一種重大讓步，這也代表了兩岸在「政治定位」上，已經開始了己方的探索，只是沒有交集。

（三）「衝突定位」時期

　　時間從 1999~2008 上半年，1995 年之後，在台灣同時經歷了兩岸的緊張、衝突下，實現民主直選的政府之後，李登輝

自認為這個「民主國家」的定位已經為世界,特別是西方民主國家所確認。所以中華民國開始以自己的經濟成就和民主政治企圖重返國際社會,然而事實上,中華民國在國際社會的地位並沒有任何改變;國際上的挫折,使台灣社會對自身定位就產生巨大的焦慮感,於是出現去中華民國化的政策,企圖以「台灣」為名衝出新的可能。另一方面,就開始重啓兩岸關係的政治定位的思考。在 1999 年的 7 月李就提出了兩岸是「特殊國與國」的定位構想,按李企圖很清楚是以「特殊」來掩飾其「國與國」關係的本質,北京當局自不會上當,不可能同意,因為此一作法直接挑戰了兩岸在「政治定位」上兩個議題:先是將原本中華民國採取的「互不否認」的糢糊定位,變成了國與國明確定位;同時又挑戰了兩岸的「一個中國」原則;兩者都是針對著北京的政治底線,這是繼 1995 年的政治衝突之後,再次挑戰兩岸關係的基礎,自然引起軒然大波,在各方施壓的情況下,最終台灣只得收回自己的說法; 2000 年民進黨執政以後,再次以「一邊一國」定位兩岸,當然對照國際社會的現實主義,這又是一場注定徒勞無功,而且破壞台海地區穩定,和各方政治互信的一場政治秀而已,「一邊一國」的定位,反而使得台灣的地位更和孤立,兩岸關係陷入高度緊張和衝突的邊緣。

在北京方面,一方面繼續在國際上打「談判牌」,以突顯北京的「和平」形象,凸顯民進黨政府的「搗亂者」形象,另外在 2005 年 3 月 14 日北京當局通過了「反分裂國家法」,該法的通過,台灣方面雖然有自己的解讀,但是對中共政權而言,應該是已經認知到如果堅持「和平統一」策略,則在台、澎、金、馬及中山島擁有獨立統治權的「中華民國政府」,是

北京當局必須而且可能長期面對的「政府」；在《反分裂國家法》的規範下，只要中華民國政府法理上不主張分裂，則就是一個不應也不會被大陸武力消滅的「獨立政府」，則這一個在北京的中央法律之下，不能也不會被武力消滅的「獨立政府」應該是什麼，在「一中」原則下，兩岸統一前，中華民國政府和北京政府的關係是什麼，當然是北京當局也必須回答的課題。然而，在《反分裂國家法》中並沒有答案，而且在陳水扁掌權的情況下，也不可能有答案。但是在《反分裂國家法》確實是以法律的形式開啓兩岸可以討論，也必須討論的政治空間。

（四）「尋找定位」時期

時間從 2008 年 6 月迄今，2008 年 3 月底的選舉主張「九二共識」的國民黨「馬蕭組」獲勝，使得兩岸關係的和平發展重現曙光；兩岸也確實在 2008 年 5 日 20 日之後，啓動一系列的兩岸兩會的談判，解決了許多兩岸民眾期盼多年的經濟難題，而且在兩岸的良性互動之下，台灣終於突破了參加 APEC 經濟體非正式領袖高峰及 WHA 的困境，這就使得台灣對參與國際社會的可能性大增，兩岸的政治接觸、互動勢在必行，而接觸、互動也更突顯了兩岸定位的問題的迫切性。

政治接觸之預備：政治定位

兩岸之間的政治接觸確實是台海地區的重大變局，對此一

區域的政治生態投下新的變數，自然引起各方關切，所以在事前兩岸當局都必需作好若干的準備。

(一)中共官方用語的變化

1995 年元月江澤民發表「江八點」提出「在一個中國的前提下，什麼問題都可以談」。2000 年 2 月中共發表「一個中國的原則與台灣問題」中提出「只要在一個中國的框架內，什麼問題都可以談，包括台灣方面關心的各種問題。中國政府相信，台灣在國際上與其身分相適應的經濟的、文化的、社會的對外活動空間，台灣當局的政治地位等等，都可以在這個框架內，通過政治談判，最終在和平統一的過程中得到解決」。2002 年中共的「十六大」在政治報告中提出「也可以談台灣當局的政治定位問題」。

2007 年中共的「十七大」在政治報告中提出「我們都願意同他們交流對話、協商談判，什麼問題都可以談。我們鄭重呼籲，在一個中國原則的基礎上，協商正式結束兩岸敵對狀態，達成和平協定，構建兩岸關係和平發展框架，開創兩岸關係和平發展新局面」。到了「胡六點」中曾提出「兩岸可以就在國家尚未統一的特殊情況下的政治關係展開務實探討」，對比中共在對台政治文件上，有關兩岸談判呼籲的用語，可以明顯覺察到其中的變化，胡的說法，確實比以「十六大」的提法有意義得多，因為在「十六大」及以前的文件的用辭，蓋以「台灣當局」的政治用語，避開「中華民國」法律用語的提法。

我們從中共的用語來看，首先個人以為中共是承認，在台灣地區存在一個不受北京當局統治的中國人的政權，但是對此一政權的名稱、身份和地位都沒有一定的答案。大原則是在名

稱不叫「中華民國」，身份上不是「國家」，地位上不可能和北京當局對等。

中共在「十六大」使用「台灣當局」的稱謂，也是有政治計算的，因為從法理上說不論是在 PRC 或是 ROC 的體制下「台灣當局」都是地方，其政治定位定是明確的。所以不論怎麼談「台灣當局」都不存在兩岸之間政權對等的可能性，而且只談「台灣當局」，不談「大陸當局」的政治定位，本身也是一種不平等的談判。到了「十七大」已經開始改為「我們都願意同他們交流對話、協商談判，什麼問題都可以談」。這就說明胡錦濤的心態已經不同於以往的領導人，使用「我們」和「他們」的代稱，取代以往的「台灣當局」，到了「胡六點」是中共當局首次正式提出「兩岸政治關係開務實探討」的提法。

從用語看心態相對以往要客觀，從談判學的角度來看，兩岸之間的談判有了客觀的標的物，比以前的提法較為合理，可行性也提高；從北京當局的心態而言，是具有在兩岸之間，相互平等的準備，同時也不再使用「台灣當局」，而改用「兩岸」乙詞，至於提出「在國家尚未統一的特殊情況下」，從中共的政治立場來看，肯定具有正當性，因為如果不是「在國家尚未統一的特殊情況下」，就根本不存在「兩岸……政治關係開務實探討」。

個人以為從長遠來看這就開啓了大陸討論「中華民國」的名稱、身分和地位的空間，而且此一空間的開放，事實上，也是建立在中共當局多年以來，從中央到地方都有過相關的計劃委託學者研究的基礎上，如中共中央統戰部，國家社會科學基金，教育部，社會科學院，國台辦等，另外省內、省社科院、各大學均有委研項目，另外在大陸的教授也有自提計劃申報的

制度。所以多年下來，也積累了一定的成果。

以上的變化代表了北京當局對台灣當局的定位假設也出現變化：

第一、從不明確到可以討論：事實上，北京當局最早對台灣的是定位就是地方政府，只是和大陸的地方政府可以不同，地位高於大陸的省、自治區，至於究竟是多高，中共的標準答案就是「什麼問題都可以談」，後來又表述爲可以談「台灣當局的政治地位」，這就意味著台灣只要願談，大陸可以調整自己原來的假設，

不過仍然是只談台灣的「政治地位」，北京的「政治地位」自然不是兩岸談判的標的。再到「胡六點」提出時，兩岸談判的標的已經改變爲「兩岸的政治關係展開務實探討」。這是極爲重要的調整，必須爲我方所重視。

(二)從平等相待到對等協商

兩岸「平等」是以往唐樹備的用語，他認爲兩岸無法講對等，因爲我有的你們不會有，但是我們可以「以平等待之」，所謂「以平等待之」就是我們可以把你視爲平等，給你平等的待遇，這裡仍然是上下有分，而「胡六點」提法，則是代表北京對兩岸關係的一種新的看待方式，將兩岸的談判標的的客觀化。談相互的政治關係，當兩岸的談判標的移轉到彼此共同關切的客觀實體時，兩岸的談判自然而然就是對等的關係，也是對等的談判。

第三、從一次解決到逐次解決：以往的相關提法所代表的解決政治難題的心態，是只要談判成功，台灣的「政治地位」就必然得到解決；這一次「胡六點」提法是，「兩岸的政治關

係展開務實探討」是爲了「爲有利於兩岸協商談判、對彼此往
來作出安排」就代表了目前如果談出某種「政治地位關係」，
也只是爲了目前兩岸關係的「談判和往來」，未來可以再談判
仍然有空間。

第四、過去的談判在很大的層面上是談統一後的台灣政治
定位的安排，而「胡六點」則是首次公開承認前的台灣和大陸
存在相互釐清政治關係的問題，這樣的提法本身，就是十分巨
大的轉變，而且也是配合兩岸關係和平發展的指導思想的邏輯
產物。

（三）大陸學者現有相關政治定位的設想

大體而言，大陸學者對此議題的討論，可以區分爲兩種視
野，一是從政治學的角度，其解決兩岸政治關係的關懷點是政
治理論上的可能性，另一是從法律學的角度，其解決兩岸政治
關係的關懷點是法律原理上的可操作性；兩類學者的設計具有
互通性。

■政治學理的想法

在大陸學者中對此議題提出看法的學者很多，大體列出
「主權與治權完全統一」、「主權與治權完全分離」和「主權
統一與治權分開」三大類，共 132 種模式[3]。比較具有代表性
的想法如下：

李家泉主張，根據一國之內「領土」和「政權」關係，未

[3] 李家泉，〈關於台灣的政治定位問題〉，2007 年 9 月 26 日 blog.china.
com.cn/sp1/lijiaquan/150106131148.shtml

來在構建兩岸和平發展框架，或對台灣進行政治定位時，必須兼顧領土的完整性和兩岸現政權的平等性。要把台灣作爲中國的一個「地區」，與歷史在這個地區遺留下來的一個「政權」區別開來。這樣才有可能找到雙方都能接受的解決方案。當然，這只能是一個中國，而決不是「一中一台」或「兩個中國」。只要我們實事求是、合情合理，相信對岸也會是通情達理的[4]。

黃嘉樹主張 $1+x<2$，從他的公式，有些十分技巧的安排，他說他主要從「九二共識」的精神來思考。一是「一個中國」，但是內容可以按兩岸不同而填寫，故在大陸 $1=P.R.C.$，在台灣 $1=R.O.C.$ 既然是一個中國，另一邊必不是「國」，是什麼？兩岸可以談，所以是 x，而且兩者相加不能被視爲，或變成兩個中國、一個半中國等等。

嚴安林主張，兩岸目前的定位是暫時的，是兩岸之間的，這一部份可以更開放，只要對現狀有合理的解釋，則現狀可以保留，但是國際間的兩岸政治定位必須協商，不能有兩個國家的出現[5]。

劉國琛主張，「中國是現代國際星系中的一個重要球體，世界上絕大多數球體只有一個政權代表這個國家，而中國這一國家球體的球面，是由中華人民共和國和中華民國兩個競爭中的政權構成，她們分別在背靠背的空間和場合代表中國，雙方形成事實上一體兩面的關係……。在兩岸最終實現其政治整合之前，雙方有必要也有條件尋找兩岸共同治理的共識基礎、路

[4] 李家泉，〈構建兩岸和平發展框架設想〉，http://blog.china.com.cn/lijiaquan/art/514894.html ，2009-03-16）
[5] 嚴安林，〈海峽兩岸政治定位問題的回顧與思考〉2009 兩岸關係研討會，南京，會議論文

徑與模式。兩岸共同事務的概念內涵非常豐富，除了各自境內事務外，與兩岸相關的所有事務，都可稱為「兩岸共同事務」。兩岸可考慮成立「兩岸共同事務委員會」，共同策劃、組織、協調、控制和監督兩岸共同事務的合作問題」[6]。

　　廈門學者聶學林認為，中國目前是處在一個主權所有權統一而主權行使權有所分裂的不完全分裂國家，當點也不完全統一，所以在兩岸關係的政治定位上，大陸理應照顧到台灣在國際現有的地位，而將此一地位反射到兩岸關係中的必要性；反之，台灣也必須理解其局限性，否則大陸不可能有更大的讓步；在大陸也都提供台灣在主權行使權上，不會被主權所有權所干擾，大陸方面可以允許將「台灣地區」以中國境內的一個「獨立政治實體」的定位。所有北京可以和台北發展官方關係，討論兩岸在國際上共享中國主權的問題[7]。

　　其他學者認為可以在「一國兩區」「一國兩地」的定位下，兩岸之間互不為外國，同時也互不為管轄權範圍，彼此可以「大陸地區」與「台灣地區」互稱。這有利於兩岸進行平等協商，促進和平發展。具體的構想可以是：

　　中華人民共和國 VS 中華台北：這是最常見的定位方式。

　　中國大陸 VS 中國台灣：這是一國兩區的定位方式。

　　中國：中華人民共和國 VS 中國：中華民國. (但有人反對「中國：中華人民共和國 VS. 中國：中華民國」的定位方式，他們認為此一定位很容易成為兩國，而大陸官方能接受的極限

[6] 劉國琛，〈「國家球體理論」和平發展共同治理〉，2009 年 11 月《兩岸一甲子研討會》論文。
[7] 聶學林、〈兩岸政治關係定位之我見〉（一）（二）http://blog.sina.com.cn/s/blog_4ae770080100ancw.html，2008/09/03）

是「一國兩府」)。

總之。在政治定位上，大陸的堅持底線是兩岸可以「共有主權，共享主權」，但「主權不可分裂或分享」；除此底線之外，兩岸可以在當今的國際法原裡，政治學理論中討論出雙方均可接受的任何安排，使得兩岸的和平框架得以構建。

■法律學理的想法

在大陸的法學專家最先思考的問題是憲法的繼承(也就是政治學中國家的繼承)，他們認為國家統一的問題，就是當前兩岸政府最終的權力來源是從何而來，如果中共政權承認了目前在台灣地區的中華民國，則由於中華民國早於中華人民共和國，中華民國憲法又有董必武條款，因此不論在時間先後、人民、黨派代表性或是指涉地區的效力上，中華民國憲法均在明顯優於中華人民共和國憲法，所以從法理上我們無法承認中華民國。我們只能在中華人民共和國憲法或是在兩岸未來的共同憲法中找出路，前一種途徑必然很難和平統一，所以對大陸而言，只能從後者想辦法，給中華民國政府及其代表的人民一個可從接受的位子，以便雙方平等共建中國，因此，對法律人而言，所謂「兩岸在國家統一前的特殊情況下的政治關係開務實探討」，就是共建中國的過程中，雙方的法理關係的安排，總之，從法律學的角度來看，可以思考中華民國政府的定位，但不可能在法理上承認中華民國。

在「胡六點」之後，大陸的法學家比較願意採用「兩岸一中」，就是指一個中國由於中國內戰延續至今，分離為兩岸擁有主權完全重迭、治權互不隸屬的兩個政治實體。這就是大陸的中華人民共和國政府與台灣的中華民國政府。也就是大陸與台灣都屬於一個中國，亦即新三段論也是臺灣所謂的一中屋

頂。兩岸中國的主權與治權相加就是一個完整的中國或者是一個統一的中國。從這個意義上說,目前兩岸中國中的任何一方都是不完整的中國。這就是一個中國由於內戰造成並延續至今兩岸處於分離及政治對立的現狀。我們對於一個中國分離現狀的客觀表述應該是:一個統一的、完整的中國由於內戰分離成爲政治對立的兩岸中國。即一個統一的、完整的中國由於內戰分離成大陸中國與台灣中國。

台北方面之思考與準備

(一)台北方面的思考

台北方面有不少的思考,概括言之,分爲三類:一類學者採用完全分離論,從種族、血統、文化到政治完全是兩個國家,他們的論據是台灣的人民、文化都是經過數百年的融合,中國只是其中的一個組成部分而已。第二類是「分解理論」來解釋兩岸關係,所謂「分解理論」乃指一個國家因戰爭、國際條約或各方協定,分解爲兩個或多個主權國家,原有國家的國際人格消失。這種情形類似第一次世界大戰後奧匈帝國消失,分解爲奧地利、匈牙利與捷克等主權完全獨立的國家。用在中國問題上指 1949 年前的中國,即中華民國與中華人民共和國。1949年的中國已因分解而消失。 所以如今是兩個國家,以上的兩種模式,均不爲大陸所接受,其他相關的國家也不會接受故而很難成爲解決問題的方案。第三類則是採「國家核心理論」或

是「屋頂理論」的論點，應該說這是兩岸學者最接近的思考模式。問題在於如何說服北京當局和台灣的民眾[8]。

目前的狀態是北京和台北，均各自以主權國家自我定位，然而又不是兩個主權國家，此種定位有兩種定位的方法，一種是「重疊互斥」的定位，即漢賊不兩立的定位法；從而體現了兩岸堅持「一個中國」的原則，但是雙方定位對方爲「賊」；另一種就是挑戰兩岸「一個中國」的共識，雙方是兩個國家。從兩岸關係的角度來看，前者是相互取代的敵對關係；而後一種是公開分裂的衝突、矛盾的緊張關係。

另一種定位是「重疊而並列」的定位，此種定位法是目前最爲被廣泛思考的定位的方法，如一國兩制，一國兩區，一國兩府，一國兩實體，一國兩制，一族兩國，一中兩國，一國兩國等都是類似的思考，此一思考的基礎是「是國家與政府的區分，主權與治權的區分」，國家是永久的，主權是不可分割的，而政府、治權只是國家和主權的代理者，所以政府、治權都是可以更換的，然而此一國際法原理與政治學理論的思考，在過去都是用歷時性的更替，如今要使用在共時性的現象上，則出現一定的困難，例如在「一」與「兩」的關係上，就出不同的解釋，「一」是實體或是虛體，若是實體的「兩」只是形式，最終可能被「一」所吞噬，反之，「一」就可能最終分裂爲「兩」，所以張亞中教授提出介乎「邦聯制」與「聯邦制」之間的「整個中國」的概念，之後又提出「一中三憲」的主張，從法律層面去完備「一」與「兩」的關係。大體上都是歸於重疊而并列

---

8 張亞中，《兩岸主權論》，1998 年；張亞中，《德國問題：國際法與憲法的爭議》，1999 年。

的定位模式；又如從理論上說在「一」之下的「兩」，他們之
間的關係，應該是平等的、特殊的、坦誠的，但在兩岸關係的
現實來看，則完全不是如此，「兩」者的關係停留在猜疑的、
防備的階段難有突破。

再一種定位是「互為主體」的定位：個人以為以往「重疊
互斥」早已不適用於現在的兩岸關係，而「重疊而并列」的政
治定位，目前並無定論，而且各方顧慮重重，因而在目前的狀
態下，或許「互為主體」的政治定位，才是可行的出路，更清
楚地說是「九二共識，互為主體，治權自主」，理論上就可以
理解為在大陸地區存在著中華人民共和國與中華民國政府的
關係，而在台灣地區就存在著中華民國與中華人民共和國政府
的關係；從法理上說由於中國的主權沒有分裂，但是治權仍就
對立，所以在事實上，在中國的領土上，目前存在著兩組重疊
的國家與政府的關係；換言之，在中華人民共和國立場，必須
默認在中國境內存在一個中華民國政府有效治理中國的部份
地區，而中華民國也必須默認在中國境內存在一個中華人民共
和國政府，有效治理中國的部份地區。上述的安排並沒有改變
現狀，而是在現狀的基礎上，提出最可能的法理解釋，故而雙
方在現實上都沒有損失，但是在法理上都是有得亦有失，所得
是有了上述的定位，則兩岸官方可以在兩岸事務上直接協商，
使得涉關兩岸人民權益、福祉的事務，獲得更有效的保障。所
失是兩岸對對方而言，都不是國家都只是政府。由於上述的兩
岸政治安排在國際上並沒有先例，因此，兩岸之間的嘗試在國
際上可能是窒礙難行，也可能遭受各種有心人士扭曲破壞，甚
至影響到兩岸之間的和諧試驗，故而在政治安排的初始階段，
僅以兩岸事務為範圍，至於兩岸在國際間的互動，則可以在兩

岸官方直接平等協商的原則下，作出其他適當的安排，以利兩
岸的互動。所以目前的安排是暫時的，兩岸的，未來仍有探討、
協議的空間。在此定位下，兩岸的政治關係就可以進入全方位
的官方關係，大陸的國台辦和台灣的陸委會可以互派代表，處
理相關事宜。而且不會被視爲兩個國家。

(二)台北應有的作為

　　台灣方面必須建立兩岸全面交往的主體論述，其次是宣傳
此一論述下兩岸政治對話的必要性，之後規劃政治協商的路徑
圖，逐步有序地推動。

　　自從馬英九總統上台之後，一直在大陸政策的走向上，使
得北京當局多所顧慮，他們認爲馬的言行無法令人真正理解他
的方向和意圖。因此有些地方北京確實有後顧之憂。事實上在
台灣不論「藍、綠」民眾也常常不理解其政策的意義何在；其
實馬上台之後確實執行一條和李登輝，和民進黨不一樣的大陸
政策，而且是成功地穩定了兩岸關係，也逐漸地推動了台灣經
濟的發展；問題在於李登輝和民進黨的政策雖然錯誤，但是支
持其錯誤政策的背後邏輯十分清楚，是爲了「台獨」，之所以
台灣必須和大陸分裂，因爲李登輝迷信的是「中國崩潰論」，
所以他會認爲阻止台商赴大陸是「良心地建議」，是「道德地
建議」，是爲台灣好。所以雖然錯的離譜，他也毫無愧色地繼
續大放厥辭，固執地迷信自己的錯誤。而民進黨要通動台獨，
則正好採取了「中國威脅論」，而且一方面以台獨裏脅台灣，
一方面倒因爲果，因爲中共處處威脅台灣，打壓台灣，所以台
灣不能和大陸往來，必須分裂，追求獨立。

　　在「中國崩潰論」和「中國威脅論」的論述之下，不與大

陸交流、交往，才能證明台灣的「主體性」，於是反中證明自
己的「主體性」變成台灣流行的觀點，此一世俗流行觀點在面
對馬英九總統上台之後的交往、交流必然產生迷惘和不安，當
心台灣被大陸併吞，當心台灣喪失好不容易建立的主體性，恰
好馬英九政府和執政的國民黨，除了空口保證不會賣台之外，
只能以可能的「新台灣悲情論」，如台灣被邊緣化，台灣喪失
競爭力等等，然而在「反中主體性」者的面前，他們認為這一
切都來自大陸，所以我們更應該以自己的「民主」價值觀，實
行「脫中入美、日」來對抗大陸，他們認為與大陸交往是與虎
謀皮，最終台灣只會被消解。馬英九政府和執政的國民黨並沒
有一套可以和「反中主體性」對話的政策論述，因而令各方都
不明白台灣和大陸交流、交往的目標與意義。

　　事實上，「反中主體性」論述最大的問題在於沒有當代的
國際視野，所謂當代是指後冷戰以來的世局變化，其中最嚴肅
的兩大變局：一是非傳統的威脅取代傳統的威脅，另一是非線
性國際關係取代線性國際關係。前者意謂著威脅的不確定性，
因此簡單「反中」解決不了台灣的問題和困境，而民主也不必
然帶給台灣真正的朋友；後者意謂著國際間相互關係的高度複
雜化，國與國之間不存在簡單的敵友關係，也沒有簡單的利害
關係，因此兩方或多方在一個領域的合作友好，可能在另一個
領域存在著競爭，甚至是敵對的關係，但是彼此可以並存並行
而不相悖。後者意謂著「反中主體性」欠缺從國際視野來理解
和佈局兩岸關係，從國際的視野來看，確實在上一世紀的國際
間存在著歷史終結的樂觀氛圍，於是「中國崩潰論」、「中國
威脅論」的論調甚囂塵上，然而新的世紀以來，福山教授的「歷
史終結論」已經淪為被批判的對象，而紐約時報也為自己對香

港「一國兩制」的誤判而認錯，國際間開始討論的是「中國崛起」「北京共識」的論調，特別在金融風暴之後，中國的國際政經角色，中國責任論等已經成爲新的議題。所以「反中主體性」論述無法提供台灣的未來性，最終是沒有「主體性」的假論述。

從國際來看待兩岸關係時，國民黨更有責任提出「中國機會論」，作爲建立台灣與大陸的「主體交往論」的基礎，所以「中國機會論」是一個相對中立的視野來看待大陸，「中國機會論」體現在各個方面：

首先在經濟面向表現爲「中國市場論」，金融風暴以來，中國大陸開啓了自身從出口導向轉爲擴大內需的成長調整，所以中國不僅僅是國際間，大家可以而且必需採購的賣方市場，同時以大陸當前的經濟實力，她也是最有能力進口的買方市場，在情況台灣尋求最佳條件進入大陸市場，這是必要的、正常的，也是與世界同步的，台北進入大陸市場，不論作爲買方或是賣方都不會也不可能損害到自己的「主體性」。

其次在政治面向表現爲「中國統合論」，所謂「統合論」其中包含了「主體交往」和「民主和平」兩個部份，從「主體交往」來看，就是以兩岸對等的模式進行交往，創造需求，自然整合，其實這也是目前兩岸正在努力的方向，然而由於執政的國民黨未能提出該黨對兩岸關係的願景構想，因此，外不能爭取互信，內不能取信於民，是以該黨有必要以統合爲願景，以民族復興爲職志，以區割在野黨的論述，爲台灣尋找和平發展的新出路。從「民主和平」來看，自從中共「十六大」以來，中共的政治改革已經明顯從行政改革，轉移到政治改革的層面，特別是有關民主的改革不論在理論層次，在操作層次，推

擴層次都顯示出比以往更大的空間，當然她的民主不同於西方
國家的民主，但這不代表中國大陸沒有自己的可能性，台灣方
面如果相信「民主和平論」的論點的話，面對大陸的中國特色
民主改革，就必須抱持參與的態度，以便雙方有更多的共通
性，從而穩定兩岸關係和平的政治基礎，這樣的參與本質上就
是增加台北的「主體性」。

其三在國際面向表現為「中國崛起論」，特別是「北京共
識」「中國模式」的提出，代表中國大陸的崛起，不僅僅是一
般專家所強調的中國的硬實力，特別是中國發展道路所代表的
軟實力，台北方面基於文化的同質性，以及長期對中國大陸經
濟發展的參與，故而對「中國模式」的內涵，應也具有發言詮
釋的能力，則台北如果希望擴大自己的國際空間，借由對中國
模式的論析，擴大與大陸的交流，拓展自身的國際空間，應該
是展現「主體性」的方式之一。

綜合以上的論述中國國民黨，就可以向台灣民眾清楚地闡
明自己的西進政策，正是建立在「主體交往論」的基礎之上，
是有利於台灣的發展和壯大，是維護台海的和平，是可以永續
經營，強大台灣的道路。

其次在此論述的基礎上，兩岸的政治接觸、對話正是強
化、理性化「台灣主體性」的必由之途，因為中國國民黨的「主
體性」論述，不是排他的，不是悲情的，是理智而且理性的，
在與大陸的往、交流之中呈現出台灣的價值和對大陸的意義，
台海的貢獻，而兩岸的政治接觸、對話正是為了肯定「台灣主
體性」的正面意義和主要功能。

當大陸也能認識和理解到中國國民黨的「台灣主體性」，
是友好的、開放的，是豐富了中華文化的內涵的論述與作為，

則雙方的政治協商就具備了更大的政治互信，和良好的解決政治難題的氛圍。則不論是軍事安全互信機制、兩岸和平框架協議的協商都有理性溝通的空間。

勇於面對政治定位協商

總之，兩岸的政治協商對兩岸關係的和平發展具有不可代替的功能，北京當局從 2009 年以來就著力於兩岸初步的政治接觸，台灣方面則以先經後政，國際理解和人民共識三個前題，作為考量。個人以為兩岸的政治協商是解決兩岸的爭執，穩定兩岸關係的唯一途徑，台北方面絕不能消極等待，官方可以保守，但不妨鼓勵民間接觸，學者商議，以便適時地引導民意的走向，積極建構兩岸政治接觸和對話的氣氛，主動說服國際理解，才能使國民黨對台灣的貢獻被肯定和彰顯，否則國民黨仍難解除某些台灣人民心中，「外來政權」的陰影，則當前在兩岸關係的作為和努力，只要再出現政黨輪替，則一切都將徒勞無功，不但對兩岸和平不利，對台灣也有害。

事實上，台灣民間在這一部份的努力是十分明顯的，尤其是台灣大學政治學系張亞中教授所主持的「兩岸統合學會」在過去的兩年中在北京、上海、台北各地不斷推動兩岸們政治會談，最近四月又在日本山梨縣富士山下的本栖寺舉行，此次研討會的主題是探討「兩岸和平發展路徑」，包括兩岸的定位與一個中國的原則和內涵、兩岸和平協議應有之內涵等有關兩岸問題中最核心的議題。兩岸學者均一本理解、負責的態度，務實地交換意見，產生不少的創見，可以說是十分成功的民間「政

治協商」。

　　最後兩岸也有必要重視台海地區周邊相關國家的疑慮和反應，採取某些透明化，公開化的作為，創造更好的和平氛圍，推動兩岸政治接觸、對話和談判的順利進行，雖然，兩岸政治接觸、對話和談判是兩岸自身的事務，但是其結果，將影響此一地區，是以當事件進行到一定的階段，必須放下傳統「國內」事務的心態，而應以在地全球化的心態，融入地區，創造和諧，保障和平。

國家圖書館出版品預行編目資料

兩岸政治定位探索／ 張亞中主編. -- 初版. --
臺北縣深坑鄉：生智，2010.06
面； 公分. --（亞太研究系列）（兩岸和
平發展研究系列）

ISBN 978-957-818-961-4（平裝）

1.兩岸關係 2.兩岸政策 3.政治發展 4.文集

573.09 99009298

兩岸政治定位探索

主　　編／張亞中
出 版 者／台灣大學政治學系兩岸暨區域統合研究中心
　　　　　　兩岸統合學會
合作出版／中國評論學術出版社
出 版 商／生智文化事業有限公司
發 行 人／葉忠賢
地　　址／台北縣深坑鄉北深路三段 258 號 8 樓
電　　話／(02)26647780
傳　　真／(02)26647633
E - mail ／ service@ycrc.com.tw
網　　址／www.ycrc.com.tw
印　　刷／科樂印刷事業股份有限公司
ISBN ／ 978-957-818-961-4
初版一刷／2010 年 6 月
定　　價／新臺幣 450 元

總 經 銷／揚智文化事業股份有限公司
地　　址／台北縣深坑鄉北深路三段 260 號 8 樓
電　　話／(02)86626826
傳　　真／(02)26647633